FORMAÇÃO, EDUCAÇÃO E ARTE:
TESSITURAS EM PESQUISA E PRÁTICA DOCENTE

LUCIANA OSTETTO
MARTA MAIA
CRISTIANA CALLAI
(ORGS.)

FORMAÇÃO, EDUCAÇÃO E ARTE:
TESSITURAS EM PESQUISA E PRÁTICA DOCENTE

PAPIRUS EDITORA

Capa | Fernando Cornacchia
Ilustração de capa | Stéfany Bicalho Fernandes
Coordenação | Ana Carolina Freitas
Copidesque | Mônica Saddy Martins
Diagramação | DPG Editora
Revisão | Simone Ligabo

Dados Internacionais de Catalogação na Publicação (CIP)
(Câmara Brasileira do Livro, SP, Brasil)

Formação, educação e arte: Tessituras em pesquisa e prática docente / organização Luciana Esmeralda Ostetto, Marta Maia, Cristiana Callai. – Campinas, SP: Papirus Editora, 2023.

ISBN 978-65-5650-160-4

1. Educação 2. Artigos – Coletâneas 3. Formação docente 4. Pesquisa educacional 5. Prática pedagógica 6. Projetos de pesquisa I. Ostetto, Luciana Esmeralda. II. Maia, Marta. III. Callai, Cristiana.

23-147975 CDD-370.71

Índices para catálogo sistemático:

1. Formação de professores: Pesquisa: Educação 370.71

Tábata Alves da Silva – Bibliotecária – CRB-8/9253-0

1ª Edição – 2023

Exceto no caso de citações, a grafia deste livro está atualizada segundo o Acordo Ortográfico da Língua Portuguesa adotado no Brasil a partir de 2009.

R. Barata Ribeiro, 79, sala 316 – CEP 13023-030 – Vila Itapura
Fone: (19) 3790-1300 – Campinas – São Paulo – Brasil
E-mail: editora@papirus.com.br – www.papirus.com.br

SUMÁRIO

PREFÁCIO
MATÉRIA DE POESIA, MATÉRIA DA ACADEMIA

Deu meia-noite, a lua faz um claro
Eu assubo nos aro, vou brincar no vento leste
A aranha tece puxando o fio da teia
A ciência da abeia, da aranha e a minha
Muita gente desconhece
Muita gente desconhece, olará, viu?
Muita gente desconhece
A lua é clara, o sol tem rastro vermelho
É o mar um grande espelho onde os dois vão se mirar...
João do Vale e Luiz Vieira

Puxando o fio da teia, teço louvores ao grupo Fiar.

Acompanhei sua gestação e seu nascimento, desde as primeiras fibras adicionadas ao fuso que, uma vez fiadas e colocadas na urdidura, produziram este livro: trama complexa e delicada, resultado de seminários, pesquisas, dissertações, teses e muitas danças circulares.

Por acaso, ou por necessidade, é (por enquanto) um grupo feminino que, ao nomear-se Fiar, liga-se, simbolicamente, a práticas milenares de iniciação feminina, quando a tecelagem ritual estava associada à tecedura do cosmos.

O simbolismo do fio, presente em muitas mitologias, é essencialmente o do agente que liga todos os estados da existência entre si e o Princípio. Esse simbolismo se exprime, sobretudo, nos Upanixades, onde se diz que o fio (*sutra*) "liga este mundo e o outro mundo e todos os seres".[1] O fio, como símbolo, aparece também na lenda de Ariadne, facilitando seu percurso no labirinto, conduzindo-a da escuridão à luz.

"A tecelagem é um trabalho de criação, de iluminação. Quando o tecido está pronto, a tecelã corta o fio e, ao fazê-lo, pronuncia a fórmula de bendição que a parteira diz ao cortar o cordão umbilical do recém-nascido."[2] Celebro e bendigo a trama urdida com fios de diferentes qualidades que ora se apresenta ao mundo nos textos que compõem este livro.

"A ciência da abeia, da aranha e a minha/Muita gente desconhece..."

Muita gente desconhece que a arte ensina a quem ensina arte.

A ciência do grupo Fiar se dá a conhecer neste livro através de narrativas autobiográficas, dados e análises de pesquisas, observações e reflexões que desvelam o cotidiano da universidade, da escola e do museu, urdidas com imagens fotográficas, desenhos e poemas. Toda forma de produzir conhecimento é aqui reconhecida e valorizada: texto verbal ou visual, prosa ou poesia.

Para o grupo Fiar, a pesquisa no campo da educação estética implica que as leituras teóricas e os seminários acadêmicos estejam a par e passo com experiências estéticas: dançar em roda, visitar museus, ouvir música e poesia, assistir a filmes e ler literatura são parte integrante da sua agenda acadêmica, que vai se revelando ao longo dos capítulos.

Todo tema que provoca perguntas e merece ser investigado é matéria da academia.

---

1. J. Chevalier e A. Gheerbrant. *Diccionario de los símbolos*. Barcelona: Herder, 1988, p. 570.
2. *Ibid*., p. 982.

Toda forma de registro que promova reflexão é matéria da academia.

Academia e poesia encontram aqui um grande espelho, no qual somos convidados a nos mirar...

"A lua é clara, o sol tem rastro vermelho

É o mar um grande espelho onde os dois vão se mirar..."

Ana Angélica Albano
Primavera de 2021

APRESENTAÇÃO
TESSITURAS DE UM GRUPO DE PESQUISA

Mãos tateiam
Palavras
Tecido
de formas.
Tato no escuro das palavras
mãos capturando o fato
texto e textura: afinal
matéria.
Orides Fontela

Este livro foi alinhavado pelo desejo, que aguça os sentidos e trama histórias de quem vive o cotidiano da escola e da universidade e se reinventa nos processos formativos, entre educação e arte. Tecido no coletivo do Círculo de Estudo e Pesquisa Formação de Professores, Infância e Arte (Fiar), da Universidade Federal Fluminense (UFF), quer afirmar o vigor da formação estética. O Fiar preza o fazer artesanal e, em movimentos circulares integradores, estuda, pesquisa e partilha saberes e fazeres sonhados e realizados no fluxo da vida acadêmica, entremeados pela ação criadora – mãos e coração –, guiados pelos princípios estéticos.

O ato-movimento de tecelagem, na mitologia e na arte, é também uma forma de narrativa: uma tecelã tece sonhos, memórias e histórias, tece paisagens, dias, noites, e assim cria a realidade sonhada em texturas que contam e dão forma à existência. Por vezes, enfrentando a rigidez da matéria e os limites do contexto, a busca-desejo de criar alia-se ao tempo e espera, com paciência, determinação e delicadeza, o momento oportuno de iniciar ou suspender o labor da fiação. Nesta coletânea estão texturas-narrativas de fiandeiras que dão visibilidade ao percurso de investigação que vem sendo traçado com a palavra – que procura outros sentidos –, com o gesto de escuta às professoras da educação básica – que cria tempos e espaços de experiência –, com o emaranhado de pensamentos-ações, (con)fiados e des(a)fiados ao longo dos cinco anos de existência do círculo de pesquisa.

Tal como em uma peça, cuja feitura implicou imaginação, escolha de cores, definição de tramas no tear, seleção de padrões para entremear os pontos e que, no tecido, revela a marca autoral da tecelã, nos artigos aqui reunidos forma e conteúdo aparecem articulados, como marcas da identidade de um grupo: dizer de outra forma, compor com múltiplas linguagens e aproximar a arte da formação de professoras no movimento de pensar-fazer uma educação das infâncias pautada por princípios éticos, estéticos e políticos. São composições textuais e imagéticas que contam histórias de buscas e descobertas, de proposições e experimentações, de sentimentos e afetos, de projetos e realizações, de ousadia e utopias. São produções do grupo, resultados de teses, de dissertações e de monografias; há, também, produções resultantes de propostas formativas, desenvolvidas por meio da extensão universitária, no diálogo com a comunidade acadêmica e com a sociedade, especialmente a escola pública. Ao considerar o ambiente e sua organização um elemento constitutivo de aprendizagem e de relações, sendo que o espaço também educa a sensibilidade, as experiências de formação aqui apresentadas foram realizadas em diferentes espaços: a Sala Paulo Freire, da Faculdade de Educação da UFF; a Biblioteca Central do Gragoatá; o Museu Janete Costa de Arte Popular e o Museu de Arte Contemporânea, em Niterói; o Museu Nacional de Belas Artes, no Rio de Janeiro, o que se destaca, também, como uma marca do Fiar.

São tessituras que se fazem por narrativas autorais, narrativas de si e do outro, consigo e com o outro. Narrativas de pesquisadoras, de professoras da educação básica e do ensino superior, narrativas de crianças, narrativas capturadas na escola, na universidade, no museu, nos encontros de formação. Narrativas sobre o encontro com a arte, pelos espaços onde ela possa estar, com as infâncias, com a natureza, com a própria pessoa que narra. Tessituras de pessoas em processos de contínua (auto)formação, que puxam e trançam fios para novas, bonitas e sensíveis tessituras-conhecimento, as quais, acreditamos, precisam transitar, circular e enlaçar outros conhecimentos, encontrar novos parceiros de escuta e diálogo e, quem sabe, projetar-se em novas tramas.

Considerando as texturas apresentados na coletânea – linhas, pontos, imagens, palavras, próprios a cada autora –, o livro está organizado em duas partes: "Tessituras de dentro: Pesquisa e prática", com nove capítulos, resultado de projetos de pesquisa – teses, dissertações, trabalho de conclusão de curso – e também de projetos de ensino, que tematizam questões/experiências da prática docente na educação infantil, desenvolvidos pelas integrantes do Fiar; e "Tessituras para fora: Partilhas de conhecimento", que reúne dez composições textuais e imagéticas, narrativas e poéticas, sobre projetos de extensão e eventos organizados e realizados pelo Fiar, em cujo bordado se veem matizes internos e externos, dos que propuseram e dos que vivenciaram os projetos. Por isso, são tessituras para fora – dos muros da universidade, da pesquisa *stricto sensu* e dos limites da palavra –, tramadas em conhecimentos partilhados.

A primeira parte, "Tessituras de dentro: Pesquisa e prática", abre-se com o capítulo "Olhar dentro e fora, circular pelo mundo-vida: Narrativas de professoras da educação infantil por tempos e espaços de formação estética", de Greice Duarte de Brito Silva, primeira mestranda a defender sua dissertação no Fiar, em 2017. Ao se perguntar onde acontece a formação estética de professores e professoras e quais movimentos compõem seus itinerários de formação artístico-cultural, a pesquisa reiterou a importância de pensar a formação docente comprometida com a formação humana, ética, política e esteticamente. Também aponta que é imprescindível, na pesquisa e na formação, promover encontros, abrir espaço para a conexão com memórias e para a narrativa de processos e caminhos vividos.

Em "Narrativas de crianças e professoras no museu: Indo até onde a arte está", Simone Bibian traz para a conversa crianças e professoras no espaço do museu, num movimento de escuta desse público que geralmente não tem esse espaço como de seu pertencimento. É um retrato de sua pesquisa de mestrado, na qual investigou o que as crianças sentiam e expressavam sobre e num lugar que não foi feito para elas, tendo as professoras como importantes interlocutores nessa relação.

Marina Luar de Souza Duvidovich escreveu "Navegar as águas da memória: Rotas escritas entre o vivido e o porvir", no qual fala do mergulho em águas-lembranças. Escreve sua própria história, em narrativa típica de um memorial de formação. O texto, enquanto narra percursos (auto)biográficos de histórias de vida e formação, revela as rotas iniciais da pesquisa de mestrado da autora. Ao apresentar seus percursos, ela oferece pontes para reflexões sobre caminhos de (re)apropriações do mundo, sobre possibilidades de dizer e caminhar para si.

O capítulo "Sobre realidades e desejos: Arte na vida e nas narrativas de professoras", de Carla Andrea Corrêa, parte da compreensão de que acolher e amplificar as múltiplas formas de expressão das crianças, cultivar a criatividade e a imaginação são requisitos da prática docente na educação infantil e, nessa direção, trazem questionamentos sobre os processos formativos docentes. Qual o lugar da sensibilidade na educação e na vida das professoras? Que caminhos percorreram em sua formação estética? São questões que atravessam o texto, traçado no diálogo com professoras que atuam na primeira etapa da educação básica.

No capítulo "Crianças em mim: Crônicas e olhares de uma pesquisadora-poeta na natureza", Ana Clara Ribeiro Nimrichter tematiza as crianças e as infâncias, suas particularidades e formas de habitar os espaços, de ver e de descobrir o mundo. Seu texto apresenta, em forma de crônicas e fotografias, alguns encontros poéticos com crianças ao longo de sua trajetória. Pelas reminiscências, o texto fala de (re)encontros com crianças, com a natureza, com experiências vividas que se convertem em matéria de poesia. Além de visibilizar histórias pessoais, as crônicas fazem parte de uma investigação de mestrado, fertilizada na experiência.

Patrícia Vieira Bonfim, no capítulo "Do encontro com as matérias do mundo às narrativas (auto)biográficas", visa compartilhar algumas experiências de escrita (auto)biográfica, partindo do seu interesse pelo corpo como temática de investigação. A autora narra histórias compostas por fragmentos de lembranças, retalhos do vivido e que, pela rememoração, entrelaçam os fios de experiências pessoais, da formação e da profissão, nas relações interpessoais. O fazer à mão, o estar em contato com novas materialidades, o tocar a argila e o arquétipo do artífice foram inspiradores para o processo de falar de si.

As inquietações de duas artistas-educadoras que trabalham com as infâncias compõem as linhas de "Professoras de arte no encontro com as crianças: Dúvidas, investigações e aprendizados". Iasmim Cavalcanti Caballero Lira e Graziela Ferreira de Mello, com base nas pesquisas de seus mestrados, dão relevo à percepção, nas próprias práticas, de discrepâncias entre como a arte é tratada na educação infantil e a (ausente) formação recebida na licenciatura em arte, que cursaram. Trazendo ao diálogo a arte e a educação, transitam nas reflexões sobre ser professora de arte das infâncias.

Em "As crianças dançam? Reflexões sobre a dança na educação infantil", Monique de França Peixoto da Silva trata da importância do movimento, da criação, das artes, da estética, da sensibilização na infância. Baseada em sua experiência como professora de dança, articula o estudo bibliográfico e a realização de entrevistas-conversas com crianças para analisar como o trabalho com dança na educação infantil é ainda escasso, inscrito como atividade extracurricular e voltado para as apresentações em datas festivas. De acordo com seus estudos, realizados como trabalho de conclusão do curso de pedagogia, a educação infantil, norteada pelos princípios estéticos, é o caminho necessário para que as crianças possam vivenciar múltiplas linguagens em uma escola sensível e atenta às especificidades das infâncias.

Para fechar essas tessituras de dentro, temos o capítulo "Narrativas infantis: Uma experiência na roda de livros de arte", escrito por Xênia

Fróes Motta, que nos conduz, entre os fios de memórias que revelam histórias de contato da autora com as imagens da arte, às experiências e às reflexões suscitadas no encontro entre seus alunos e os livros de arte. O artigo apresenta o projeto "Rodas de livros de arte", que ela desenvolveu com alunos dos anos iniciais do ensino fundamental. Detalhes, com a contextualização das atividades e das dinâmicas realizadas, dão visibilidade a olhares: de olho nos livros, com os olhos no coração, de olho na roda.

A segunda parte do livro, "Tessituras para fora: Partilhas de conhecimento", começa com a apresentação de dois projetos de extensão – Fiar com... e Fiar com o Fiar na quarentena –, dos quais participaram educadoras, profissionais das escolas e público em geral, em encontros presenciais e, no contexto da pandemia de Covid-19, pelas janelas virtuais. Escrito pelas professoras da UFF, Marta Maia, Luciana Ostetto e Cristiana Callai, o capítulo "Encontros em presença e em janelas virtuais, para fiar conhecimentos, tecer experiências" fala das propostas desenvolvidas, detalhando e analisando a série de encontros presenciais e virtuais que se colocou como convite ao público interno e externo à universidade, de modo aberto e gratuito. Forma, conteúdo, pensamento, concepções e realizações podem ser visibilizados no panorama articulado.

A fiandeira Adriana Soares, pedagoga do Colégio de Aplicação da Universidade Federal do Rio de Janeiro, compartilha uma narrativa sobre o encontro "Fiar com... arte e formação de professores: Perspectivas autobiográficas", realizado em novembro de 2017. A leitura de seu capítulo "Na memória de um encontro, histórias de um fazer coletivo", ela nos conduz a acompanhar desde a ideia inicial que gerou uma proposta de encontro de formação até os movimentos que sustentaram a realização do evento. A autora dá atenção aos detalhes que compõem processos e formas de tecer formação no coletivo, reflete sobre o vivido e provoca outros movimentos: de voltar para si e redescobrir artes e ofícios, como a casa-memória que se encorajou a bordar.

Povoado de narrativas sobre as rodas de danças circulares focalizadas pela autora, "Poética de docentes dançantes: Passos rumo à inteireza", de Cristiana Seixas, faz-se no entrelaçamento de múltiplas experiências dançantes que dão visibilidade à necessidade de se cultivar a alma na educação, de fertilizar o campo do sensível. O projeto de uma educação que contemple simultaneamente o corpo, a beleza, a alegria, a introspecção, a conexão com a inteireza do ser, é trazido ao debate, no convite a refletir sobre o necessário aprendizado de um modo de pensar e agir circulares, integrados e integradores.

"Habitar o museu, redescobrir a natureza, fazer à mão: Formação docente além dos espaços escolares e universitários" apresenta, nas linhas escritas por Luciana Ostetto, o projeto de pesquisa-formação desenvolvido com o objetivo de contribuir para a ampliação do repertório estético-cultural docente de professoras da educação infantil. Tecendo vias de reflexão pelas memórias de infância, o projeto oportunizou tempos-espaços para experimentações e expressões artísticas docentes através das imagens da arte; das danças e brincadeiras; da expansão de repertório museal; do registro de experiências. Do vivido, espraia-se a possibilidade de maior reconhecimento das linguagens e da brincadeira das crianças na prática educativa docente diária.

Vilma Silva, no capítulo "Desabituar o olhar para ampliar sentidos: Notas sobre um projeto de formação continuada", conduz o leitor a acompanhar experiências e reflexões em torno da arte na educação infantil no contexto de promoção da formação docente. Suas notas trazem desde os detalhes do espaço e das materialidades organizadas para receber professoras e professores até suas experimentações e suas elaborações, que transbordam do encontro. A autora analisa como o projeto de pesquisa-formação – "Por uma formação docente brincante: Outros espaços, outras experiências" –, desenvolvido pelo Fiar, reverbera no próprio grupo formador. Fiandeiras a fiar a própria sensibilidade no olhar atento, na escuta sensível, no registro das delicadezas.

A aventura de duas amigas-docentes das infâncias, que se deslocam da cidade de São Paulo para a cidade de Niterói para vivenciar o I Seminário Rodas do Fiar, é o pano de fundo do capítulo "Reverberar existências com educação e arte: Fios entrelaçados na experiência de duas professoras da rede pública de São Paulo". Nele, Laís Vilela Gomes e Maria Helena Dantas Neves narram como o deslocamento entre cidades e a participação no referido seminário afetou seus modos de (re)existir. Contando um pouco do vivido e do experienciado naqueles dias tão intensos, de encontros, circularidade e encantamento, as autoras falam dos fios, dos alinhavos e dos pontos que continuam a ser tecidos dia após dia.

Os quatro pontos que arrematam as tessituras desta coletânea se mostram em sua força poética: são composições singularmente belas, versos ritmados, imagens-agentes que repercutem memórias, ressoam tempos e espaços do (re)vivido, do (re)encontrado, do (com)partilhado em itinerários de vida-formação das autoras, que se cruzam com as linhas do Fiar.

As notas poéticas "Dar as mãos, existir juntos em canção e roda", de autoria de Stéfany Bicalho Fernandes, é um registro sensível e singular de uma estudante de pedagogia que participou do seminário "Rodas do Fiar – Educação e arte: Reverberar existência". As letras que compõem a narrativa, alinhadas com os traços de desenhos autorais, mostram o enlevo que se dá no encontro das linguagens expressivas na formação docente.

No conteúdo e na forma do poema "Carretel", a fiandeira Lilian Garcia, pedagoga da rede municipal de educação de Niterói, convida-nos a deslizar pelas linhas sinuosas e leves de seu carretel-percurso que se desenrola no encontro com a arte. Na palavra vívida e dançarina, acompanhamos seus passos, de inteireza, que nos convidam à delicadeza de olhar e capturar sentidos.

Fios de existência, liberdade de expressão, (respira)ação projetam-se no "Sopro", de Barbara Harduim, fiandeira e arte-educadora da rede municipal de educação de Niterói. Em diálogo com as práticas do Fiar, a autora compõe seu autorretrato, afirma a necessidade de amorosidade, pensamento na ação, vibração, criação para (re)existir.

A professora da Escola de Belas Artes da Universidade Federal de Minas Gerais, parceira-fiandeira Rosvita Kolb Bernardes, reúne fragmentos – de memórias, de imagens, de palavras –, para compor o ensaio poético "Fragmentos de memória, imagens e escrituras do Eu". A narrativa partilhada afirma pressupostos da pesquisa (auto)biográfica: a disposição de percorrer os espaços da memória, vasculhando malas e lembranças, tateando objetos e heranças, permite-nos, desde o presente, articular passados e projetar futuros, definidos pelos itinerários de formação.

As tessituras conceituais e experimentais compostas pelos fios das escritas e narrativas poéticas aqui reunidas esperam continuidades e reinvenções, pois também convidam ao mergulho na história de sensibilidades de professoras e professores, ao exercício de autoconhecimento e à redescoberta de suas linguagens. Na pesquisa, na formação e na prática docente, dialogar com a arte abre perspectivas para outros tecidos: (re)conexão de saberes, (re)criação de dizeres, (re)invenção de modos de ser.

Desejamos uma leitura que possa ressoar nas práticas pedagógicas, nas relações entre docentes e crianças, em encontros de formação, na educação, dentro e fora das salas, em conexão com a vida, (re)afirmada a cada dia, por quem acredita, defende e pratica a educação pública de qualidade. Em tempos de precarização da educação pública, de descaso com a saúde da população, de desmontes dos serviços públicos essenciais, tempos marcados pela negação dos direitos constitucionais, o Fiar se apresenta como espaço de urdir outros caminhos, somando-se a toda gente que está em movimento, de luta e de resistência, pelo direito de existir, pela liberdade de criação, pela vida, enfim.

Com esperanças.

Luciana Ostetto
Marta Maia
Cristiana Callai
Niterói, abril de 2021.

PARTE I
TESSITURAS DE DENTRO: PESQUISA E PRÁTICA

Ser tecelã de um dia. E se o verso nasceu enquanto a mão tecia
É porque a cadência do tear trouxe de volta ao peito
Meu mundo amável de reminiscência.
Hilda Hilst*

* Hilda Hilst. *Exercícios*. São Paulo: Globo, 2002, p. 84.

1
OLHAR DENTRO E FORA, CIRCULAR PELO MUNDO-VIDA: NARRATIVAS DE PROFESSORAS DA EDUCAÇÃO INFANTIL POR TEMPOS E ESPAÇOS DE FORMAÇÃO ESTÉTICA

Greice Duarte de Brito Silva

> *Memória não tem filtro e armazena tudo. Memória a gente não rasga, não joga no lixo, não lava com sabão. Memória é sentinela, e nos vigia sempre. A memória não vê, mas não tira o olho. Vai somando vida afora. Tudo que a gente olha, ouve, toca, come, cheira, a memória não esquece. E, de repente, transborda mais rápido que enchente. Coisas que a gente só imaginou, a memória guarda.*
> Bartolomeu Campos de Queirós (2006)

Escavar a memória que guarda lembranças de tateios, de cheiros, de sabores, de sons, de olhares ajuda a contar sobre experiências de formação de nossa sensibilidade. E é pelo encontro, em que alguém diz a alguém, que tudo o que tocamos, ouvimos, olhamos, cheiramos – experimentamos, enfim! – ao longo da vida pode ser acessado, transbordando em narrativa, histórias refletidas. Memória e narrativa podem, ao transbordar, molhar regiões que estavam secas, esparramar-se para outros lugares, acordar (dar cor – coração) experiências para florescerem em outros sentidos. De dentro pra fora, de fora pra dentro.

Por meio de narrativas autobiográficas, investiguei as histórias de formação de professoras da educação infantil para, então, identificar a dimensão estética em seus itinerários. Acreditava que seguir os itinerários e os processos formativos de algumas professoras poderia contribuir para se (re)pensar a formação docente no contexto da educação infantil. No diálogo entre arte, professores e formação, interessava-me conhecer: onde acontece a formação estética de professores e professoras ao longo de suas trajetórias de vida? Como suas experiências contribuíram para sua formação estética? Que movimentos compõem esses itinerários de formação da sensibilidade?

Seguindo essas questões, a pesquisa que deu origem à dissertação defendida no Programa de Pós-graduação em Educação da Universidade Federal Fluminense (Silva 2017) reitera a importância de pensar a formação de professores comprometida com a formação humana, compreendida como formação da pessoa em sua inteireza de ser no mundo. A formação do professor, como processo de autoria e diálogo, precisa considerar a singularidade do sujeito, seus modos de ser e estar no mundo, seus percursos de vida. Portanto, foi imprescindível promover encontros, abrir espaço para a conexão com memórias e para processos de contar sua história e seus caminhos de formação docente.

É preciso narrar!

O interesse em conhecer as histórias de formação de professoras da educação infantil, identificando a dimensão estética em seus itinerários, conduziu-me ao encontro de outras professoras, à escuta de outras narrativas sobre formação da sensibilidade, à descoberta de caminhos, caminhadas e caminhantes e suas histórias vivas.

Diz o ditado popular, "quem viaja, tem muito o que contar", citado pelo filósofo alemão Walter Benjamin (1993), no conhecido texto

"O narrador", em que ele tece reflexões sobre narrativas, narrador e experiência. Para Benjamin, a experiência que passa de boca em boca é a fonte à qual recorreram todos os narradores, e, com pesar, ele denunciou o empobrecimento da narrativa, pois andavam em baixa as experiências no seu tempo. As narrativas contam fios de nossa história, segundo o pensador alemão, para o qual a verdadeira narrativa não se esgota. Ela conserva suas forças mesmo depois de muito tempo e ainda é capaz de desdobramentos.

> A narrativa, que durante tanto tempo floresceu num meio artesão, é ela própria num certo sentido, uma forma artesanal de comunicação. Ela não está interessada em transmitir o puro assim da coisa narrada, como uma informação ou um relatório. Ela mergulha a coisa na vida do narrador para em seguida retirá-la dele. Assim, imprime-se na narrativa a marca do narrador, como a mão do oleiro na argila do vaso. (Benjamin 1993, p. 221)

Na arte de contar suas narrativas, o narrador revive e expressa suas histórias com o sentido de comunicar e não de explicar ou mesmo explicar-se. A arte está nisto: tecer narrativas, contar histórias. À época do filósofo, essas narrativas eram tecidas de forma artesanal nos movimentos de fiar e tecer a própria vida, eram resultado de outro tempo, mais lento, outra relação entre palavra e gesto, garantidos pelas experiências coletivas (Benjamin 1993).

Contar histórias, o que é? A história é um entrecruzar de passado, presente e futuro que tem na memória um jeito de o tempo passado se transformar em tempo presente (*ibid.*). Na relação com o presente, a rememoração pode trazer um novo olhar para uma situação ou uma imagem do passado, entendida como uma experiência. A rememoração é um aspecto importante da filosofia benjaminiana, visto que

> (...) a exigência de rememoração do passado não implica simplesmente a restauração do passado, mas também uma transformação do presente tal que, se o passado perdido aí for reencontrado, ele não

> fique o mesmo, mas seja, ele também, retomado e transformado. (Gagnebin 1994, p. 14)

A arte de narrar pode também ser entendida como uma atividade estética que envolve beleza, sensibilidade, criatividade. A alma, a voz, o olho e a mão estão inscritos nesse contexto, uma vez que "a narração, em seu aspecto sensível, não é de modo algum o produto exclusivo da voz" (Benjamin 1993, p. 239). Penso nos dias de hoje... Andamos apressados, acelerados, escolhemos viver só, evitando outros, sem contar ou dizer. Tudo indica que a arte de narrar, contar e recontar continua em extinção. No entanto, mais que nunca, é preciso narrar!

Com os acordes da pesquisa (auto)biográfica, cultivar tempos e espaços para narrar

Mesmo vivendo um tempo acelerado, de muita informação e pouca experiência, avançamos com o compromisso político e a confiança na contribuição de estudos e pesquisas que pautam a centralidade dos sujeitos, educandos e educadores, para compreender as relações do cotidiano na escola. Esses sujeitos, entendidos não como alunos passivos nem como professores detentores ou destituídos do saber, pois, nas experiências, nas interações e nas trocas entre uns e outros, as oportunidades para ensinar e aprender se realizam. São trajetórias que se cruzam, itinerários que são tecidos em movimentos que constituem histórias de formação de cada professor, de cada aluno, de cada escola, de cada época. Está claro que "há uma diversidade de sujeitos e, portanto, uma diversidade de experiências, não sendo possível pensar assim em práticas pedagógicas idênticas e, em consequência, na formação de educadores para atuar de maneiras 'determinadas', previamente estabelecidas" (Demartini 2008, pp. 44-45).

Por tais razões compreensivas é que o objeto da pesquisa na perspectiva (auto)biográfica consiste em mostrar como os indivíduos dão forma às experiências e fazem significar as situações e os acontecimentos de sua vida, ao mesmo tempo em que produzem e reproduzem a realidade social, relacionando o individual e o social. O objeto desse tipo de pesquisa, como aponta Delory-Momberger (2012, p. 524), "[seria] perceber a relação singular que o indivíduo mantém, pela sua atividade biográfica, com o mundo histórico e social e em estudar as formas construídas que ele dá à sua experiência". Considerar o indivíduo ser social singular é um dos aspectos do projeto epistemológico específico da pesquisa (auto)biográfica e que o diferencia de outras abordagens.

Nos estudos de Dominicé (2014) e Josso (2007, 2010), as histórias de vida são tidas como meio privilegiado de pesquisa e formação na área da educação. Ao falar sobre as possibilidades de transformação de si-invenção de si a partir da narração das histórias de vida, Josso (2007, p. 434) defende que

> (...) a narração da vida é uma ficção, certamente baseada em fatos reais, e que é essa narração ficcional que permitirá, se a pessoa for capaz de correr tal risco, a invenção de um si autêntico. Sem esquecer que a invenção de si necessita não somente de um discurso sobre si, mas de projetos de si. De fato, a história de formação só é possível como processo de conhecimento de um sujeito que postula e, portanto, imagina poder vir a ser esse sujeito plenamente.

Se contar histórias é inerente a todo ser humano, as histórias podem ser contadas de maneira geral ou de modo a destacar acontecimentos ligados a um lugar ou a um tempo determinado. Para Jovchelovitch e Bauer (2002), a narrativa é uma tentativa de ligar fatos no tempo, através do sentido. Relaciona-se ao enredo, e este dá coerência e sentido à narrativa e também apresenta o contexto em que os fatos acontecem. Assim, compreender as narrativas significa "reconhecer sua dimensão não cronológica, expressa pelas funções e sentidos do enredo" (*ibid.*, p. 93). Ela se refere à realidade do narrador da história.

O contributo teórico-metodológico advindo das pesquisas narrativas de abordagens (auto)biográficas nos ajuda a compreender a formação além dos limites da formação inicial, das práticas e das relações na escola. Nesse quadro teórico, a formação, encarada de maneira ampla,

> (...) coincide com o conjunto de experiências formativas ao longo da vida, ou seja, todas as experiências que produziram aprendizagens: o convívio com familiares e/ou pessoas significativas desde a infância, a escolaridade/a vida acadêmica, o estudo, as leituras, o acesso às mídias, a pesquisa, a produção escrita, as amizades, as viagens, as situações-problema vividas, a reflexão pessoal e compartilhada, a interlocução com pessoas tomadas como referência, a discussão das ideias, a psicoterapia, a militância em grupos ou movimentos, a participação nas instituições, a atuação profissional, o contato com a espiritualidade, a possibilidade de fruir das artes, das manifestações culturais, da literatura e de todo tipo de conhecimento (...). (Prado e Soligo 2005, p. 33)

Na pesquisa sobre formação docente, fora da lógica escolarizante, a questão central passaria a ser o ato e os processos de formar-se, investigando o que seria formador na vida de cada um. Nesse sentido, a formação é concebida como proposta de ampliação do conhecimento pessoal e profissional, que responde a necessidades e inquietações do sujeito-professor que, ao refletir e produzir narrativas compostas por histórias tecidas a muitas mãos e muitas vozes, toma para si a formação: forma-se.

A investigação aqui compartilhada privilegiou a atividade narradora, considerando-a uma possibilidade singular de ampliar a compreensão sobre os processos formativos docentes, a fim de contribuir para pensar a formação inicial e continuada de novas perspectivas. Valorizou as histórias de vida e formação no processo de fazer-se docente, destacando a importância da narrativa como tempo e espaço de afirmar a experiência.

Entre narradoras e narrativas: Explosão de sentidos nas pequenas histórias

Uma particularidade a ser destacada de início está no cenário-referência da pesquisa: a Casa Daros, um espaço de arte no Rio de

Janeiro, inaugurada em março de 2013 e dedicada à produção latino-americana, a qual, infelizmente, encerrou suas atividades em dezembro de 2015. O projeto da Casa Daros abrigava o programa "Arte é educação", que ofereceu o projeto, com encontros de formação, "Arte e aprendizagem na primeira infância", em parceria com a Fundação AeioTU – Fundação Carulla (Colômbia), um investimento claro na formação de educadores, artistas e professores que trabalhavam com a primeira infância. Consultando dados, junto com a equipe do referido programa, sobre a participação docente, busquei por professoras que tivessem participado de mais de três encontros do programa "Arte e aprendizagem na primeira infância" desde 2013. Identifiquei três nomes, fiz o contato com as professoras, que aceitaram o convite e se tornaram narradoras-colaboradoras da pesquisa.

Para a produção dos dados biográficos, para suscitar histórias de vida e profissão que contam sobre os processos formativos das professoras, foram realizadas entrevistas inspiradas na técnica de Jovchelovitch e Bauer (2002), a "entrevista narrativa". As entrevistas aconteceram em diferentes espaços de cultura e arte na cidade do Rio de Janeiro: Centro de Referência da Música Artur da Távola, na Tijuca; Museu do Amanhã, no Centro; Instituto Moreira Salles, na Gávea. Esses lugares escolhidos pelas participantes eram desconhecidos por mim, confirmando, já de início, que a experiência da narrativa é sempre dual para o pesquisador (Clandinin e Connelly 2011), que a vivencia como se fosse parte dela. Foi também uma oportunidade de continuar ampliando meu repertório, traçando novas rotas no meu mapa das artes na cidade do Rio de Janeiro.

Em sua estrutura, as entrevistas se desenvolveram com base no encorajamento para que as professoras contassem seus percursos de formação estética, considerando suas histórias de vida, apontassem lugares, tempos e pessoas que contribuíram para a formação de sua sensibilidade. Dos acontecimentos narrados, após a fala conclusiva das narradoras, fiz o convite para que contassem como as linguagens artísticas apareciam em sua história de formação e no contexto da educação infantil, o que podiam dizer sobre crianças, professores e arte.

As histórias transcritas e coconstruídas permitiram a sistematização de conteúdos de experiências vividas em diferentes tempos e lugares que formaram a sensibilidade daquelas pessoas. O objetivo traçado para a pesquisa, de dar visibilidade às histórias das professoras, veio fortemente, fazendo-me pensar também sobre a minha formação estética, sobre esse papel de pesquisadora, sobre a melhor forma de comunicar as histórias tecidas sobre percursos formativos (e, dentro deles, a dimensão estética), não apenas aos leitores da pesquisa, como também às próprias participantes.

Para apresentar essas histórias, fizemos, minha orientadora e eu, a opção por uma forma textual utilizada por Benjamin (1993), caracterizada pela organização de pequenas histórias ou crônicas, encontrada sobretudo no texto *A infância em Berlim por volta de 1900*. Inspirado na "Monadologia", de Leibniz, Benjamin constitui sua narrativa por meio da estruturação de mônadas, que, de acordo com Rosa e Ramos (2015), são "centelhas de sentidos" que interrompem a linearidade do pensamento. As mônadas pretendem, mais do que constituir narrativas comunicáveis, constituir narrativas experienciáveis. Assim, "a mônada pode revelar o caráter singular da experiência educativa realizada, sem perder de vista suas articulações com o universo amplo da cultura em que ela está imersa e com o olhar subjetivo do pesquisador" (*ibid*., p. 205).

Guardar histórias e dar sentido a um contexto maior é possível por meio de extratos das entrevistas transformados em mônadas, que são como *flashes* fotográficos, em movimento, e permitem ao leitor se tornar um viajante junto com os narradores (Prado *et al*. 2008). Assim, as entrevistas e as histórias, depois de transcritas, foram transformadas nesses pequenos *flashes*, cheios de sentido, sobre a história de vida das narradoras. Foram ainda intituladas com base no conteúdo que carregavam, nas palavras que traziam sentido à experiência narrada pelas professoras, que poderiam provocar a leitura, chamando para outros, múltiplos, sentidos. O potencial desse tipo de apresentação narrativa está também na sua "capacidade de transportar o leitor para um espectro de compreensão e de cenários. O próprio leitor se torna viajante junto com os narradores, sejam eles depoentes ou pesquisadores(as)" (*ibid*., p. 64).

Além disso, assinalam os autores, há um caráter criativo das mônadas que contribui para a comunicação das narrativas de maneira articulada, dinâmica e contextualizada, cuidando para o não enquadramento ou classificação do seu conteúdo em categorias.

Como grandes sessões de histórias, organizei um conjunto de mônadas para cada professora-narradora (as três autorizaram a utilização de seus nomes próprios) e atribuí um nome a cada sessão: "Entre desejos e esperanças: Linguagens e cultura", de Camila; "Romper a limitação... transformar-se", de Bianca; "Pés no chão: Sentidos na natureza", de Thaysa. Na abertura de cada sessão, foto-ensaios constituídos por imagens e fotografias relacionadas às histórias das narrativas convidam a olhar, para vislumbrar os percursos estéticos de cada professora-narradora. Considerado por Galvani (2016) como um material visual de documentações pedagógicas que valoriza a linguagem fotográfica e suas potencialidades, esses foto-ensaios foram elaborados com imagens digitais encontradas na internet e fotografias do arquivo pessoal. São criações e invenções digitais que dizem sobre tempos, lugares, espaços, pessoas. Expressões dos contextos e reflexões produzidas na pesquisa.

I
Entre desejos e esperanças: Linguagens e cultura

Histórias de Camila

Do lugar do encontro-entrevista

Escolhi esse espaço do Centro de Música Carioca Artur da Távola porque ele, para mim, é um espaço de esperança. Eu tenho uma conhecida que é cantora e que fez uma apresentação aqui. Ela acabou ficando doente, e uma outra amiga que veio assistir a essa apresentação comigo também ficou doente. Quando eu passava por aqui, ou vinha aqui, eu lembrava delas. Hoje, elas estão boas e sinto aqui, agora, como um lugar de esperança. Então, que essa energia de esperança possa acompanhar o seu trabalho! Para que a gente continue essa luta de uma educação infantil, no nosso país inteiro, de qualidade, de concepção da criança como sujeito de verdade, potência de verdade, respeito de verdade, união, amor.

Camila
Centro de Referência da Música Artur da Távola
5 de abril de 2016

Centro de Música Carioca Artur da Távola. Foto-ensaio composto por duas fotografias digitais retiradas do arquivo pessoal.

Das lembranças

Espaços e materiais

Uma das aulas lá da Casa Daros de que eu mais gostei foi sobre espaços e materiais, por conta da diversidade dos materiais que eu vi ali: projetor, panos grandes, muitas tampas, muitos papéis variados. A proposta prática foi a construção de cantos de interesses, que ficaram incríveis, por conta da qualidade daqueles materiais disponíveis. Folhas, sementes, tampas, fios, cordas de diferentes tamanhos e espessuras, uma riqueza que mexeu muito comigo. Tem essa coisa também do visual, os sentidos, o cheiro.

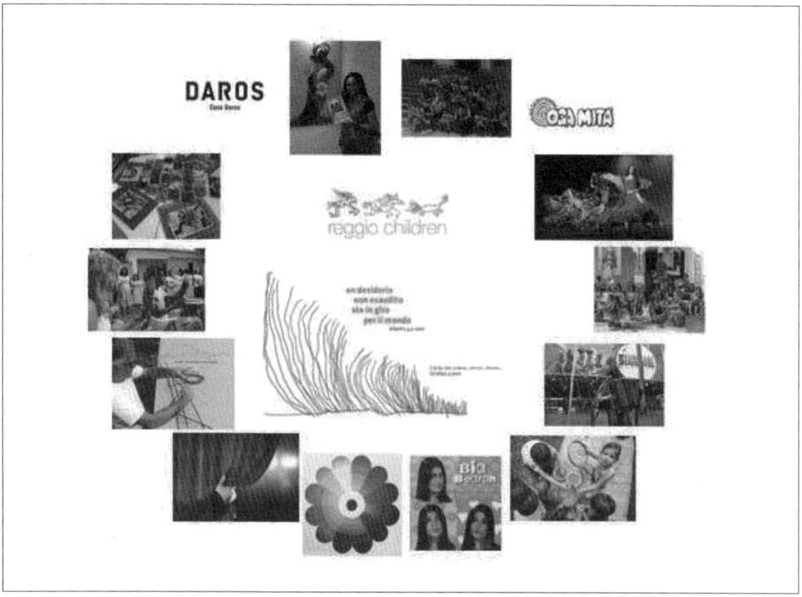

Desejos e esperanças. Foto-ensaio composto por 16 fotografias digitais retiradas do Google e do arquivo pessoal, com temas da história de Camila.

II
Romper a limitação... transformar-se!

Histórias de Bianca

Do lugar do encontro-entrevista

A ideia de vir ao Museu do Amanhã não foi para conhecer o museu em si, mas para falar que a minha formação tem a ver com esse lugar, com a metamorfose desse lugar. Eu acho que a minha formação, ela está passando por um processo de transformação em todos os momentos. Que foi o que aconteceu aqui, neste bairro, neste lugar.

Bianca
Museu do Amanhã. Praça Mauá
10 de maio de 2016

Museu do Amanhã. Foto-ensaio composto por três fotografias digitais retiradas do arquivo pessoal.

Das lembranças

Buscava o certo e acabei me encontrando

O espaço que me proporcionou essa questão da sensibilidade, de trabalhar com isso, de me conhecer, foi o curso de extensão da Unirio. Era o curso "Corpo, arte e natureza", ali que aflorou tudo. Tudo estava querendo sair, e foi ali que eu me achei no caminho certo. Sempre fui uma pessoa muito certinha (a minha mãe era muito rígida). Eu precisava de um caminho que me dissesse assim, "isto é o certo!". Na Unirio, eu não tive esse caminho. Aprendi que certo é o que você acha, é o que você sente, é o que você está fazendo ali com as crianças. Eu sentia que outras pessoas estavam naquela mesma *vibe*, outros professores também foram provocando essa questão da sensibilidade na minha formação.

Transformar-se. Foto-ensaio composto por 17 fotografias digitais retiradas do Google e do arquivo pessoal, com temas da história de Bianca.

III

Pés no chão: Sentidos na natureza

Histórias de Thaysa

Do lugar do encontro-entrevista

Esse foi um lugar onde eu vim muito durante a minha infância e a minha adolescência. Foi um lugar que eu descobri perto da minha casa, um espaço cultural e isso me encantou muito, porque é colado na favela. Na favela, até pouco tempo, não tinha espaço cultural, espaços de formação artística. Hoje, a gente tem lá dentro, na Rocinha. Eu vinha para cá, eu sabia que aqui eu ia encontrar a paz necessária para eu fazer o que eu precisava fazer, e é um lugar gostoso, é um lugar que a natureza está aqui dentro, viva. É um lugar que me faz bem, que era o que eu não tinha, um lugar próximo, aconchegante.

Thaysa
Instituto Moreira Salles
27 de setembro de 2016

Instituto Moreira Salles. Foto-ensaio composto por duas fotografias digitais retiradas do arquivo pessoal.

Das lembranças

Da Rocinha para Varjota, espaço e natureza

Eu vou começar a falar da natureza, porque a minha história sensível na vida começou nos espaços da natureza. Eu, quando pequena, morava aqui na Rocinha, que não tinha muito espaço e tal, e por conta de violência, tráfico, a gente teve que se mudar. A gente foi morar no Nordeste. No interior do Nordeste. Eu fui morar em Varjota, interior do Ceará, a casa da minha avó era lá. E aí começou a minha história! O que me marcou muito na infância foram as experiências com a natureza; eu tenho várias para contar. Contando tudo isso, eu senti vontade de chorar. E também alegria. Às vezes, a gente não para para pensar nas coisas, e isso me fez lembrar de muitas situações, influências, pessoas marcantes, momentos; momentos de sensibilidade que me fizeram hoje ser essa pessoa que eu sou, pessoa e profissional.

Sentidos da natureza. Foto-ensaio composto 18 fotografias digitais retiradas do Google e do arquivo pessoal, com temas da história de Thaysa.

Mergulhar no mar de histórias, seguir o diálogo

Imersa na narratividade das professoras, mergulhada nas histórias que contam acontecimentos importantes dos seus itinerários de formação, defrontei-me com um grande desafio: compreender as narrativas produzidas, em diálogo com as minhas próprias narrativas. As abordagens (auto)biográficas não preveem, na pesquisa, a análise da história do outro, nem tampouco buscam encontrar uma verdade nas suas biografias. Dessa perspectiva teórico-metodológica, trata-se, sobretudo, de "estudar como os indivíduos dão forma às suas experiências e sentido ao que antes não tinham, como constroem a consciência histórica de si e de suas aprendizagens nos territórios que habitam e são por eles habitados" (Passeggi, Souza e Vicentini 2011, p. 371).

Foi possível dialogar com os conteúdos das três sessões (apresentadas neste capítulo de modo abreviado), valendo-me de uma sessão de leitura das narrativas, quando as entrelaço às minhas narrativas, constituídas na forma de memorial. Para tanto, elaborei chaves de leitura com elementos sugeridos por Josso (2010), Warschauer (2001) e Berkenbrock-Rosito (2007), considerando acontecimentos na vida familiar, escolar e profissional, bem como os deslocamentos geográficos, as pessoas apontadas como marcantes e as vivências culturais assumidas como experiências estéticas. Olhar para as narrativas com essas lentes ajudaram-me a identificar os aspectos múltiplos que constituem linhas importantes de processos formativos, nos quais ganham visibilidade as histórias de formação da sensibilidade.

Da vida familiar, destacam-se lembranças relacionadas à infância: as figuras de familiares – avós, pai, mãe, irmãos – estão muito presentes e as brincadeiras no quintal de casa são recorrentes. Da vida escolar, as lembranças contam: do tempo no jardim, primário e ginásio, da faculdade, durante o curso de pedagogia; da formação continuada em espaços oficiais, como a universidade; de professores marcantes, identificados como colaboradores da formação estética experimentada. Da vida profissional, há as lembranças ligadas à iniciação no magistério, à inserção na escola ou na educação infantil, por meio de estágios; as questões sobre a prática docente, reflexões, buscas de respostas; a relação entre crianças, professores e arte; as experiências com as linguagens artísticas na creche. No âmbito dos relacionamentos afetivos, amizades e pessoas marcantes são identificadas nas narrativas.

Os deslocamentos geográficos apontam viagens internacionais e nacionais, bem como movimentações urbanas que contribuíram para a ampliação dos sentidos das narradoras. Das vivências culturais, obras e linguagens artísticas que fizeram parte de suas histórias, campo privilegiado na pesquisa, mostram o diálogo entre arte e educação, que aparece nas narrativas por meio de lembranças das experiências com diferentes linguagens – dança, teatro, música, literatura –, do contato com a arte e os museus, do conhecimento e das experiências na Casa Daros, na galeria de obras de arte e no ateliê, no reconhecimento, enfim, dos caminhos de formação da sensibilidade – educação estética.

No estudo da educação como estudo da vida, educação, experiência e vida estão intimamente relacionadas, não sendo possível, nem desejável, "medir" a experiência educacional (como outrora alguns modelos de pesquisas educacionais pretenderam). Acerca do conceito de experiência no âmbito da pesquisa narrativa, Clandinin e Connelly (2011, p. 65) são claros: "Experiências são as histórias que as pessoas vivem. As pessoas vivem as histórias e no contar dessas histórias se reafirmam. Modificam-se e criam novas histórias. As histórias vividas e contadas educam a nós mesmos e os outros".

Considerar os saberes e os dizeres do professor por intermédio de suas narrativas, sem buscar resposta única ou validação de pressupostos já determinados, contribui para dar visibilidade aos múltiplos caminhos que eles fazem para sua formação e ao modo pelo qual relacionam isso à prática docente.

A dimensão estética, reconhecida nos itinerários das professoras de educação infantil, possibilitou destacar dimensões privilegiadas em suas histórias de vida e formação. Na composição de uma síntese da reflexão-análise, reconheci cinco grandes tópicos: 1) arte, cultura, tempos e espaços; 2) na natureza, no chão, feito à mão: iniciação estética; 3) no aprendizado da profissão: caminhos sensíveis ampliados; 4) a formação que continua: rupturas e potências na formação estética; 5) um lugar comum de sentidos: Casa Daros. Essas dimensões contribuem para se (re)pensar a formação, inicial e continuada, na direção da formação estética.

Considerações sobre os percursos trilhados, na pesquisa e na formação de professoras da educação infantil

> *Ninguém deixa seu mundo, adentrado por suas raízes, com o corpo vazio ou seco. Carregamos conosco a memória de muitas tramas, o corpo molhado de nossa história, de nossa cultura; a memória, às vezes difusa, às vezes nítida, clara, de ruas da infância, da adolescência; a lembrança de algo distante que, de repente, se destaca límpido diante de nós, em nós, um gesto tímido, a mão que se apertou, o sorriso que se perdeu num tempo de incompreensões, uma frase, uma pura frase possivelmente já olvidada por quem a disse.*
> Freire (1993)

Narrar possibilita trazer da memória suas muitas tramas. Rememoramos e ficamos imersos em nossa história. E assim, embebidos em nossas raízes, saímos de corpo molhado, encharcados da vida vivida em tempos e espaços que se destacam na lembrança, como anuncia Paulo Freire. No caminho da pesquisa, a proposta foi constituir espaços de rememoração, dar espaço para a memória relampejar em reminiscências no encontro e imersão em suas histórias, para, então, no processo narrativo, trazerem à forma aquela lembrança distante – vivida com a família, na natureza, na escola, durante a infância, adolescência ou idade adulta, com pessoas, tempos e espaços marcantes – que pudesse, também, falar de seus encontros com a arte e revelasse percursos de formação de suas sensibilidades.

A Casa Daros, um cenário comum às histórias das professoras, traz, em suas propostas educativas, significativos princípios e práticas para se pensar a formação estética de professoras e professores da educação infantil: é preciso ampliar experiências, explorando espaços de cultura e arte; é preciso sair da escola, ir lá onde a arte está e acontece, alimentar olhares, possibilitar diálogos com arte e artistas, refinar sentidos, enfim. A pesquisa apontou a necessidade de pensar propostas de formação que provoquem todos os sentidos – *aisthesis* –, ajudando a mobilizar saberes sensíveis, potencializando a imaginação e o poder de criação de professoras e professores.

Considerar a formação com base no desenvolvimento da identidade profissional, conectada à dimensão humana da pessoa professor e professora, abarcando sua inteireza de ser no mundo, indica a aproximação aos itinerários e aos processos formativos docentes para (re)pensar propostas de formação. As narrativas tecidas reafirmam que é imprescindível considerar a dimensão estética para a formação integral do sujeito, o que requer valorizar *aisthesis* tanto quanto *logos*, abandonando oposições como sensibilidade e razão, corpo e mente (Hillman 2010). Reafirmam, também, a necessidade de ter poesia no coração, em um processo de conhecimento de si, de busca pelo que está perdido, adormecido com aquele "olhar que olha para dentro e para fora" (Albano 2013, p. 79), para relacionar-se com as crianças em sua inteireza e alimentar sentidos.

Referências bibliográficas

ALBANO, A.A. (2013). *O espaço do desenho: A educação do educador*. 16ª ed. São Paulo: Loyola.

BENJAMIN, W. (1993). *Magia e técnica, arte e política. Obras escolhidas I*. São Paulo: Brasiliense.

BERKENBROCK ROSITO, M.M. (2007). "Ser professor: Entre a ética e a estética". *In*: BERKENBROCK ROSITO, M.M. e MORENO, L.V.A. *O sujeito na educação e saúde*. São Paulo: Centro Universitário São Camilo/Loyola.

CLANDININ, D.J. e CONNELLY, F.M. (2011). *Pesquisa narrativa: Experiência e história na pesquisa qualitativa*. Trad. Grupo de Pesquisa Narrativa e Educação de Professores Illel/Ufu. Uberlândia: Edufu.

DELORY-MOMBERGER, C. (2012). "Abordagens metodológicas na pesquisa biográfica". *Revista Brasileira de Educação*, v. 17, n. 51, set.-dez.

DEMARTINI, Z.B.F. (2008). "Das histórias de vida às histórias de formação". *In*: SOUZA, E.C. e MIGNOT, A.C.V. (orgs.). *Histórias de vida e formação de professores*. Rio de Janeiro: Quartet/Faperj, pp. 39-63.

DOMINICÉ, P. (2014). "O processo de formação e alguns de seus componentes relacionais". *In*: NÓVOA, A. e FINGER, M. (orgs.). *O método (auto)biográfico e a formação*. 2ª ed. Natal: EDUFRN; São Paulo: Paulus.

FERRAROTI, F. (2014). "Sobre a autonomia do método biográfico". *In*: NÓVOA, A. e FINGER, M. *O método (auto)biográfico e a formação*. 2ª ed. Natal: EDUFRN; São Paulo: Paulus.

FREIRE, P. (1993). *Pedagogia da esperança: Um reencontro com a pedagogia do oprimido*. Rio de Janeiro: Paz e Terra.

GAGNEBIN, J.M. (1994). *História e narração em Walter Benjamin*. São Paulo: Perspectiva.

GALVANI, V.M. (2016). "Uma nova lente para o professor: Potencialidade da fotografia como dispositivo de pesquisa para ações pedagógicas". Dissertação de mestrado em Educação, Arte e História da Cultura. São Paulo: Universidade Presbiteriana Mackenzie.

HILLMAN, J. (2010). *O pensamento do coração e a alma do mundo*. Campinas: Verus.

JOSSO, M.C. (2007). "A transformação de si a partir da narração de histórias de vida". *Revista Educação*. Porto Alegre, n. 3(63), set.-dez., pp. 413-438.

_______ (2010). *Caminhar para si*. Trad. Albino Pozzer. Porto Alegre: EDIPUCRS.

JOVCHELOVITCH, S. e BAUER, M.W. (2002). "Entrevista narrativa". *In*: BAUER, M.W. e GASKELL, G. (orgs.). *Pesquisa qualitativa com texto, imagem e som*. Petrópolis: Vozes.

NÓVOA, A. (1992). "Os professores e as histórias da sua vida". *In*: NÓVOA, A. (org.). *Vidas de professores*. Portugal: Porto Editora.

PASSEGGI. M. da C.; SOUZA, E.C. de e VICENTINI, P.P. (2011). "Entre a vida e a formação: Pesquisa (auto)biográfica, docência e profissionalização". *Educação em Revista*. Belo Horizonte, v. 27, n. 1.

PRADO, G.V.T. e SOLIGO, R. (2005). "Memorial de formação: Quando as memórias narram a história da formação". *In*: PRADO, G.V.T. e SOLIGO, R. (orgs.). *Porque escrever é fazer história*. Campinas: Gráfica FE.

PRADO, G.V.T.; MORAIS, J.F.S. e ARAUJO, M.S. (2011). "Processos de (auto)formação docente no cotidiano da escola: Horizontes de possibilidades". *RPD – Revista Profissão Docente*. Uberaba, v. 11, n. 24, jul.-dez., pp. 53-67.

PRADO, G. *et al.* (2008). "Gepec: Da educação continuada ao desenvolvimento pessoal e profissional em uma perspectiva narrativa". *In*: SOUZA, E.; PASSEGGI, M.C. e ABRAHÃO, M.H.M.B. (orgs.). *Pesquisa (auto)biográfica e práticas de formação*. Natal: EDUFRN. São Paulo: Paulus.

QUEIRÓS, B.C. de (2006). *Antes do depois*. Rio de Janeiro: Manati.

ROSA, M.I.P. e RAMOS, T.A. (2015). "Identidades docentes no ensino médio: Investigando narrativas a partir de práticas curriculares disciplinares". *Pro-Posições*, v. 26, n. 1(76), jan.-abr., pp. 141-160.

SILVA, G.D.B. (2017). "De dentro pra fora, de fora pra dentro: Itinerários de formação estética de professoras da educação infantil". Dissertação de mestrado. Niterói: Faculdade de Educação/Universidade Federal Fluminense.

WARSCHAUER, C. (2001). *Rodas em rede: Oportunidades formativas na escola e fora dela*. Rio de Janeiro: Paz e Terra.

2
NARRATIVAS DE CRIANÇAS E PROFESSORAS NO MUSEU: INDO ATÉ ONDE A ARTE ESTÁ

Simone Bibian

Já está feito, já pegou fogo, quer que faça o quê?:[1] *Considerações iniciais*

O museu ardeu. No dia 2 de setembro de 2018, no ano em que completou 200 anos, o Museu Nacional,[2] no Rio de Janeiro, sofreu um

1. Jair Bolsonaro, então candidato à presidência da República, em entrevista no dia 4/9/2018. [Disponível na internet: <https://g1.globo.com/politica/eleicoes/2018/noticia/2018/09/04/ja-esta-feito-ja-pegou-fogo-quer-que-faca-o-que-diz-bolsonaro-sobre-incendio-no-museu-nacional.ghtml>.]
2. O Museu Nacional foi criado em 1818 por dom João VI com o nome de Museu Real, para fomentar o desenvolvimento da ciência e da pesquisa no Brasil. Hoje, integra o Fórum de Ciência e Cultura da Universidade Federal do Rio de Janeiro. Até 2018, era um dos maiores museus de história natural e de antropologia da América do Sul. Ver "Museu Nacional. O museu". [Disponível na internet: <http://www.museunacional.ufrj.br/dir/omuseu/omuseu.html>, acesso em 8/1/2019.]

incêndio que o destruiu. "É o tipo de lugar que, se acabar, não faz falta à população."[3]

Ardeu com esse prédio histórico, que foi residência da família real e, posteriormente, da família imperial, aquela que era considerada a maior coleção egípcia da América Latina, iniciada por dom Pedro I. "Se é uma história nacional, deveria ser visitada por toda a nação. O povo só lembra quando perde, é isso, não faz nem tava [*sic*] fazendo falta. Dom Pedro? Osso? Para! Viva a realidade pq [*sic*] história não paga conta, esses políticos só nos roubam."[4]

Ardeu a coleção de arte e artefatos greco-romanos das escavações de Pompeia e ardeu também Luzia, o mais antigo fóssil humano encontrado no país (recuperado dos escombros um mês depois). "História tem que ficar no passado. Vamos viver o presente e pensar no futuro. Se depender de mim, pode queimar tudo!"[5]

Pinçados entre muitos, esses comentários de leitores sobre a reportagem dessa triste tragédia em um *site* de notícias servem para ilustrar uma visão frequente do que é um museu para uma boa parte da população: um lugar que guarda *quinquilharias*, elitista, acessível apenas para poucos, os especialistas. "Às vezes, as pessoas não vêm, porque acham que é caro. Nem conhecem, nem sabem. Porque museu... tem gente que acha que não tem nem roupa para vir aqui!"[6]

> Quanto aos museus, uma visão corrente é a de que guardam um patrimônio morto, disponível a uns poucos aficionados e a colecionadores, interessados em conhecer como eram os

---

3. Comentário de internauta sobre a reportagem do portal de notícias G1: "Incêndio de grandes proporções destrói o Museu Nacional, na Quinta da Boa Vista", 2/9/2018. [Disponível na internet: <https://g1.globo.com/rj/rio-de-janeiro/noticia/2018/09/02/incendio-atinge-a-quinta-da-boa-vista-rio.ghtml>.]
4. *Id.*
5. *Id.*
6. Professora Angélica, participante da pesquisa "Crianças e professoras no museu: Narrativas no encontro com a arte brasileira do século XIX" (Bibian 2017).

> antepassados. Trata-se de uma visão de museu como espaço pouco dinâmico e sem sentido para a maioria da população, que o identifica como local descomprometido com a realidade e a diversidade cultural. (Reddig e Leite 2007, p. 35)

A função e a organização dos museus são frutos de um longo processo histórico. Na Europa, até o século XVIII, museu era espaço de guarda de coleções particulares, muitas vezes frutos de roubos e saques, pertencentes a grupos privilegiados, que consideravam que "as visitas do povo" rompiam com o "clima de contemplação" necessário à apreciação dos objetos e que, por isso, o acesso era permitido apenas a alguns poucos eleitos (Suano 2008, p. 26).

Apesar de discussões, debates e pesquisas desde então, até hoje a questão do acesso dos diversos públicos aos museus ainda não foi bem resolvida, como se pode perceber pelos comentários do início deste capítulo.

A dificuldade é maior quando se trata da educação infantil, pois, em geral, os museus não estão preparados para acolher as crianças pequenas com suas especificidades. Em seus estudos sobre mediação para a infância em espaços culturais, Carvalho (2016) percebeu que havia um modelo de visitante ideal, aquele que *escutava*, e que meninas e meninos não se encaixavam nos rituais predeterminados da rotina de uma visita: questionavam o tempo todo, interrompiam quando não entendiam ou queriam fazer um comentário, falavam sobre outras obras não exploradas na visita, não *paravam quietos*, utilizando suas múltiplas linguagens, subvertendo as regras e os espaços. Segundo a pesquisadora, por esses motivos, eles eram considerados *os mais indesejáveis dos visitantes* pelos monitores, que os viam como incapazes de aproveitar situações de aprendizagem em espaços culturais.

> A ausência da infância sentida nestes espaços reflete a forma como a criança é vista/entendida em nossa sociedade: economicamente dependente dos adultos, improdutiva, sem luz (aluno); sem fala (infans)... Ainda que possamos reconhecer que historicamente esta

> concepção de criança venha se modificando, tudo faz crer que os avanços legais e teóricos ainda não são suficientes para quebrar a primazia do pensamento e da visão adultocêntrica dos museus. (Reddig e Leite 2007, p. 40)

Além disso, a pouca frequência de crianças aos museus está relacionada também à forma de abordagem da escola, pois, segundo a pesquisa, as professoras diziam que só visitavam uma exposição com as crianças se o tema se relacionasse com o trabalho desenvolvido com elas (Carnaval ou indígenas, por exemplo), numa visão redutora e escolarizada dos museus.

E o que dizer de um museu de arte, espaço por si só ainda mais sacralizado?

Em minha prática, como educadora do Museu Nacional de Belas Artes (MNBA), no Rio de Janeiro, observo que muitos professores que vêm com suas turmas permanecem passivos, emudecidos, mesmo incentivados a participar da visita mediada pelo núcleo de educação. Para uma grande parte, é a primeira vez no museu. Desconhecem até a natureza do acervo. Em suas pesquisas, Nogueira (2008) revela uma limitada experiência cultural de professores, que pouco frequentam cinema, teatro ou museu. Ostetto (2006) demonstra que, entre estudantes de pedagogia, é comum a afirmação de que não frequentam museus, porque não entendem de arte, atribuindo a especialistas ou conhecedores de história da arte o privilégio da apreciação artística. Em meu trabalho cotidiano no núcleo de educação do museu, sou atravessada por estas questões: Que tipo de experiência crianças e professores podem ter no encontro com a arte, em especial, a arte brasileira do século XIX, principal acervo do MNBA? Como o museu pode acolher esse público com modos de ser e estar tão singulares? Assim, em minha dissertação de mestrado, intitulada "Crianças e professoras no museu: Narrativas no encontro com a arte brasileira do século XIX" (Bibian 2017), investiguei o que as crianças sentiam e expressavam sobre algo e num lugar que não foi feito para elas. Meu interesse se voltou também para os professores, importantes interlocutores nessa relação: O que pensam sobre o museu?

Como interagem com as obras de arte? Pude, assim, trazê-los para perto do museu e ouvi-los.

A visita e tudo o que ela traz: Olhares, vozes e afetos

Na pesquisa de campo, três professoras de educação infantil (Sol, Angélica e Bia) e cinco crianças, de 4 e 5 anos (Pedro Henrique, Cristian, Kauane, Izabelly e Yasmim) visitaram, em momentos diferentes e especialmente planejados, a Galeria de Arte Brasileira do século XIX. Levamos em conta que adultos e crianças têm formas distintas de se relacionar com a arte e o museu. A referida galeria é composta por 129 pinturas, 27 esculturas, uma fotografia e uma vitrine contendo 11 bustos de pequenas dimensões. Os dados obtidos foram registrados em filme e fotografia, áudio-gravação e anotações em diário de campo. Do material reunido, tomei para análise alguns aspectos observados tanto na visita das crianças como na das professoras, que explicitarei a seguir.

A forma pela qual os participantes se relacionaram com o espaço museal não estava nos meus planos iniciais de investigação, mas foi tão impactante que entrou na pesquisa como dado a ser discutido. Inúmeros estudos indicam que o espaço físico é também uma linguagem (Carvalho e Rubiano 1994; Gandini 1995; Rinaldi 2013, entre outros). Certa vez, pude presenciar uma criança fazendo o sinal da cruz ao entrar no museu com a mãe, como se estivesse numa igreja ou num templo. As características de um espaço comunicam mensagens simbólicas, revelam objetivos e intenções de quem o projetou e organizou e, dessa forma, influenciam o comportamento daqueles que o ocupam, facilitando certas ações e impedindo outras (Carvalho e Rubiano 1994). As professoras se admiraram com o espaço – "Melhor que ir a Paris", disse uma delas – e também o julgaram "muito adulto" para as crianças. As crianças, por sua vez, demonstraram inicialmente surpresa e até medo de se perderem nas amplas galerias, exclamando: "Aqui é mais grande [*sic*] que o planeta!"; "Parece o [lugar do] Baile da Cinderela!". À medida que se sentiram mais à vontade, começaram a experimentar seus corpos nesse espaço: correram, tentaram se esconder, pularam, deitaram-se no chão, andaram friccionando o tênis no piso, divertindo-se com o som produzido. Burlavam o explícito ou implicitamente instituído: encheram de sons o espaço onde se espera o silêncio, dançaram e brincaram onde normalmente os corpos são contidos. Ou seja, apropriaram-se do espaço do jeito como sabiam: com o corpo todo, usando todos os sentidos.

Em relação às obras, tanto na visita das crianças como na das professoras, foram surgindo olhares de estranhamento, admiração, lembranças, associações e identificações com seu próprio mundo. Comentários sobre as imagens e sobre a própria vida foram despertados pela arte e pelo espaço que a abriga.

As crianças buscaram estabelecer relações com o já conhecido, com suas vivências e o repertório de imagens de seu cotidiano. Por exemplo, logo na entrada, encantaram-se com a escultura *Checa*, um busto feito por Rodolfo Bernardelli em 1877. A trança da imagem as remeteu à personagem Elsa, desenho animado da Disney. Cristian escolheu como obra preferida *Alegoria do Império Brasileiro* (1872), de Francisco Manuel Chaves Pinheiro, justificando a escolha pela serpe, um pequeno detalhe da obra, que identificou como um dragão. Poucos dias antes, ele havia visitado outra exposição em outro museu, sobre são Jorge, onde naturalmente havia muitas imagens de dragão.

Entre as professoras, também houve identificações. Ao se deparar com *A tagarela* (1893), de Belmiro de Almeida, espantaram-se com a semelhança da personagem com uma das professoras, que a escolheu como sua preferida, dizendo: "Quando eu vi o nome do quadro eu falei, esse aqui é o meu. Sou eu. Porque tagarela é tudo que eu sou" (risos).

Os olhares das crianças, diante de obras monumentais, repararam em coisas que os adultos não querem ou já não conseguem ver: a presença constante dos pequenos e dos humilhados, pois seu campo de percepção é outro (Gagnebin 2005). Por exemplo, diante da *Batalha dos Guararapes* (1879), de Vitor Meireles, Kauane observou as figuras mais próximas a ela: os homens (holandeses) em primeiro plano, caídos no chão, alguns mortos, outros feridos, com olhar de súplica e desespero ante a batalha quase perdida: "Acho que ele está falando com Deus. Eu acho que ele está falando: 'Deus, tira esses malditos daqui!'".

O tempo para a fruição, para o olhar sem pressa, sem trajetos predeterminados possibilitou momentos lúdicos, de devaneio e imaginação. As professoras puderam *transver* o mundo, como diria o poeta Manoel de Barros, deixando livre seu ser poético e brincante:

> O superpoder que eu queria ter era em lugares antigos, em pinturas antigas, pôr a mão na parede e saber o que aconteceu ali, conseguir ver o que já aconteceu antigamente, e quando eu vi este quadro foi a mesma coisa, minha vontade era ter estado neste lugar, nesta época, pra ver como era nessa época. (Professora Bia)

A questão do nu também foi abordada. Uma das crianças escolheu *Davi e Abizag* (1879), de Pedro Américo, que chamou sua atenção justamente por esse motivo. No meu cotidiano, durante as visitas mediadas, percebo o constrangimento e os risinhos abafados de crianças e adolescentes diante dessas obras. Na visita, as professoras também comentaram como as crianças se interessam pelas imagens de nus em obras infantis (como a Vênus retratada no livro *O menino mais bonito do mundo*, de Ziraldo) e perguntaram como lido com essa situação.

Crianças observando a obra *Davi e Abizag* (1879), de Pedro Américo (*frame*).

> A arte, tantas vezes, nos choca. Abrigávamos um conjunto de sentimentos pacificados e, de repente, uma obra vem perturbá-los. Nós ou a recusamos, e permaneceremos imóveis em nós mesmos, ou a aceitamos, e ampliamos os poderes compreensíveis de nossa sensibilidade. (Coli 2017)

Penso como seria benéfico se pudéssemos tratar o nu artístico, e outras questões que a arte pode instigar, como convites para o pensamento crítico. A professora Madalena Freire, por exemplo, em seu livro *A paixão de conhecer o mundo* (1983), conta como utilizou pinturas de Degas para conversar com as crianças sobre o corpo humano, dando vazão à curiosidade e mostrando a beleza do trabalho artístico. As professoras participantes da pesquisa também foram afetadas pelas obras retratando o nu, o que provocou reflexões sobre os padrões estéticos impostos às mulheres na contemporaneidade: "(...) eu olhei o quadro e falei: nossa, parece até eu de costas, cheio de dobrinha aqui do lado, poderia até ser eu! Eu falei: eu me identifico com uma coisa dessas, não com esse padrão estético imposto agora" (professora Bia).

Buscando caminhos que façam sentido

Sim, obras de arte brasileiras do século XIX podem afetar a infância do século XXI, mesmo com todas as imagens e tecnologias que as rodeiam. Sim, as crianças podem se apropriar do espaço do museu, mesmo que nem ele, nem a concepção curatorial da exposição tenham sido feitos pensando nesse público. Diante disso, o que o museu e a escola podem fazer para que a visita de meninos e meninas seja vivida como uma experiência que lhes faça sentido?

Há muito que os serviços educativos dos museus podem fazer, mas, antes, os professores têm de ser ouvidos – afinal, em última instância, são eles os responsáveis por fazer acontecer o encontro entre a criança e a arte no museu. Como já indagava Moura (2005): Como ser o interlocutor sensível que a criança precisa para partilhar a experiência vivida nesse encontro e refletir sobre isso? Como o professor de educação infantil pode lidar com as dúvidas e as descobertas (suas e das crianças) e interagir com a criatividade e a imaginação infantis, em um espaço tão pouco convidativo para a infância e para ele próprio?

Ficou evidente na pesquisa a necessidade de considerar a dimensão estética como parte da formação de professores. Não apenas falar sobre arte, mas, sobretudo, ir até lá onde ela está, frequentar museus e centros culturais, exposições, concertos, cinema, teatro, apresentações de dança etc., permitindo, assim, um olhar mais alargado, um aumento do repertório de referências e o desenvolvimento de percepção e sensibilidade. "Quanto maior o repertório, maior a possibilidade de estabelecer diálogo com as 'coisas do mundo', com o mistério da vida. Assim é para a arte como para todos os campos da vida humana" (Ostetto 2011, p. 5).

O museu se mostrou um espaço privilegiado de encontro ao despertar memórias, afetos e emoções não só através das imagens expostas nas obras, como também através de seus cheiros, silêncios e sons, sua arquitetura, suas propostas de exposição etc. Um espaço que instiga o compartilhamento de narrativas (não só com a voz, mas também com o corpo todo) sobre o que somos e o que nos acontece, acolhendo o ser poético de crianças e professoras, aproximando-nos da experiência coletiva, pois

> (...) a memória individual, pessoal, está sempre vinculada à memória de grupos sociais (família e escola principalmente). Por isso mesmo, quando as pessoas mexem com suas lembranças, até as mais íntimas, elas atingem aspectos da vida coletiva e da história oficial. Existe uma interdependência entre o trabalho de construção e democratização da memória social e a recuperação da memória individual. (D'Angelo 2008, p. 101)

Referências bibliográficas

BIBIAN, S. (2017). "Crianças e professoras no museu: Narrativas no encontro com a arte brasileira do século XIX". Dissertação de mestrado em Educação. Niterói: Programa de Pós-graduação em Educação/Universidade Federal Fluminense.

CARVALHO, C. (2016). *Quando a escola vai ao museu*. Campinas: Papirus.

CARVALHO, M. e RUBIANO, M. (1994). "Organização do espaço em instituições pré-escolares". *In*: OLIVEIRA, Z. (org.). *Educação infantil: Muitos olhares*. São Paulo: Cortez.

COLI, J. (2017). "Por moralismo torpe, pessoas decidem eliminar a reflexão e neutralizar a arte". *Folha de S.Paulo*, São Paulo, 15/10/2017. [Disponível na internet: <http://www1.folha.uol.com.br/colunas/jorge-coli/2017/10/1926619-por-moralismo-torpe-pessoas-decidem-eliminar-a-reflexao-e-neutralizar-a-arte.shtml>, acesso em 24/11/2017.]

D'ANGELO, M. (2008). "Infância em Berlim: Expedições às profundezas da memória". *Rev. Bras. Estudos Pedagógicos*. Brasília, v. 89, n. 221, jan.-abr., pp. 90-102.

FREIRE, M. (1983). *A paixão de conhecer o mundo: Relato de uma professora*. Rio de Janeiro: Paz e Terra.

GAGNEBIN, J.M. (2005). *Sete aulas sobre linguagem, memória e história*. Rio de Janeiro: Imago.

GANDINI, L. (1999). "Espaços educacionais e de envolvimento pessoal". *In*: EDWARDS, C.; GANDINI, L. e FORMAN, G. *As cem linguagens da criança*. Porto Alegre: Artmed, pp. 145-158.

MOURA, M.T.J.A. (2005). "Escola e museu de arte: Uma parceria possível para a formação artística e cultural das crianças". *Teias*. Rio de Janeiro, ano 6, n. 11-12, jan.-dez.

NOGUEIRA, M.A. (2008). *A formação cultural de professores ou a arte da fuga*. Goiânia: UFG.

OSTETTO, L.E. (2006). "A arte no itinerário da formação de professores: Acender coisas por dentro". *Reflexão e Ação*. Santa Cruz do Sul, v. 14, n. 1, jan.-jul., pp. 29-43.

_______ (2011). "Educação infantil e arte: Sentidos e práticas possíveis". *Caderno de Formação*. Acervo digital Unesp, v. 3, mar., pp. 27-39. [Disponível na internet: <http://www.acervodigital.unesp.br/handle/123456789/320>, acesso em 4/9/2015.]

REDDIG, A.B. e LEITE, M.I. (2007). "O lugar da infância nos museus". *Musas: Revista Brasileira de Museus e Museologia*. Rio de Janeiro, n. 3. [Disponível na internet: <http://www.museus.gov.br/wp-content/uploads/2011/01/Musas3.pdf>, acesso em 8/1/2019.]

RINALDI, C. (2013). "O ambiente da infância". *In*: CEPPI, G. e ZINI, M. *Crianças, espaços, relações: Como projetar ambientes para a educação infantil*. Porto Alegre: Penso.

SUANO, M. (2008). *O que é museu*. São Paulo: Brasiliense. (Coleção Primeiros Passos)

3
NAVEGAR AS ÁGUAS DA MEMÓRIA: ROTAS ESCRITAS ENTRE O VIVIDO E O PORVIR

Marina Luar de Souza Duvidovich

O mar vagueia onduloso sob meus pensamentos
A memória bravia lança o leme:
Recordar é preciso.
O movimento vaivém nas águas lembranças
dos meus marejados olhos transborda-me a vida,
salgando-me o rosto e o gosto.
Sou eternamente náufraga,
mas os fundos oceanos não me amedrontam
e nem me imobilizam.
Uma paixão profunda é a boia que me emerge.
Sei que o mistério subsiste além das águas.
Recordar é preciso, Conceição Evaristo

As águas, representando a infinidade dos possíveis, contêm todo o virtual, todo o informal, todo germe dos germes, todas as promessas de desenvolvimento (...). Mergulhar nas águas para delas sair sem se dissolver totalmente, salvo por uma morte simbólica, é retornar às origens, carregar-se, de novo num

imenso reservatório de energia e nele beber uma força nova: fase passageira de regressão e desintegração, condicionando uma fase progressiva de reintegração e regenerescência.
Chevalier e Gheerbrant

Narrar a própria história, formar-se: Uma via de criação de si com o mundo

Mergulhar águas lembranças, narrar o vivido, tornar-se autora na escrita de sua própria história. Era abril ou maio de 2016, eu havia acabado de começar o curso de mestrado em Educação na Universidade Federal Fluminense e essa foi uma das primeiras tarefas acadêmicas com a qual me deparei. A princípio proposto na disciplina "Tópicos especiais em linguagem, cultura e processos formativos", o trabalho de escrever um memorial de formação que tivesse como ênfase elementos do projeto de pesquisa veio a ser tão significativo que continuou ao longo dos dois anos seguintes. Esse recurso teórico-metodológico, da perspectiva apresentada pelas abordagens (auto)biográficas, de histórias de vida e formação, é um potente dispositivo formativo e investigativo.

> A escrita de si, mediada por atos de memória (...) reafirma que o mergulho na história vivida, para encontrar e revelar imagens que falam dos processos de constituição das subjetividades, com suas marcas e texturas singulares, pode ser potencializado quando mobilizado no campo da sensibilidade. Vê-se que, nas narrativas dos corpos-pensantes-sensíveis, integrando dimensões éticas, estéticas e políticas, sonhos e projetos são permeados pela leitura do contexto em que as pessoas, sujeitos das histórias, estão inseridas. (Ostetto e Bernardes 2015, p. 175)

No meu caso, o memorial desdobrou-se em etapas, tal como um mapa onde são procuradas direções e encontrados caminhos a serem seguidos. Com base nele, as rotas iniciais da pesquisa foram traçadas e, posteriormente, diante de sua elementaridade, não poderia ter sido melhor a escolha de incluí-lo no texto da dissertação "Quando a sabedoria das danças circulares sagradas toca a educação" (Duvidovich 2018), que agora ofereço à leitura, ainda que de modo editado.

Relatos biográficos evidenciam as questões teóricas, políticas, éticas e estéticas de quem narra. Assim, unindo essas abordagens às águas que agitam minha escrita, encontro os suportes que conduzirão este texto, compreendendo que, ao apresentar meus percursos, posso construir reflexões e concepções, rever valores e, compartilhando-os com quem lê, quem sabe contribuir para nossa (re)apropriação do mundo e nosso caminhar sobre ele. No âmbito dessas abordagens, a escrita de si é fonte de produção de conhecimentos, podendo ser utilizada como dado para investigação e, ao mesmo tempo, contribui para a formação docente – conceito que também será abordado adiante.

As experiências que nos formam ficam inscritas em nossa memória, e são reconstruídas conforme as movimentamos, trazendo-as de dentro para fora no ato de contá-las em narrativa. Desse modo, o caráter formativo engendrado na "reinvenção de si", "mediante a vida ressignificada a partir da transformação da representação de si mesmo" (Silva 2017), revela-se nas escolhas pessoais dos recortes e dos enfoques dados às experiências narradas num memorial de formação.

A escrita, além de ser um trabalho bastante exigente, pode conduzir e ser conduzida numa aventura singular de criação. Escrever sobre a própria vida, então, é tentar dar forma a algo ainda disforme no limiar da consciência, esculpir usando materiais extremamente sutis. Quem já brincou de esculpir argila tem uma pista do que quero dizer: aquela sensação de transformar matéria bruta, sem forma definida, em objeto modelado, usando a ponta dos dedos. Delicadeza e precisão. Desse modo, escrever nossas histórias de vida é um ato de criação e, se uma vida se faz em histórias, narrar a vida é em si criar a vida. A imagem da escultura com argila é útil para esse entendimento – não é à toa que tantos mitos de gênese humana vêm do barro e de sua moldabilidade. Talvez a ação de esculpir seja outra metáfora que nos aproxime do trabalho desafiador da escrita de si.

Na teoria de Carl Gustav Jung, a criação surge de lugares que não dominamos por vias da consciência, os impulsos criativos brotam das profundezas obscuras do inconsciente, como se tivessem vida própria (Barcellos 2004). Tal energia irrompe do infinito e faz se manifestar aquilo que está por existir, fagulha da explosão primordial de onde emergem todas as coisas, das teorias científicas às produções artísticas. Nesse sentido, ampliar o olhar através de múltiplas linguagens é uma questão importante para o fazer acadêmico, que só tem a ganhar ao incluir entre seus métodos e procedimentos formais as ousadias e as transgressões colocadas pela poesia e pela arte. Desacostumar o olhar para poder ver por outros ângulos é uma atitude necessária em nosso ofício na educação, seja para a pesquisa, seja para a prática profissional. Procurar caminhos além dos modelos formatados, convencionais, entregando-se à própria caminhada.

Voltando à palavra "formação", não escondo minha perplexidade diante da imensidão nela contida. Como, quando, onde, com quem somos formadas? Ou nos formamos? Por quê? Para quê? O que significa? Onde começa? Quando termina? Termina? São mistérios que extrapolam as explicações dadas no campo das teorias pedagógicas e que inspiraram buscas dentro das ciências, das filosofias, das artes, das religiões. Recorro a Paulo Freire, educador cuja obra atravessa culturas e gerações, para pensar essas questões. Assumindo a educação como experiência própria à vida de todas as pessoas humanas, que ocorre continuamente a todo tempo e em todo lugar, assim também se inscrevem suas noções de formação. Formar não é uma ação em que alguém é sujeito em relação a quem pode se considerar objeto, tampouco é ação em que um indivíduo se forma a si mesmo em solidão. Formamo-nos na relação com as pessoas, mediatizadas pelo mundo, diz o autor, ao tematizar a formação docente: "Quem forma se forma e re-forma ao formar e quem é formado forma-se e forma ao ser formado" (Freire 1996, p. 23).

"A formação não se constrói por acumulação (de cursos, de conhecimentos ou de técnicas), mas sim através de um trabalho de reflexividade crítica sobre as práticas e de (re)construção permanente de uma identidade pessoal" (Nóvoa 2002, p. 57). Nóvoa apresenta uma concepção de formação como um contínuo vaivém, avançar e recuar. Indefinível e irredutível, a formação se constrói num processo de relação entre diferentes saberes e conhecimentos, e encontra seu cerne na identidade pessoal de cada um. Tal processo é contínuo, interativo e dinâmico, inseparável da globalidade do sujeito. Desse modo, ao falar da formação docente, o referido autor ressalta a dimensão pessoal na constituição da identidade profissional, sendo uma constituinte da outra.

Assumir a centralidade do sujeito no processo de sua formação não nega ou desconsidera todas as condicionantes culturais, sociais, políticas, econômicas. Estar no mundo significa necessariamente estar com o mundo. As relações que nos regulam como sociedade reverberam em nossa formação individual, condicionando uma à outra. No entanto, há que se perceber uma importante diferença entre ser condicionado e ser determinado:

> Como presença consciente no mundo não posso escapar à responsabilidade ética no meu mover-me no mundo. Se sou puro produto de determinação genética ou cultural ou de classe, sou irresponsável pelo que faço no mover-me no mundo e se careço de responsabilidade não posso falar em ética. Isto não significa negar os condicionamentos genéticos, culturais, sociais a que estamos submetidos. Significa reconhecer que somos seres condicionados mas não determinados. Reconhecer que a História é tempo de possibilidade, e não de determinismo, que o futuro é problemático e não inexorável. (Freire 1996, p. 19)

Reconhecendo condicionantes, faz-se possível ir além delas, assumindo a responsabilidade ética e política de intervenção: porque o mundo não é, mas está sendo – possibilidade, não inexorabilidade. Retorno à sabedoria freiriana: "O inacabamento do ser ou sua inconclusão é próprio da experiência vital. Onde há vida, há inacabamento. Mas só entre mulheres e homens o inacabamento se tornou consciente" (*ibid.*, p. 50). Este é um ponto importante para os entendimentos que serão construídos sobre formação daqui em diante: a consciência do inacabamento. Filosofias orientais, como o taoismo e o budismo (Wilhelm 2006), milhares de anos antes de Freire, também professavam a impermanência e a mutação como leis supremas do universo. Assumo, então, o inacabamento como princípio até mesmo na escrita de mim, pois "cada vida é um desencadeamento psíquico que não se pode dominar a não ser parcialmente. Por conseguinte, é muito difícil estabelecer um julgamento definitivo sobre si mesmo ou sobre a própria vida" (Jung 1963, p. 19).

Nas voltas que o mundo deu, as voltas que eu dei pelo mundo: Enlaces ancestrais, considerações políticas

Tendo a pensar que minha formação se liga à das pessoas que vieram antes e a suas próprias histórias de vida. As trajetórias de formação dos sujeitos dos quais descendo se entrelaçam à minha, e suas histórias também vivem através de mim. Nesse sentido, interessa-me pensar formação também em interface com ancestralidade.

Como disse antes, uma narrativa de formação é constituída por recortes, delineados e selecionados também com base nos objetivos que a motivam. No caso de minha pesquisa, os sentidos que me conduziram foram os passos das danças circulares sagradas, movimento cujas origens se encontram nas danças de roda tradicionais de culturas populares (Wosien 2000). Tradição e ancestralidade são noções intimamente conectadas. Fundamental em muitas culturas de matrizes africanas e indígenas, a consideração ao ancestral como parte da comunidade ultrapassa o antagonismo ocidental contido na ideia de que vivo e morto são contrariedades. Assim, aqueles que vieram antes estão vivos em nós: "As gerações passadas vivem através de seus relatos, experiências e pensamentos" (Nogueira 2016, p. 201).

No banto, tronco linguístico africano, existe uma palavra-provérbio cuja mensagem amplifica o conceito de formação tal como anteriormente apresentado: *ubuntu*. Muitos a traduzem para o português como "eu sou porque nós somos". Ubuntu é filosofia, ética, cosmovisão. Ninguém é sozinho, todos nos fazemos o que somos uns com os outros. Eu só existo porque nós existimos. Como conta o sociólogo congolês Bas'Ilele

Malomalo (2014), ubuntu é conceber o mundo como uma teia de relações entre o divino, a comunidade e a natureza. É compreender a própria existência inalienável dos outros humanos, dos deuses e dos antepassados.

Muitos chamam a África de continente-mãe, porque, no ventre de suas terras, nasceram os primeiros de nós, seres humanos, com suas culturas e suas civilizações. De lá, em algum momento não tão distante na história, um avô de meu avô foi sequestrado e trazido dentro do porão de um navio a um lugar para ele distante e desconhecido. No Brasil, mesmo tendo sua força de trabalho roubada e seu corpo violentado, não deixou de cantar, dançar e criar outras tantas formas de resistência. A fé nas forças invisíveis que de tudo cuidam ensinou aos seus filhos, que ensinaram aos filhos de seus filhos. Assim aprendeu minha mãe, que com doçura me ensinou. Ensinou o canto afinado, a ginga malícia e o carinho da carícia; a olhar a beleza nas coisas, nos gestos, nas atitudes e, mais do que isso, a senti-la no corpo e na alma.

Entre as memórias que guardo da minha infância, está a das rodas que se formavam espontaneamente durante as festas no quintal da casa em que vivíamos. À sombra da quaresmeira, uma grande árvore de flores roxas, os adultos se juntavam em torno da mesa com seus instrumentos musicais e as vozes em coro. Minha mãe dançava, enquanto seu companheiro cantava e tocava o violão. Assim, ainda pequenina, com as bagunças nas festas da família, aconteceram meus primeiros contatos com manifestações da cultura popular brasileira. Quando minha avó e outros familiares que vinham do Rio de Janeiro estavam presentes, a coisa era ainda mais animada, com samba regado à cerveja e à feijoada. A memória também me leva às rodas de samba que aconteciam no mercadão municipal de Campinas, o barulho, o alvoroço, a algazarra. Os afetos circulavam espontâneos e descontraídos, eu via os adultos cantarem, rirem e se divertirem. A música tinha um magnetismo que atraía os corpos em torno do som, instintivamente se dispondo na conformação da roda, a magia do círculo acontecia. Esse gosto especial pela música e, principalmente, pela festa é uma marca que atravessa as histórias passadas de nossa família: reza a lenda que minha avó conheceu meu avô numa roda de samba.

Penso nas tardes que passei sentada ao lado de minha avó, mãe da minha mãe, ouvindo suas histórias de tempos distantes. Minhas preferidas são as de assombrações e das festas na Malhada da Areia. Acho "Malhada da Areia" um nome poético. O lugar onde minha avó cresceu soa como uma terra mítica, de lirismo e simplicidade, digna de um título de Jorge Amado. O forró, as cirandas, o coco, as quadrilhas. "Era bom demais", suspira ela quando olha para seu passado e se delicia com as lembranças do Ceará. Ela conta que ser dançante é coisa de família, que seu próprio pai "nunca foi um sereno de festa" – participava ativamente na organização das festividades públicas e era quem conduzia as quadrilhas de São João em Camocim naquela época. Os namoros dançados nas noites de lua à beira do mar habitam meu imaginário sobre sua mocidade. Foi ela quem me ensinou os passos de xote e baião: no dois pra lá e dois pra cá, mostrava o valor da entrega para chegar no passo ritmado, sincronizando e harmonizando com o outro.

Na minha adolescência, os percursos culturais mais marcantes foram aqueles que de alguma forma falavam com essa ancestralidade. No ensino médio, participei de um projeto da Unicamp chamado "Ciência e artes nas férias". Fui bolsista junto com outros estudantes de escolas públicas alocados no Centro de Memória da Unicamp para desenvolver uma pesquisa de iniciação científica júnior sobre as influências negras no espaço urbano de Campinas. Durante o período do projeto, conhecemos diversos monumentos e locais que contavam histórias de negros no Brasil e de sua resistência, numa cidade tão marcada pelas mazelas da escravização. Visitamos o instituto cultural Baba Toloji, um museu de máscaras e artefatos africanos localizado dentro de uma casa de Axé; a casa de cultura Tainã, na época já formalizada como Ponto de Cultura reconhecido pela Política Nacional de Cultura Viva, onde fizemos oficinas de dança afro e percussão; a sede do grupo cultural Urucungos, Puítas e Quijengues, onde brincamos manifestações tradicionais da cultura popular, como a ciranda, o samba de bumbo, o samba de lenço e o samba de roda.

Já na graduação em Pedagogia na UFSCar, participei de um projeto de extensão chamado "Prática de samba: O aprendizado musical na roda", que me reconectou com o ritmo familiar, além de circular entre grupos de cultura popular como o Girafulô, brincando danças populares brasileiras entre cacuriás, cocos e caroços, e o Rochedo de Ouro, com maracatu de baque virado. Foram experiências que ampliaram meu olhar – mesmo para dentro de mim. A beleza das cores nas saias rodadas de chita me encantaram e o pulsar dos tambores falava direto com a minha alma.

Aqui, a esta altura da narrativa do meu percurso de formação, vejo nitidamente o quão fundamental foi o papel das instituições públicas e dos grupos comunitários no meu encontro com as manifestações artísticas e culturais que me formaram. Analisando tais situações, que ocorreram entre os anos de 2008 e 2015, abro um parêntese para levantar uma questão que me parece de necessária atenção hoje: as condições de acesso aos bens culturais citados estão diretamente ligadas às políticas culturais da época, em especial as que reconheciam e valorizavam grupos culturais locais. O fato de eu ter vivido valiosas experiências com a arte e a cultura, como jovem estudante secundarista e, depois, universitária, tem relação com o resultado de políticas públicas de incentivo à cultura e à educação, próprias do contexto político da época. Ressalto também o papel das instituições de ensino básico e superior que, articuladas por meio de projetos de pesquisa e extensão, apresentam-se como mediadoras no contato dos sujeitos com a cultura. É preciso reconhecer o privilégio que significa o acesso à universidade pública e, por isso mesmo, defender projetos de expansão e inclusão no ensino superior de qualidade, pois a formação proporcionada pela faculdade extrapola as salas de aula, e amplas redes de contato são criadas com ela, mesmo que indiretamente.

Desde pequena, gostei de escutar histórias de vida dos meus familiares, tanto como gostava das aulas de história na escola, por mais distantes que esses conteúdos me parecessem. No curso de pedagogia, a discussão sobre o currículo escolar me alertou para as suas tensões de poder (Silva 2011) e passei a questionar os conteúdos veiculados na escola como produções culturais de uns e não de outros. Mesmo tendo sido escolarizada após a aprovação da Lei n. 10.639 (Brasil 2004), que tornou obrigatório o ensino de história e cultura africana e afro-brasileira nas escolas, nos livros didáticos e paradidáticos, nas aulas e nas lições do colégio, nunca vi uma representação positiva de uma pessoa negra. Ainda estava no ensino básico quando a Lei n. 11.645 (Brasil 2008) tornou obrigatório o ensino da história dos povos indígenas brasileiros e sua cultura; no entanto, o texto curricular continuava a privilegiar de maneira evidente a narrativa branca, europeia e masculina, conservando marcas da herança colonial. Nas festas e nas datas comemorativas, assistia-se à folclorização dessas "outras" matrizes culturais, tratadas sempre como "exóticas". Que ironia perversa a palavra "exótico", cuja definição no dicionário se refere àquilo que é estrangeiro, ser usada para tratar de mim mesma!

Cada história tem muitos lados, como já bem disse a escritora nigeriana Chimamanda Adichie (2009). Entre eles, não posso ignorar a violência e o sofrimento. Vejo em outras lembranças de infância, não tão alegres, as ardilosidades do racismo e do machismo, entre tantas hierarquizações na sociedade de classes, ocidental, eurocêntrica, branca, cristã, patriarcal, heteronormativa. Todas elas foram aprendizagens sensíveis, pelas quais, anos mais tarde, estando em meio aos espaços de formação política do movimento estudantil, na escola e na universidade, pude me aproximar de conceituações na esfera do pensamento racional. Compreendi que a história de minha avó e meu avô, mulher nordestina e homem negro, ambos trabalhadores sem ensino superior, faz parte de uma história coletiva ampla, compartilhada por muitas pessoas colocadas em posições econômicas e sociais desprivilegiadas que, sem embargo, criam e recriam cultura com seus saberes e seus fazeres.

Atravessamentos do sensível: Tempos, espaços, relações... "nunca é tarde para voltar e pegar o que ficou atrás"

Em minha história pessoal, caminham de mãos dadas muitas histórias diferentes. Busco, no meu depósito íntimo de coisas vividas, outras memórias de infância, trago-as à luz da narrativa para honrar também o outro lado de minha ancestralidade, este por parte de meu pai: judeus argentinos que moravam em Buenos Aires. Dessas experiências, ainda consigo me lembrar da empolgação em ir visitar meus avós na Argentina. Lembro-me dos passeios pelas ruas arborizadas e pelos parques de Palermo, da curiosidade quando minha avó me levava para assistir a alguma peça de teatro ou a algum filme no cinema. Íamos a exposições em museus, concertos de música e ao observatório astronômico. Mas nada se comparava ao fascínio que seu apartamento me causava. Era um lugar mágico, terreno fértil para minhas fantasias. Estava repleto de objetos que pareciam ter vida própria. Podia passar horas observando os quadros e as esculturas espalhados por todos os cômodos e tinha especial interesse pela coleção de *souvenirs* que ocupava uma estante na sala de estar – quando ninguém estava olhando, viravam meus brinquedos, assim como o cachimbo do *abuelo* e o porta-joias da *abuela*. Cada um daqueles "cacarecos" contava histórias de um lugar distante – em meu próprio universo, eu inventava as línguas que falavam e as personalidades que tinham. Um pouco mais crescida, passei a perguntar a origem deles à minha avó, que, valendo-se de uma estatueta de madeira ou de um potinho de porcelana, narrava suas viagens pelo mundo.

Eu sonhava em conhecer todos aqueles lugares com suas diferentes culturas. Minha avó deixou esse plano quando eu tinha apenas 12 anos, mas minha admiração por ela permeou muitos de meus gostos e minhas escolhas. A paixão por viajar e o gosto pelas coisas de outras culturas, que se aproximam na medida em que as posso experienciar com o corpo, como senti acontecer após o encontro com as danças circulares sagradas, e também pelo cinema, pela literatura, pela música, pelas produções plásticas, enfim, pela arte em geral, quando me relaciono com o "outro" que coabita, de formas tão diferentes, o mesmo planeta que eu.

Na escrita de minhas memórias de formação, identifico, nas relações de tempo-espaço-pessoas, indícios de experiências que contribuíram para minha educação estética e reitero o que vem sendo apontado teoricamente: nós nos educamos e formamos, tornando-nos quem somos e aprendendo a conduzir nossas próprias vidas, com as experiências que nos atravessam no campo sensível. Percebo que, desse modo, o campo das artes é realmente privilegiado, por nos fazer sentir em lugares que o conhecimento científico não alcançaria. Tanto na contemplação quanto na produção, as linguagens artísticas nos chamam à pluralidade do mundo, pelo encantamento, pelo deslocamento ou pelo estranhamento, ajudando a construir uma inteligência imaginativa que opera com os afetos, as emoções, as vontades (Hermann 2005). Isso acontece porque os elementos da arte ultrapassam "o domínio da reflexão. A obra de arte nos põe diante do estranho, provoca novos questionamentos, solicita uma compreensão para além daquilo que é habitual" (*ibid.*, p. 30).

Se, no contato com a arte, educamo-nos esteticamente, ou seja, vamos apurando os sentidos, refinando a sensopercepção, tal qual a acepção original da palavra estética, derivada "do grego *aisthesis*, *aistheton* (sensação, sensível) e significa sensação, sensibilidade, percepção pelos sentidos ou conhecimento sensível-sensorial" (*ibid.*, p. 25), a educação estética, no entanto, é anterior à arte e vai além dela. A educação estética pode ser considerada, tal qual o faz Galeffi (2007, p. 104), educação de nós mesmos e de nossas relações "com os outros e o mundo em sua abrangência e infinitude". Então, educamo-nos esteticamente no contato com a arte, mas também na relação com a cultura, seus objetos, símbolos e ritos, assim como com a natureza, no espetáculo cotidiano que se nos apresenta (e para o qual é preciso aprender a lançar a curiosidade e ver).

Sobre ritos, símbolos e culturas, minha relação com o judaísmo vem por meio da família paterna. Com meu pai, fui algumas vezes à sinagoga para os rituais do *Shabbat* e de *Bar Mitzvah*. Conheci o *Pêssach*, o *Purim*, entre outras festas da tradição judaica, celebradas ao som das canções hebraicas e nos passos das *Harkadot,* as danças tradicionais. Os sons e os movimentos tiveram um efeito de conexão com a presença da *abuela* e nossos mais antigos. Entre rezas em hebraico e rituais incompreensíveis para mim, pelo vinho e pelo convívio comunitário, eu me aproximava de certas compreensões sobre o judaísmo. No entanto, a relação que ficou mais forte para mim foi a valorização da cultura livresca e do conhecimento intelectual, muito presentes nas narrativas de meu pai.

O tempo é um dos maiores mistérios que acompanham a humanidade. Força, divindade, fluxo... diferentes concepções e representações são elaboradas por cada cultura. A circularidade, ou o conceito cíclico do tempo, aparece em muitos calendários da Antiguidade baseados na observação do movimento regular dos corpos celestes e das mudanças de estações que se repetem, como vemos na imagem do zodíaco (Von Franz 1997) ou do Oroboro, a serpente que morde a própria cauda. Encontrada em antigos manuscritos alquímicos e tratados cabalísticos, assim como em artefatos originários do Benin (Chevalier e Gheerbrant 2014, p. 816), a figuração remete à noção do tempo cíclico, infinito. A imagem de uma cobra, ou dragão, que devora a si mesma, "ao configurar um círculo com o seu movimento, sugere a ideia de continuidade, vida e morte, eterno retorno. Serve assim à representação mítica do tempo infinito, cíclico e universal" (Ostetto 2014, p. 100).

Pensando sobre esse movimento circular do tempo, a lembrança de outra imagem me ocorre e parece sincronizar com a anterior. Estando em espaços de resistência da cultura negra, na minha formação para relações étnico-raciais, pude me encontrar com os símbolos de sabedoria ancestral dos povos Akan, do noroeste africano. Entre seus *adinkras*, um símbolo em especial me atraiu: *Sankofa* (Oliveira 2016). Contido num ideograma representado pela figura de um pássaro que morde a própria cauda, pode ser entendido como um provérbio, um conceito filosófico, uma consciência ética: buscar no passado, trazer ao presente, construir o futuro. Quer dizer, entre tantas coisas, que nunca é tarde para voltar e pegar o que ficou atrás.

Adinkra Sankofa. Símbolo dos povos Akan do noroeste africano.

Dos caminhos que me levaram à roda de danças circulares sagradas

Meus pais nasceram e cresceram em contextos bastante diferentes. Mesmo diante dos contrastes, desse encontro nasceu uma união. Os dois se conheceram num centro de vivências terapêuticas nos arredores da cidade de Nazaré Paulista, em São Paulo, no ano de 1991, fato que revela uma curiosa sincronicidade: foi nessa época e nesse local que Sara Marriot chegou ao Brasil, trazendo consigo embriões do movimento que se desenvolveria como danças circulares sagradas (Couto 2008). Meu pai era residente da Comunidade de Nazaré quando minha mãe foi participar pela primeira vez de uma vivência de meditação. O enlaçar entre essas histórias é bastante curioso, pois, em síntese, Nazaré Paulista foi uma das portas de entrada para as danças no Brasil, assim como para minha chegada ao mundo. Só 20 anos depois, quando já interessada em pesquisar as danças circulares, descobri que, pouco antes de eu ser concebida, meus pais dançaram juntos em uma dessas rodas.

Muitas de minhas experiências de infância com meus pais aconteceram em espaços de meditação e autoconhecimento, com referências de filosofias orientais e práticas corporais alternativas. No entanto, meu primeiro encontro com o movimento das danças circulares se deu num outro espaço-tempo. Foi no ano de 2012, quando, estudante de graduação, vi, entre a lista de Atividades Curriculares de Ensino, Pesquisa e Extensão (Aciepes), uma atividade curricular complementar oferecida com o nome “Dança circular sagrada – Tradição e cultura”. Imediatamente, fui atraída pela curiosidade do título e me inscrevi na Aciepe. Comecei a dançar com um grupo dentro da UFSCar, em rodas focalizadas pela professora do Departamento de Educação Física e Motricidade Humana, Yara Aparecida Couto. Dançar de mãos dadas em torno de um centro que nos conectava uns aos outros em simetria foi de uma força inenarrável. Encontrávamo-nos semanalmente na universidade, numa sala ampla e arejada por grandes janelas, com chão de linóleo e cheia de espelhos. O ambiente já era uma ruptura com o que estava acostumada no meu cotidiano. Ao tirar os sapatos para entrar na sala, já se iniciava a experimentação de um outro corpo possível. A inexistência de cadeiras ou carteiras produzia tal efeito sobre mim que, antes mesmo de começarmos a dançar, naquele curto intervalo de espera, meu corpo já ia assumindo posturas diferentes da padronizada nas outras aulas: sentando e deitando no chão, alongando aqui, puxando ali, soltando a musculatura, relaxando os tensionamentos. Por ser uma atividade aberta também à comunidade, como um projeto de integração entre ensino, pesquisa e extensão, além de algumas pessoas de fora da universidade, o grupo era majoritariamente composto por estudantes de diferentes graduações, bacharelados e licenciaturas: educação física, filosofia, ciências sociais, matemática, biologia, engenharia de produção. Nessa turma, eu era a única que cursava pedagogia. A descontração que circulava entre nós, assim como os momentos de introspecção alcançados em coletivo enquanto dançávamos, ou no espaço entre uma dança e outra, foi me deixando cada vez mais encantada. Naquele período, lembro-me de que essa era uma das poucas aulas na universidade a que eu sentia vontade de ir. Frequentava com assiduidade, envolvimento e entusiasmo, todas características que me faltavam na maioria das disciplinas da grade oficial do meu curso. A proposta principal dos encontros era dançar, mas a cada aula um tempinho era reservado para comentarmos alguma leitura previamente indicada.

A certa altura do cronograma, um artigo foi apresentado – "Na jornada de formação: Tocar o arquétipo do mestre-aprendiz", de Luciana Ostetto (2007) – e eu fui tocada. Posso dizer que esse texto, um dos desdobramentos da tese de doutorado da autora, *Educadores na roda de dança: Formação-transformação*, representou uma divisão de águas no meu percurso. Fiquei maravilhada com a perspectiva apresentada sobre formação de professores com as danças circulares sagradas, as referências a símbolos e arquétipos, mitos e divindades. Falar de sensibilidade, encantamento, sagrado, alma... tudo isso na e para a educação. Foi surpreendente. Tão acostumada que eu estava à frieza dos discursos cientificistas que dominavam minha formação acadêmica, em que arte e sensibilidade eram assuntos difíceis de serem abordados e que qualquer referência à espiritualidade era tratada como tabu.

Diante daquele artigo, publicado por uma conceituada revista da área da educação, eu me perguntei: mas pode isso? "Não só pode, como deve!" – foi a conclusão que me levou, dois anos depois, a fazer a monografia da graduação sobre as danças circulares e, em seguida, escrever um projeto de pesquisa de mestrado para me aprofundar no tema. Defendi a dissertação e sigo descobrindo e experimentando novas formas de estar na educação e no mundo, na busca por afirmar a diferença como expressão de singularidade.

Educação do sentimento e coragem, ações do coração

Nas quadraturas escolares e acadêmicas, ensinam que conhecimento bom é aquele que se mede, quantifica e avalia – pela inteligência racional. No entanto, ao olhar minhas memórias, vejo que o sentimento e a intuição são dimensões que conduziram boa parte de minhas escolhas de vida e, consequentemente, aparecem expressas naquilo que considero formativo. As amizades, os afetos e os amores, na arte e na música, na poesia e na dança, na busca pela espiritualidade. James Hillman problematiza a educação escolar nesse sentido, apontando que "a educação do sentimento, no sentido de gostos, valores e relacionamentos, não constitui o cerne da escolarização. A música, a arte, os esportes, os clubes sociais, a religião, a política, o teatro e a leitura por prazer são eletivas e extracurriculares" (Hillman 2002, p. 188) – e lança em seguida a pergunta emblemática: "Para que escola o coração pode ir?". Se estética, como apresentado anteriormente, vem de *aisthesis*, esse autor dirá que o coração é o órgão da percepção estética, relacionada à primeira reação psíquica ao mundo. Em suas palavras:

> No mundo antigo, esse era o órgão da percepção. O coração era associado às coisas pelos sentidos. A palavra em grego para percepção ou sensação era *aisthesis*, que significa, em sua origem, "inspirar" ou "conduzir" o mundo para dentro, a respiração entrecortada, "a-ha", o "uhh" da respiração diante da surpresa, do susto, do espanto, uma reação estética à imagem (*eidalon*) apresentada. (Hillman 2010, p. 93)

O coração, órgão responsável por operar a função estética, era, na Antiguidade grega, a porta de entrada que conduzia todas as coisas para dentro de nós, sendo também o lugar da imaginação; desse modo, a sensibilidade estética seria nossa conexão mais primordial com aquilo que nos cerca. Hillman ressalta que estética não se refere a um simplório embelezamento das coisas, não se trata de "nobreza, música ambiente suave, jardins bem cuidados – esse uso esterilizado e desodorizado da palavra 'estética' que a destitui de seus dentes, língua e dedos (...). A beleza é uma necessidade epistemológica, *aisthesis* é como conhecemos o mundo" (*ibid.*, p. 99). Com olfato, audição, tato, visão, paladar, pelos sons, cheiros, cores, toques, percebemos o mundo antes mesmo de concebê-lo racionalmente. O cultivo da reação estética, ou seja, o desacomodar do coração da anestesia, da indiferença perante as coisas do mundo, poderá vir do encontro com a arte. Com a arte, fazem-se caminhos em que é possível formular respostas estéticas para o mundo, pois essa sensibilidade não se trata de uma habilidade exclusiva dos artistas. No campo da educação, ampliar o olhar, possibilitar a intimidade com as coisas ao nosso redor, refinar a atenção para a qualidade das coisas, como diria Hillman, falando da psicologia, mobilizando as ações do coração, pode ser uma forma de conceber também a pedagogia, que, mais do que uma atividade científica, deveria ser entendida como uma atividade estética (Hillman 2010).

Reconheço que as maneiras como fui inserida na cultura desde criança pelas linguagens expressivas, como a música, a dança, a literatura, o cinema e mais tantas, em diversos espaços, são constituintes do meu modo de enxergar a realidade e me relacionar com o mundo. A família, a natureza, a cidade, os grupos culturais foram fundamentais nesse processo, assim como a escola – ainda que haja muito o que avançar para a construção de uma escola que inclua as dimensões sensíveis como constituintes de sua função. Isso me inspira a querer deslocar o centro da minha atenção como educadora e pesquisadora do cérebro para o coração, como recomendou Hillman para a psicologia. Isso significaria uma mudança nos métodos da pesquisa e prática pedagógica, então pautados exclusivamente pela compreensão cognitiva, para abarcar a imaginação, a sensibilidade e as sutilezas da formação estética.

A educação institucionalizada, na figura da escola ou da universidade, distancia-nos dos saberes sensíveis, apartando-nos de nossas almas. Decorre daí um processo de fragmentação, e o que vemos é o dissabor que essas instituições têm representado. Faltam interesse, curiosidade, desejo, prazer, criação, cooperação, empatia. Sobram violência, normatização, hierarquização, homogeneização, apatia. Esse modelo moderno de escola, fundado sobre o paradigma da razão e da racionalidade como únicas formas de conhecer, e da ciência, como única forma legítima de explicar, pela classificação e pelo controle, instauram a ditadura do discurso de verdades unidirecionais, da linha reta que divide e encerra tudo em polaridades opostas de "ou certo ou errado".

Os sentidos estão embotados, anestesiados. Para sentir, é preciso confiar e, para confiar, é preciso coragem. "Há a coragem civil, moral, física e intelectual – bem como a coragem da alma para encontrar-se consigo mesma" (Hillman 2010, p. 191). O radical da palavra coragem, na sua etimologia latina, é em português "coração", e a tradução literal da palavra *coraticum* seria "ação do coração". A coragem – ação que vem do coração – passa pelo ato de aceitar nossos sentimentos, assim como os do mundo. Temos de trazer para dentro as percepções que captamos do mundo, sem barrá-las pelo crivo da moral ou da razão, pois é preciso fazer alma no mundo. Ou, da perspectiva junguiana: "*Esse in anima*", estar na alma, esse lugar intermediário, da imaginação, da criação, da poesia.

Hillman compreende a alma em consonância com a *anima mundi* – a alma do mundo. Ele aponta que o mundo está repleto de alma, mas é nosso reconhecimento imaginativo que o anima. Pelo ato de imaginar, o mundo ganha vida. Em suas palavras:

> O mundo se revela em formatos, cores, atmosferas, texturas – uma exposição de formas que se apresentam. Todas as coisas exibem rostos, o mundo não é apenas uma assinatura codificada para ser decifrada em busca de significado, mas uma fisionomia para ser encarada. Como formas expressivas, as coisas falam: mostram as configurações que assumem. Elas se anunciam, atestam sua presença: "Olhem, estamos aqui". (*Ibid.*, p. 90)

Assim, como realidade psíquica, a alma do objeto corresponde ou se une à nossa própria alma: quando alguma coisa nos atrai, captura nossa atenção, acontece a animação, a vida pela nossa imaginação. Ao contrário, a apatia, a indiferença, a anestesia desanimam o mundo. A ideia de "cultivo da alma" passa, então, a ser compreendida como fundamental, como sintetiza Rosane Marendino (2014, p. 94), em diálogo com Hillman: "Já que esta alma se traduz como a instância geradora e organizadora das imagens, determinando a experiência estética. (...) a alma produz as imagens das quais a cognição se apropria para assimilar e modelar o real, assim como a própria subjetividade é assimilada e modelada pelo real". Nesse sentido, o próprio Hillman (2010, p. 96) diz que, "se vivemos num mundo cuja alma é doente, então o órgão que diariamente se depara com essa alma enferma do mundo, básica e diretamente através da *aisthesis*, também sofrerá, como sofrerão as vias circulatórias que transmitem as percepções ao coração". Adoecemos diante do adoecimento do mundo. A feiura que contamina todas as coisas, tornando-as vazias, destituídas de sentido e carregadas de sofrimento, é gerada pelo caminho de anestesia diante das coisas do mundo. Esse estado de anestesia e apatia para com o mundo só tem agravado ainda mais suas mazelas, ressalta o analista.

Marés e correntezas a conduzir de dentro pra fora, de fora pra dentro: Infindáveis novos começos

Na narrativa, acessei múltiplos saberes, descobri simbologias, estabeleci relações e, para finalizar, retorno à imagem do mar. De acordo com o dicionário de símbolos, nas mais antigas tradições míticas, a água é símbolo da fonte da vida. Da origem, da criação, do início das coisas, da fertilidade do mundo. O mar, como símbolo da dinâmica da vida, tanto pode nos ensinar com suas águas que movimentam as marés submarinas dos conhecimentos não cognitivos, não lógicos, não racionais. Estes, que a ciência ocidental moderna despreza, podem nos navegar para além. Na beleza de sua vastidão sem limites, reside o mistério do que não se pode dominar pelo conhecimento racional. Assim são as forças da intuição e do sentimento, que realizam sua intensidade no mito e na arte. São próprias do instinto que move a vida em direção de si mesma.

> Tudo sai do mar e tudo retorna a ele: lugar dos nascimentos, das transformações e dos renascimentos. Águas em movimento, o mar simboliza um estado transitório entre as possibilidades ainda informes e as realidades configuradas, uma situação de ambivalência, que é a de incerteza, de dúvida. Vem daí que o mar é ao mesmo tempo a imagem da vida e a imagem da morte. (Chevalier e Gheerbrant 2014, p. 592)

Manifesto em contos de fadas, sonhos, mitos, ritos das religiões, artes, filosofia, o símbolo não se explica, mas impulsiona para sentidos além de si mesmo que nenhuma palavra dita poderia exprimir. Os símbolos estão constantemente presentes em nossas vidas e profundamente arraigados nas culturas. Como apresenta Mircea Eliade (1991, p. 9):

> O pensamento simbólico não é uma área exclusiva da criança, do poeta ou do desequilibrado: ela é consubstancial ao ser humano; precede a linguagem e a razão discursiva. O símbolo revela certos aspectos da realidade – os mais profundos – que desafiam qualquer outro meio de conhecimento. As imagens, os símbolos e os mitos não são criações irresponsáveis da psique; eles respondem a uma necessidade e preenchem uma função: revelar as mais secretas modalidades do ser.

A humanidade propõe, nas formas da arte e do mito, cada vez uma nova interpretação para o mundo e sua existência, recriando a realidade através de imagens e narrativas que embaralham a regularidade e a rigidez racionais. Mulheres e homens estão constantemente à procura de um novo território para sua atuação e o encontram no mito e, em geral, na arte caminhos e instrumentos para rasgar a teia conceitual que aprisiona na sobriedade da verdade criada pela razão. As buscas que fazemos, infindáveis novos começos na criação e na recriação, ficam imobilizadas numa educação baseada exclusivamente em conceitos calcados em verdades estáticas, endurecendo nossa percepção sobre as coisas e aprisionando-nos a valores morais que restringem nossa forma de experienciar a realidade.

Explorando vias de contestação e contraposição, lembrando Eliade, muito temos a aprender com a criança, o poeta e o louco.

Referências bibliográficas

ADICHIE, C. (2009). "The danger of a single story". Palestra filmada em julho de 2009, TEDGlobal. [Disponível na internet: <http://www.ted.com/talks>, acesso em 1/5/2016.]

BARCELLOS, G. (2004). "Jung, junguianos e arte: Uma breve apreciação". *Pro-Posições*. Campinas, v. 15, n. 1(43), pp. 27-38.

BRASIL (2004). Conselho Nacional de Educação. *Parecer CNE/CP 3/2004. Diretrizes curriculares nacionais para a educação das relações étnico-raciais e para o ensino de história e cultura afro-brasileira e africana*. Brasília: CNE.

_______ (2008). Congresso. Senado. Lei n. 11.645, de 2008. Coleção de Leis da República Federativa do Brasil. Brasília: MEC.

CHEVALIER, J. e GHEERBRANT, A. (2014). *Dicionário de símbolos*. Rio de Janeiro: José Olympio.

COUTO, Y.A. (2008). "Dança circular sagrada e seu potencial educativo". Tese de doutorado em Educação. Piracicaba: Unimpe.

DUVIDOVICH, M. (2018). "Quando a sabedoria das danças circulares sagradas toca a educação". Dissertação de mestrado em Educação. Niterói: Programa de Pós-graduação em Educação/Universidade Federal Fluminense.

ELIADE, M. (1991). *Imagens e símbolos: Estudos sobre o simbolismo mágico-religioso*. São Paulo: Martins Fontes.

EVARISTO, C. (2017). *Poemas da recordação e outros movimentos*. Rio de Janeiro: Malê.

FREIRE, P. (1996). *Pedagogia da autonomia: Saberes necessários à prática educativa*. São Paulo: Paz e Terra.

GALEFFI, D. (2007). "Educação estética como atitude sensível transdisciplinar: O aprender a ser o que se é propriamente". *Em Aberto*. Brasília, v. 21, n. 77, jun.

HERMANN, N. (2005). *Ética e estética: A relação quase esquecida*. Porto Alegre: EDIPUCRS.

HILLMAN, J. (1999). "Picos e vales: A distinção alma/espírito como base para as diferenças entre psicoterapia e disciplina espiritual". *In*: HILLMAN, J. *O livro do puer*. São Paulo: Paulus.

_______ (2002). "A função sentimento". *In*: VON FRANZ, M.L. e HILLMAN, J. *A tipologia de Jung*. São Paulo: Cultrix.

_______ (2010). *O pensamento do coração e a alma do mundo*. Campinas: Verus.

JUNG, C.G. (1963). *Memórias, sonhos, reflexões*. Rio de Janeiro: Nova Fronteira.

_______ (1987). *Fundamentos de psicologia analítica*. Petrópolis: Vozes.

_______ (2002). *O homem e seus símbolos*. Rio de Janeiro: Nova Fronteira.

MALOMALO, B. (2014). *Filosofia do ubuntu: Valores civilizatórios das ações afirmativas para o desenvolvimento*. Curitiba: CRV.

MARENDINO, R. (2014). "A base poética da mente". *Construção Psicopedagógica*, v. 22, n. 23.

NOGUERA, R. (2016). "Filosofia africana na antiguidade: Tecendo mundos entre ancestralidade e futuridade". *In*: KOHAN, W.; LOPES, S. e MARTINS, F. (orgs.). *O ato de educar em uma língua por ser escrita*. Rio de Janeiro: Nefi, pp. 193-202.

NÓVOA, A. (2002). *Formação de professores e trabalho pedagógico*. Lisboa: Educa.

OLIVEIRA, A.S. (2016). "Sankofa: A circulação dos provérbios africanos – Oralidade, escrita, imagens e imaginários". Dissertação de mestrado em Comunicação. Brasília: Universidade de Brasília.

OSTETTO, L.E. (2007). "Na jornada de formação: Tocar o arquétipo do mestre-aprendiz". *Pro-Posições*, v. 18, n. 3, set.-dez., pp. 195-210.

_______ (2014). *Danças circulares na formação de professores: A inteireza de ser na roda*. Florianópolis: Letras Contemporâneas.

OSTETTO, L.E. e BERNARDES, R.K. (2015). "Modos de falar de si: A dimensão estética nas narrativas autobiográficas". *Pro-Posições*, Campinas, v. 26, n. 1(76), p. 175.

SILVA, G.D. (2017). "De dentro pra fora, de fora pra dentro: Itinerários de formação estética de professoras da educação infantil". Dissertação de mestrado em Educação. Niterói: Universidade Federal Fluminense.

SILVA, T. (2011). *Documentos de identidade: Uma introdução às teorias do currículo*. Belo Horizonte: Autêntica.

SILVEIRA, N. (1997). *Jung: Vida e obra*. Rio de Janeiro: Paz e Terra.

VON FRANZ, M.L. (1997). *Mistérios do tempo: Ritmo e repouso*. Rio de Janeiro: Del Prado.

WILHELM, R. (2006). *I Ching: O livro das mutações*. São Paulo: Pensamento.

WOSIEN, B. (2000). *Dança: Um caminho para a totalidade*. São Paulo: Triom.

4
SOBRE REALIDADES E DESEJOS: ARTE NA VIDA E NAS NARRATIVAS DE PROFESSORAS

Carla Andrea Corrêa

Para começo da conversa

A trajetória não é apenas um modo de ir
A trajetória somos nós mesmos.
Clarice Lispector

É preciso parar, dar o tempo, voltar ao vivido para compreendê-lo, reconhecendo nos caminhos formativos os gestos reconstituídos na memória, gestando narrativas da experiência. Intenção. Pensamento. Realização. Criação. Foram minhas experiências como formadora de docentes da infância que suscitaram os questionamentos e as curiosidades que impulsionaram a pesquisa de mestrado, defendida no Programa de Pós-graduação em Educação da Universidade Federal Fluminense. Compreendendo que acolher e amplificar as múltiplas formas de expressão das crianças, cultivar a criatividade e a imaginação são requisitos da prática docente na educação infantil, não seriam esses, também, os requisitos formativos dos adultos-docentes? Na prática, não era o que eu observava, e, então, as perguntas cresciam, levando-me a pensar nos processos vividos pelas professoras e pelos professores. Em que lugar fica a arte em suas vidas? Quais são seus gostos e seus desejos? O que poderiam contar como experiências com a arte em suas vidas? Qual o lugar da sensibilidade na educação e na vida das professoras? Que caminhos percorreram em sua formação estética? Perguntava-me, por fim, se, e como, as experiências do encontro com a arte poderiam abrir os canais de sensibilidade estética de professoras e professores.

Na caminhada da pesquisa, interessou-me entrar em diálogo com professoras que atuassem na educação infantil, para ouvir suas narrativas sobre arte, acolher suas histórias e, com elas, pensar a dimensão estética na formação docente. Para além dos limites de um conhecimento inteligível do mundo, tomo a experiência do contato com a arte como um dos caminhos para a formação estética docente. Todavia, não é apenas pela arte que ampliamos nossas formas sensórias, que nos educamos esteticamente, mas com ela potencializamos a formação cultural, porta de entrada para outras tantas experiências.

No contato com a arte, ora apreciando uma pintura, ora assistindo a um filme ou a um espetáculo teatral, o homem pode integrar o mundo a si mesmo. A arte tem a capacidade de afetar todo nosso corpo e a nossa interioridade, acionando uma inteligência que vem do coração, abrindo espaço para a poesia em nossa vida. Arte é totalidade; ela integra polaridades e, como num movimento circular contínuo, por sua vez, alimenta e garante nossa imaginação: "A arte educa, portanto, como desencadeadora de autoconhecimento e de amadurecimento pessoal" (Perissé 2009, p. 37).

Por meio das experiências suscitadas no contato com a arte, a formação cultural vai se expandindo. Para esclarecer o que seja a formação cultural, recorro a Leite (2008, pp. 57-58):

> Formação cultural é toda e qualquer possibilidade de apropriação nas diferentes esferas da cultura: arte, literatura, folclore, arquitetura, artesanato, dentre tantos outros aspectos e dimensões. Traduz-se pela possibilidade de construção de conhecimentos no âmbito

artístico-cultural, os de dimensão estética e poética, ligados à arte em suas expressões literárias, visuais, teatrais, musicais ou corporais, disponíveis hoje e construídos ao longo da humanidade.

Somos seres culturais, produtores de cultura e produzidos pela cultura – compreendida como os modos de ser, agir e expressar de um grupo – e, sendo a arte um elemento potente para a transformação das pessoas, reconheço sua centralidade para um projeto de formação docente que amplie os olhares e o pensamento acerca de nosso mundo. É fundamental oferecer possibilidades de tempos e espaços que encorajem aquele em formação a "aventurar-se a ir além dos hábitos de pensar: à procura da própria voz, à escolha de seu próprio caminho. Possibilitar travessias" (Ostetto 2014, p. 170).

Nos caminhos da pesquisa, saí em busca dos tempos, dos espaços e das relações que constituíram percursos da formação sensível de um grupo de professoras da educação infantil. O encontro com as docentes, provocando um pensar sobre si e o mundo, foi constituído por entrelaçamentos éticos, estéticos e afetivos, que moveram minha pesquisa, acolhendo histórias de vida, dando visibilidade às narrativas das professoras sobre seu encontro com a arte, em sua pluralidade de saberes e manifestações culturais.

Olhar para si e para o outro: Caminhos da pesquisa

A pesquisa teve como objetivo geral identificar e analisar, nas narrativas de professoras sobre arte, os sentidos da educação estética. Em desdobramento, tracei como objetivos específicos reconhecer as experiências sensibilizadoras no percurso de vida e formação dos professores da educação infantil; reconhecer as expectativas dos professores com relação à arte em suas vidas; analisar tempos, espaços, limites e possibilidades na vivência com a arte.

Nessa direção, os pressupostos das abordagens (auto)biográficas (Josso 2010; Nóvoa e Finger 2010; Delory-Momberger 2012) fundamentaram o caminho teórico-metodológico adotado, que compreende a importância das narrativas como pesquisa e (auto)formação. Ao narrar o vivido, cria-se a oportunidade de rememorar o passado, atualizado no presente, impulsionando a tomada de consciência sobre escolhas, caminhos, percursos, constituindo-se uma possibilidade de reflexão e aprendizagens sobre si.

Nós somos feitos de narrativas. Nossa existência, marcada em atos cotidianos, quando narrada, desenrola-se em enredos possíveis – na memória, na imaginação, nos devaneios, nos sonhos –, que ganham formato de objeto por vezes construído à semelhança de um filme. Somos compostos de uma rede de fios entrecruzados: histórias familiares, socioculturais, afetivas, profissionais; histórias do que vemos, ouvimos, lemos, fazemos; histórias de fantasias; histórias que, vividas no passado, são rememoradas no presente e, no movimento narrativo, podem ser (re)significadas.

O sentido da formação envolve a integração, em nossa consciência e em nossas atividades, das aprendizagens e das descobertas, em qualquer espaço social, da percepção sobre nossa história de vida, apropriando-nos das memórias para elaborá-las, ressignificando o presente e projetando o futuro (Josso 2010). Essa abordagem prioriza o papel do sujeito na sua formação e na pesquisa colaborativa, ampliando suas vozes, reconhecendo seu direito de falar por si mesmo e de dar sentido à experiência vivida.

> (...) as histórias de vida e o método (auto)biográfico integram-se no movimento atual que procura repensar as questões de formação, acentuando a ideia de que "ninguém forma ninguém" e de que "a formação é inevitavelmente um trabalho de reflexão sobre os percursos de vida". (Nóvoa 2010, p. 166)

Refletir sobre nossa vida, reencontrar memórias guardadas, contar nossas histórias e escolher o que vamos narrar ajudam a revelar nossas maneiras de ser e estar no mundo, ajudam a percepção de quem somos e podem contribuir para a constituição de novos sentidos para nossa vida e formação. A abordagem (auto)biográfica evidencia que é a própria pessoa que se forma, e ela se forma à medida que elabora um entendimento sobre seu percurso de vida. Nossas histórias é que constroem nossa identidade. Dessa perspectiva, as subjetividades são valorizadas como caminho formativo em que estão enraizadas as histórias sociais e as histórias individuais que constroem a identidade de cada um (Nóvoa 2010; Josso 2010).

Inspirada nas ideias e nos conceitos explicitados, para desenvolver os objetivos da pesquisa, delineei como possibilidade o encontro com narrativas de professoras de educação infantil que contam sobre experiências vividas com a arte. Assim, os dados foram produzidos com base nas narrativas escritas de 24 professoras de educação infantil que participaram, em 2016, do curso "Arteiros brincantes – As artes de fazer arte", promovido pela rede municipal de Educação de Macaé, no estado do Rio de Janeiro. Nesse curso, o encantamento com o ambiente e a ambiência, as diferentes formas de acolhida e a própria maneira de organizar o espaço com diferentes elementos se encarregaram de sensibilizá-las para as propostas que eram convidadas a viver. Todos os encontros foram permeados de experiências corporais e sensoriais, apreciação de imagens de obras de arte (em ambiente virtual), conhecimento sobre artistas plásticos de referência mundial e suas diferentes formas de expressão, experiências plásticas, reflexão, avaliação, trocas.

No entrelaçamento das ações, duas questões apresentadas, focando as experiências com arte, abordando o vivido e o desejado com relação à arte no percurso de vida, dentro e fora da escola, desencadearam narrativas textuais: as professoras foram convidadas a escrever sobre como compreendiam que a arte estava presente em suas vidas e como gostariam que ela estivesse presente. A proposta de escrita teve um caráter aberto, amplo e livre, sem qualquer intervenção da pesquisadora sobre a forma ou o conteúdo das narrativas a serem produzidas.

Diante da trama de memórias, abriu-se espaço para uma escuta sensível, como uma roda de conversa, na qual diferentes sujeitos tomam a palavra – professoras, autores que norteiam a base teórica dessa pesquisa e pesquisadora. Neste capítulo, apresento algumas narrativas. Conforme acordo assinado nos termos de consentimento livre e esclarecido, os nomes das professoras foram alterados.

Narrativas: Sementes de memória e histórias que são vida

Com o convite às professoras para falarem sobre a arte em suas vidas, desejei ouvir suas histórias de vida, prestar atenção aos contextos e aos conteúdos de umas e de outras, diferentes histórias que foram narradas com base em elementos inscritos em suas memórias. Antes, coloquei-me à escuta da minha história, rememorando tempos, espaços e acontecimentos que inscreviam a arte em minha vida. Essa dupla escuta – do outro dentro e fora de mim – foi realizada de maneiras distintas, e esse é um aspecto que precisa ser destacado neste momento em que me encaminho para a apresentação da sistemática de produção e análise dos dados da pesquisa. Escrevi meu percurso formativo de encontros e desencontros com a arte no processo de elaboração da pesquisa, ao modo de um memorial que pode ser revisto, ampliado. Já as professoras escreveram narrativas breves, dado o caráter das questões propostas e o objetivo que as produziu: minha intenção não era propor ou trabalhar com memoriais de formação estética (o que demandaria outro tempo e outro espaço que não aquele disponível no contexto do curso de formação continuada em que nos encontrávamos), mas abrir oportunidade para o exercício de "reflexividade biográfica" (Delory-Momberger 2012) sobre um aspecto específico, o contato com a arte, o que implicava, de toda maneira, tomar alguma consciência de si e de seus percursos biográficos, pois chamava à reflexão. A forma breve das narrativas das professoras, entretanto, não significou brevidade de histórias e extensão reduzida de questões que pudessem ser pensadas. O material biográfico disponibilizado, em sua diversidade, permitiu uma rica interlocução no cruzamento de sentidos entre nós.

As abordagens (auto)biográficas não buscam veracidade nas biografias nem uma análise *stricto sensu* das histórias de vida, mas, sim, reflexão sobre como as experiências dos sujeitos constroem sua trajetória de vida e formação. Assim, na escuta e no diálogo com as narrativas docentes, foi possível identificar a família e a escola como mediadoras do contato com a arte e o contato com a natureza como importante elemento de sua formação estética.

Laura: Mas acredito que, por ter nascido de uma professora de Artes, artista plástica e bordadeira, sempre tive ao meu alcance material variado e incentivo para criar livremente.

Dilcea: Eu sentia maior alegria em brincar com as "bonecas" de pano que eram confeccionadas pela minha avó.

Eu: Gostava muito de colorir desenhos, usar tintas, lápis de cor e hidrocor. (...) Minha avó, todo mês, comprava um livrinho de colorir e um gibi, eu adorava! (...) E adorava montar casas de papel, maquetes, com detalhes dos cômodos e móveis.

Na escola, o contato com a arte, mesmo no limite de atividades específicas, despertava o interesse e abria espaço para experiências positivas.

Alice: A arte está em minha vida desde o início da minha vida escolar, pois sempre gostei de desenhar e reproduzir imagens pintadas em quadros. Todos os professores que tive me incentivaram a desenhar.

Josilene: Já na creche, participava de danças e apresentações nas festas e confecções de artesanatos. Na escola não foi diferente! Sempre gostei muito de dançar e representar nas festas.

Eu: Na escola, também gostava das aulas de arte desde bem pequena, apesar de não ter sido nesse espaço que tive as maiores oportunidades de criação. (...) Participava de todas as festas da escola, nas danças coreografadas pelas professoras e que, mais tarde, também eram criadas por mim. (...) O teatro também surgiu na minha vida a partir da escola.

Anne: A escola me oportunizou o teatro, a dança, a encenação, a representação, o cinema.

Deia: [A arte] esteve presente em minha vida, dos 9 aos 18 anos, quando frequentava as aulas de piano e participava das encenações e apresentações na igreja e no Curso Normal.

As oportunidades que tivemos de contato com a arte, de sentir o mundo de múltiplas formas, alguns mais, outros menos, na relação com os adultos – pais, avós, professores –, hoje nos levam a pensar sobre o que essas oportunidades, ou a falta delas, provocam em nós e na nossa vida em sociedade.

As professoras também contam suas experiências com a natureza como uma forma de encontro com a arte.

> Kaila: Desde pequena, tive muito contato com a natureza e a natureza é muito inspiradora! (...) admirar grandes campos verdes, secos, morros com um lindo nascer do sol e um belo entardecer. (...) com o prazer de poder apreciar verdadeiras obras de arte naturais.
>
> Mariana: Quando ia à praia com a família, especialmente quando os filhos eram pequenos, ficávamos um grande tempo construindo castelos de areia, onde os reis, rainhas e príncipes éramos nós!
>
> Sophia: Quando criança, no quintal da minha casa, abrir e fechar buracos no chão, depositando ali insetos mortos, folhas e flores secas. Na adolescência, através de desenhos da natureza (sol, mar, montanhas...).
>
> Alice: Eu gostava muito de pintar desenhos de coqueiros, sol, cachoeira, pois moro em Glicério, na serra de Macaé, que é um lugar de verdadeira arte natural, cheio de pássaros cantando, cachoeiras das mais belas, tranquilidade, flores e frutos.

O deleite, a apreciação de uma obra de arte ou de paisagens naturais são percursos da formação estética do sujeito, encantando-o, despertando sua sensibilidade e contribuindo para a ampliação e o cultivo de sua sensibilidade estética. Mas a natureza, por si só, não é arte. Tomando como referência Bosi (1986, p. 13) – "A arte é um fazer. A arte é um conjunto de atos pelos quais se muda a forma, se transforma a matéria oferecida pela natureza e pela cultura" –, compreendo, então, que a natureza surge como elemento sensibilizador do nosso olhar, despertando sensações que nos afetam e projetam momentos de beleza.

O contato com a natureza surge como um espaço de inspiração, meio sensibilizador do olhar, incentivador da imaginação e da criação. Por isso, aparece também como importante elemento de formação estética. Reconheço em minhas memórias um efeito semelhante quando no contato com a natureza:

> Eu: Dia após dia, mesmo caminho, paisagens que se transformam como um encantamento. Quantas árvores! Elas atraem meu olhar. Algumas sem folhas, com galhos imponentes, firmes, diretos como se conhecessem o caminho. Outras, com suas harmoniosas folhas que balançam ao vento. Isso agrada meu olhar. É tão bonito ver o verde das árvores contrastando com o azul do céu.

As experiências estéticas vivenciadas ao longo da vida influenciam o fazer docente e a forma de ver o mundo das professoras e referendam o potencial da arte como formação para além da valorização da criatividade e da imaginação, mas como processo que considera a totalidade humana, articulando sentimento, pensamento, intuição e sensopercepção. É um movimento de olhar para si e para o mundo, (re)fazendo conexões, tecendo sentidos. Um movimento criativo, composto de sensações, pensamentos e ações.

Quando as professoras escrevem sobre seus gostos, parece que uma intensa vitalidade se deixa aflorar, tecendo palavras cheias de emoções, em que os tempos e os espaços da formação de sua sensibilidade são evidenciados: o coração foi tocado e, assim, pode acontecer o encontro com a beleza. Como discute James Hillman (2010), na antiga filosofia grega, o coração tinha função estética: era a sede da percepção e da sensação, era quem capturava e mobilizava a *aisthesis*.

As professoras-narradoras anunciam, em seus percursos, o que foi formativo de sua sensibilidade, reconhecendo-a como necessária à profissão de professora de educação infantil, e o que desperta seus interesses, apontando que é preciso ampliar as experiências estéticas, dentro e fora da escola, alimentando olhares, escutas e movimentos. Assim, é necessário projetar propostas de formação que reconheçam a inteireza do ser – sentimentos, pensamentos, intuições, sensações –, em que a arte atravessa os conhecimentos, sensível e inteligível, ampliando e refinando os caminhos de formação estética.

Referências bibliográficas

BOSI, A. (1986). *Reflexões sobre a arte.* 2ª ed. São Paulo: Ática.

DELORY-MOMBERGER, C. (2012). "Abordagens metodológicas na pesquisa biográfica". *Revista Brasileira de Educação,* v. 17, n. 51, set.-dez.

HILLMAN, J. (2010). *O pensamento do coração e a alma do mundo.* Campinas: Verus.

JOSSO, M.C. (2010). "Da formação do sujeito... ao sujeito da formação". *In*: NÓVOA, A. e FINGER, M. (orgs.). *O método (auto)biográfico e a formação.* Natal: EDUFRN; São Paulo: Paulus.

LEITE, M.I. (2008). "Experiência estética e formação cultural: Rediscutindo o papel da cidade e de seus equipamentos culturais". *In*: MAKOWIECKY, S. e OLIVEIRA, S.R. (orgs.). *Ensaios em torno da arte.* Chapecó: Argos.

NÓVOA, A. (2010). "A formação tem de passar por aqui: As histórias de vida no projeto Prosalus". *In*: NÓVOA, A. e FINGER, M. (orgs.). *O método (auto)biográfico e a formação.* Natal: EDUFRN; São Paulo: Paulus.

NÓVOA, A. e FINGER, M. (orgs.) (2010). *O método (auto)biográfico e a formação.* Natal: EDUFRN; São Paulo: Paulus.

OSTETTO, L.E. (2014). *Danças circulares na formação de professores: A inteireza de ser na roda.* Florianópolis: Letras Contemporâneas.

PERISSÉ, G. (2009). *Estética & educação.* Belo Horizonte: Autêntica.

5
CRIANÇAS EM MIM: CRÔNICAS E OLHARES DE UMA PESQUISADORA-POETA NA NATUREZA

Ana Clara Ribeiro Nimrichter

A nascente

Minha vida sempre foi nos livros, nos idiomas e nas descobertas pelo corpo. Não foi por acaso que me tornei professora de língua alemã e artista circense. Desde pequena, dancei, subi em palcos, convivi em camarins. Sonhava ser poliglota. Desejo curioso, eu diria. Onde já se viu criança querer ser poliglota? Mas foi assim; eu queria mesmo ganhar o mundo, viajar sem fronteiras e falar com todos, sem barreiras e sem sotaque. Aos 16 anos, falava inglês fluentemente e, aos 24, tornei-me professora de alemão. Terminei a faculdade e comecei a dar aulas particulares para adultos e crianças.

Ao longo do tempo de prática docente, fui me transformando em educadora. O encontro cotidiano com as crianças me tornou mais sensível e atenta às pequenas coisas ao meu redor, àquilo que neste capítulo chamarei de "o que (quase) não se vê": espaços, sons, cheiros, discursos, práticas discretas, nem sempre evidentes aos olhos adultos, mas percebidas, com certa frequência, por crianças. Surgiu, então, a consciência de que, para ser realmente uma educadora, seria preciso me (re)educar.

Dei início a um processo subjetivo, no qual precisei fisgar memórias, iluminar meus medos, criar porosidades para sentir o mundo e me posicionar como "pesquisadora-poeta". Caminhei para dentro, buscando valores, memórias, crenças que pudessem me orientar e enraizar minhas certezas. Ao mesmo tempo, busquei surpreender meu olhar, desfazer antigos hábitos, afinar silêncios, ver o "fundo das coisas". Foi aí que encontrei a natureza. Encontrei-me na natureza, criança, com os pés no chão e a cabeça nas nuvens. Encontrei-me no alto de uma goiabeira, sentindo o vento bater no meu corpo, o cheiro apodrecido do verão nas frutas do quintal, o som das folhas do abacateiro mareando meu sono no balanço de madeira.

Por que a natureza? Como ela participa do processo de (re)educação do olhar de um adulto? No caso da educação infantil, qual é o papel que a natureza representa? Quais particularidades existem no convívio com a natureza, e como elas podem contribuir para a construção de experiências mais sensíveis e significativas, hidratadas de sentido? Comecei a buscar significações para minhas bucólicas memórias infantis, entendendo que talvez o processo de resgate dos aprendizados sensoriais na natureza fosse a resposta que buscava.

Ao longo do caminho, percebi o surgimento de questões e incômodos que me fizeram repensar aquilo que vinha construindo até então. As crianças com as quais pude me relacionar como professora, acompanhando-as semanalmente durante meses e anos, demonstravam já não ter ânimo para ir às aulas de alemão e, às vezes, nem à escola. A maioria tinha uma rotina entre casa, sala de aula, pátio cimentado, curso de inglês e *videogame*. E todo dia aquilo se repetia. Notei que os pais negociavam com os filhos uma espécie de gratificação pelo tempo de estudo, como se aprender aqueles conteúdos fosse uma espécie de castigo. Ademais, sentia que meus alunos se encontravam distantes dos seus próprios corpos, da natureza, dos desenhos nas nuvens, dos cheiros e dos gostos, dos sons do verde, dos ambientes ao seu redor.

Mas que ambiente é esse em que vive a criança? Que mundo as acolhe? O mundo fez-se para mim um lugar hostil, carregado de desavenças, drenado de energia vital, desidratado de experiências sensíveis. Nos noticiários, havia só violência, morte, corrupção, desastres naturais. Fui encontrando meus alunos agitados, ansiosos e desconectados de suas necessidades corporais. "Aprender alemão, para quê? Tenho um aplicativo que traduz as palavras". Minha ocupação foi perdendo o sentido para mim; minha ideia de mundo foi por água abaixo. Afinal, de que adiantaria viajar o mundo, quando não houvesse mais mundo para ir?

A prática diária com crianças me fez ver a urgência que há, hoje em dia (e sempre), em lhes oferecer uma educação que as faça desenvolver não só a cognição, mas também a sensibilidade do corpo e do espírito, a autonomia, a empatia, a liberdade e a curiosidade. A educação que comecei a vislumbrar na época era inspirada naquela à qual tive acesso: livre, autônoma, que motiva, que conecta e que valoriza a vida e o movimento.

Na busca por respostas e referências, encontrei a natureza em diversos lugares. Pesquisando ao meu redor, deparei-me com inúmeras pessoas, grupos de pesquisa, coletivos, publicações, seminários e iniciativas em geral que buscam compreender e estudar a relação da criança com a natureza. Fui a palestras, seminários, participei de cursos e eventos sobre infância e natureza, visitei creches parentais, fui a imersões, entrei em contato com novos conceitos e empreendimentos educacionais interessantes com os quais me identifiquei. Tudo o que havia pensado até então fazia cada vez mais sentido. O mundo hostil e violento que acolhe crianças, o sistema educacional antiquado, a falta de autonomia e de brincadeira nos espaços escolares, o pouco contato infantil com áreas verdes, o desmatamento crescente da vegetação brasileira – todas essas questões vinham sendo debatidas exaustivamente bem embaixo do meu nariz. E existe solução?

Lydia Hortélio, no filme *Tarja branca* (2014), diz: "Eu estou pela revolução que falta, que é esta revolução da criança". Para mim, ficava cada vez mais claro que a solução estava nas crianças. E também em nós, adultos que pensamos (com) as crianças. Trata-se de dar lugar ao olhar sensível e curioso das infâncias – aquele que enxerga aquilo que (quase) não se vê – a fim de construir um futuro no qual os seres humanos poderão atentar mais para seus corpos e sentimentos, ver o mundo e os fenômenos de forma integrada e ter respeito e cuidado com a natureza que os acolhe. Cuidar e respeitar a natureza como se cuida de si próprio. Afinal, quanto tempo mais teremos de planeta Terra se continuarmos destruindo-o nessa velocidade?

Ailton Krenak (2019) alerta para o fato de estarmos vivendo no antropoceno, era na qual o ser humano e suas diversas atividades já provocam estragos significativos na estrutura climática e no ecossistema do nosso planeta. Estamos destruindo nossa natureza em grande escala. Por que fazemos isso? Desde quando passamos a não nos sentir parte da natureza? Quando esquecemos que nossa vida e nossa saúde dependem da saúde da nossa morada?

> Porque, se nós imprimimos no planeta Terra uma marca tão pesada que até caracteriza uma era, que pode permanecer mesmo depois de já não estarmos aqui, pois estamos exaurindo as fontes da vida que nos possibilitaram prosperar e sentir que estávamos em casa, sentir até, em alguns períodos, que tínhamos uma casa comum que podia ser cuidada por todos. (Krenak 2019, pp. 46-47)

Desde quando passamos a olhar um rio, uma queda d'água, um pedaço de árvore como recursos? Nosso afastamento da natureza provocou também um não reconhecimento das comunidades ancestrais que veneram e respeitam montanhas, florestas, animais. Do seu lugar de fala como liderança indígena, Krenak sugere a tentativa de reconhecermos a importante conexão entre nós, o povo desconectado da natureza, e os povos que mantêm essa conexão em suas práticas diárias:

> (...) a humanidade vai sendo descolada de uma maneira tão absoluta desse organismo que é a terra. Os únicos núcleos que ainda consideram que precisam ficar agarrados nessa terra são aqueles que ficaram esquecidos pelas bordas do planeta, nas margens dos rios, nas beiras dos oceanos, na África, na Ásia ou na América Latina.

São caiçaras, índios, quilombolas, aborígenes – a sub-humanidade. (*Ibid.*, pp. 21-22)

Em busca de compreender melhor as inúmeras questões que vinham tomando lugar em mim, desenvolvi em 2016, em parceria com outros profissionais, o projeto chamado "Brincando no jardim dos sentidos". O objetivo era oferecer a grupos de crianças a partir de 4 anos atividades sensoriais que promovessem sua integração com a natureza: árvores, flores, frutos, insetos, pedras, areia, terra, barro etc. A nossa mediação também estimulava a percepção das crianças da natureza que se fazia presente em seus corpos. Mediante a exploração dos elementos naturais, investigávamos os cinco sentidos corporais (tato, olfato, visão, paladar e audição), trabalhando a expressão corporal livre, o brincar lúdico, e oferecendo atividades de plantio de mudas, colagem e desenho com tintas naturais.

Uma das premissas do projeto "Brincando no jardim dos sentidos" é que só se pode alterar o panorama ambiental por meio da promoção da consciência ambiental das crianças com base na intimidade com a natureza, no brincar livre e no reconhecimento de suas potencialidades corporais. Buscávamos trazer para as crianças questões como estas: O que seria de nós sem o ar que respiramos, sem o fogo que nos aquece, sem a água que nos hidrata e a terra que nos alimenta? O que é a natureza? Onde ela se manifesta de forma mais clara em nosso cotidiano? Será que somos também natureza?

Reinventando meus caminhos, como quem caminha em zigue-zague em pedras de rio, fui achando novos percursos. Dessa vez, não no ensino de línguas ou na prática como artista circense. O rio correu diferente, criando novos afluentes em direção a outros tipos de conhecimento. Minha trajetória me levou até o mestrado em Educação na Universidade Federal Fluminense. Diante das novas questões que me foram postas e dos desafios que enfrentei como educadora, quis buscar referências teóricas que me auxiliassem a compreender melhor as crianças e as infâncias – suas particularidades, formas de habitar os espaços, de ver e descobrir o mundo.

Já no mestrado, no processo da pesquisa, continuei levantando questões acerca dos meus valores, das memórias e das vivências que me formaram como mulher, artista, educadora e amante da natureza. Esse meu movimento da vida teve acolhida e se juntou às perspectivas do Círculo de Estudo e Pesquisa Formação de Professores, Infância e Arte (Fiar), grupo do qual comecei a fazer parte, que tem, em suas bases teórico-metodológicas, as abordagens narrativas e autobiográficas. Assim, pelas reminiscências, fui conduzida ao (re)encontro de experiências que tivessem crianças e/ou natureza como temática, matéria de poesia da vida vivida, o que me permitiu, além de visibilizar histórias pessoais, traçar uma investigação fertilizada na experiência.

Parte da dissertação defendida (Nimrichter 2020), este capítulo apresenta, em forma de crônicas e fotografias, alguns encontros poéticos com crianças que me atravessaram e ainda me atravessam. Crianças em mim.

Crônicas da margem: Flores que transbordam do concreto

I
Ana

Yan, desce daí! Quero subir também! Olha só, mamãe tá te chamando pra almoçar.
Não tá, nada. Ainda não está na hora de ir pra escola.
Desisto, inconformada. Aquela não era a única goiabeira do quintal, mas ela era a melhor de todas para sentar: seus galhos pareciam anatomicamente construídos para uma criança encostar-se e apoiar os pés com conforto. Sentia-me a rainha da árvore. No cantinho direito do meu trono, havia um galho quebrado, perfeito para prender as sacolas que eu gostava de levar lá pra cima. Minha mala, eu dizia. Dentro dela quase sempre uma maçã e um livro.
A tal goiabeira ficava de frente para a porta da cozinha; por isso, era fácil ver quando estava na hora de almoçar para ir à escola. Enquanto meu irmão não descia, eu tinha que achar outras coisas para explorar. Gostava das pedras que moravam feito uma caverna embaixo da casa, mas confesso que tinha medo de me aventurar sozinha. Nos cantos, moravam também ratos e aranhas peludas.

O caminho de grama era pontilhado por bolas de cimento. Um, dois, três, quatro, cinco, seis, sete... borboleta azul! Era minha preferida. Esquecia daquilo e corria perseguindo o voo. Pena que ela sempre fosse parar em algum lugar que eu não alcançava. Os micos assobiavam por banana. Acho que eles já tinham passado pela varanda hoje. Um deles era pequeno e se agarrava nas costas da mãe, como uma mochila. Às vezes, eu gostava de riscar a terra com gravetos. Desenhava meu próprio mundo, com minha própria árvore, e nela subia sem chateações. Mas logo os cachorros cavavam um buraco e voava terra para todo lado. Adeus para o desenho; partia para outra. Será que já tinha crescido aquele fruto que explode ao mais simples toque? Ele estourava rapidinho, transbordando em sementes de onde brotavam flores cor de rosa e, com elas, novos frutos explosivos. Eu já sabia como funcionava, mas o susto e o prazer eram sempre os mesmos. Chegava a hora de ir para a escola. Contentava-me em só passar pela minha goiabeira e arrancar um pedaço da sua casca. *Amanhã vou chegar primeiro*, eu pensava.

II
Maria Eduarda

Madre Terra, nossa esperança
Onde a vida dá seus frutos
O teu filho vem cantar
Ser e ter o sonho por inteiro
Sou Sem Terra, sou guerreiro
Co'a missão de semear
A Terra, Terra.
Pedro Munhoz

Quando cheguei, ela foi a primeira que vi. Eu vinha de mochila nas costas, roupas de aventura e olhos curiosos. Peguei uma carona de carro para percorrer os quase seis quilômetros que separavam a entrada do assentamento da casa da família. Ao longe, vi que ela também me olhava com curiosidade. Parecia usar um pijama colorido, sentada no chão ao lado da porteira aberta.

Quem vem lá? Fonte: Arquivo pessoal.

Fui entrando sem cerimônia, batendo palmas para chamar a família. Logo vieram a mulher, o homem e a menina. Percebi que era tímida e tinha sido arrastada para cumprimentar a visita. *Fala oi, Maria Eduarda, fala oi pra menina.* Estava realmente de pijama, e de pijama ficou até o cair do dia. O resto da luz do sol, aproveitamos trabalhando na plantação. Eu, como não sabia muito o que fazer, só seguia ordens. *Minha avó pediu pra você buscar a enxada. Agora vamos regar a abóbora. É aquela ali, tá vendo? Laranja e grandona naquele canto.* E saía como um foguete. Sempre com alguma coisa na mão: uma pedra, uma flor, um punhado de terra. Um dia, construiu uma fortaleza só com gravetos e folhas. Cavou a terra e colocou água. *É piscina da minha boneca*, dizia. Quando a água era sugada pela terra, ela tornava a encher a piscina. Até esvaziar de novo. E novamente.

Maria gostava de correr pela plantação até o topo da sua cabeça sumir no meio do milho. Voltava com carrapicho grudado nos cabelos, mas nem percebia. Certa hora, apareceu com um besouro morto na palma da mão, como um prêmio. Ele era dourado como uma moeda de ouro. *Se ele fosse de ouro mesmo, eu ia vender pra ganhar muito dinheiro pra minha mãe não precisar mais trabalhar*. E onde está sua mãe? *Trabalhando. Ela não mora aqui*. Jogou o besouro no chão e pôs a cavoucar um buraco com o dedo do pé.

À noite, Maria Eduarda dividia a cama com os avós.

III
Diogo

Estava de costas, enfiando manivas na terra. Abrir o buraco, enfiar, fechar, regar. Escuto passos na areia e me viro para trás. O menino vinha na minha direção, agitado, fazendo sons que não pude compreender. Acho que ele ainda não falava. Mas se comunicava expressivamente. Quando me dei conta, ele estava com um facão na mão. Enferrujado e enorme, quase do seu tamanho. Levantei-me na mesma hora na intenção de evitar uma tragédia. Foi quando ouvi:
Diooooooooooooooogoooo, pelo amor de Deus, menino, volta aqui!
Chamou, desesperada.
Apressei o passo. Sua mãe também está preocupada, pensei. Como não? Um simples tropeção e seria o suficiente. E crianças desse tamanho vivem tropeçando. Que horror. Onde já se viu um menino desse tamanho com um...
Diogooo, já falei, volta aqui! Você está todo mijado, menino! Vem trocar esse short!

O ajudante. Fonte: Arquivo pessoal.

IV
A menina dos olhos de jabuticaba

A menina dos olhos de jabuticaba me olhava desde o primeiro instante que subi no ônibus. Estava sozinha no banco, brincando de balançar os chinelos puídos. Debruçava-se na janela, levava uma bronca do motorista. Sentava de novo. Me olhava, buscando aprovação. Do lado de fora, a estrada de terra suava de calor. A poeira subia, deixando peles e janelas embranquecidas. Até a pele da menina, preta como chocolate. Roía as unhas, olhava pela janela quando passava uma boiada.

De pouco em pouco, chegava mais perto de mim. Parecia gostar de surfar pelo corredor do ônibus, pois era quando ele andava mais rápido que ela se levantava e mudava de fileira. Ninguém ligava para seus movimentos. Ela estava sozinha. Ou comigo.

Nossa troca de olhares era divertida. Eu a olhava com carinho e curiosidade. Para onde ia? De onde vinha? Por que estava sozinha?

O ônibus parou. A menina dos olhos de jabuticaba levantou, desceu as escadas e correu pelo pasto atrás dos bois. Deixou para trás seu olhar e sorriso, guardados na memória e registrados pela foto.

V
O guepardo

Tronco inclinado, cabeça para o lado. Meia ponta de pé, joelho rente ao chão. Braços encolhidos perto do corpo. Músculos da coxa retesados para o rápido arranque.

Como um guepardo, Vinícius gostava de correr sempre o mais rápido que conseguia. E dele ninguém ganhava. De pés descalços, seu desempenho era melhor. Ele era o pombo correio do acampamento: corria para enviar mensagens ou buscar mercadorias no portão de entrada.

Tia, você já viu na televisão como corre o guepardo? É assim, ó:

É assim, ó. Fonte: Arquivo pessoal.

VI
Priscila

Praia Grande da Cajaíba é um pequeno paraíso com aproximadamente um quilômetro de faixa de areia, águas claras e calmas, floresta densa e extremamente verde. Para chegar lá, é comum pegar um barquinho a motor no porto de Paraty. A viagem dura um pouco mais de uma hora; mareada com cheiro de combustível salgado e guiada pelas mãos grossas do barqueiro caiçara. Sempre descalços, os homens morenos e fortes levam os passageiros com a certeza de uma aventura. *Segura! Lá vem onda!*

Os relatos por vezes assustam quem ainda não chegou: barcos virados, turistas afogados, tempo que fecha num piscar de olhos. *Tem dias que o céu acorda do avesso. Aí vai vendo, né... acaba tendo que ficar por lá mesmo e esperar a tempestade passar.* Motor sempre desligado na hora da onda grande. Se der sorte, o condutor também vira guia. Uma mão no leme, outra estendida, apontando as histórias cravadas na terra. *Ali que morou meu tio; aquela casa era de bacana, gente rica, sabe? Mas aí abandonou e não volta mais. Essa praia daqui é bonita por demais, tem muito peixe graúdo. Tem gente que vem por aqui, nessa trilha aqui, ó. Mas é muito é chão. Tem que ter pé e muita comida nas costas. Vivido na mata não é fácil, não. Tem pessoal que não aguenta. É bicho, é cobra, é tudo que é coisa. Segura aí que nessa ponta bate um vento danado. Já virei o barco aqui, ó, mas hoje tem boia não. Segura a mochila, menina!*

Depois da tempestade vem a calmaria: a virada numa espécie de Cabo da Boa Esperança revela o destino. A vastidão de uma praia extensa, mas não infindável; três construções contadas a dedo; um rio que desemboca; alguns barquinhos como aquele. Quando o barco não pega a corrente do mar, tem que molhar as pernas até acima do joelho pra desembarcar. Nisso vai mochila, barraca e sapato. Nada escapa. Num esforço de não molhar meus pertences, me distraio com a chegada. Tiro os sapatos, ergo a mochila acima da cabeça e ando quase sem pés investigando a areia branca submersa. Quando levanto o olhar me deparo com um grupo grande de crianças correndo na minha direção. Como num filme, olho para trás para ver se é comigo. Visto que atrás de mim só tem água, me convenço do interesse delas pela chegada da novidade. Sinto-me na caravela de Cabral, exploradora, branca, consumista. Aterrisso e tento me despir das minhas "capitalices" de mulher branca: mochila, óculos, chapéu, canga, e pronto. Até que me sinto tão nua quanto elas que parecem me fitar como eu o faço com insetos e animais selvagens: um misto de imensa curiosidade e medo.

Elas continuam correndo e galopando como golpe de vento. Empurram, atropelam, furam a beira d'água com agilidade de peixe. O tempo todo com um sorriso no rosto, parecem contentes. Vestem a menor quantidade de roupa possível antes da nudez. Vão se aproximando e revelando seus detalhes. Quase todas têm a pele cor de chocolate avermelhado, lisa e tesa, cabelos escorridos e dedos dos pés grossos e espalhados. Suas gargalhadas ecoam no fundo do vale, rebatem de volta no horizonte esverdeado e voltam aos meus ouvidos como poesia.

Volta aquiiiiii, Juan! Ôôôô, Zé, sua disgrama, quero ver tu me pegar lá no alto do morro! Prisciiiiiiiiiiiiiilaaaa, vem dá um jeito no teu irmão! Larga desse galho de planta e vem correr comigo! Chamou o menino. Percebo que Priscila é a menor criança do grupo; miúda e esperta. Cabelos chegando quase até os pés, claros nas pontas das ondas. Usa uma camisa bege puída e um mini short estampado. Ela olha dissimulada para o amigo, diminui o ritmo e fica para trás. Senta na beira da onda e risca o chão com seu graveto fino. Na ponta dele, uma folha verde embeleza. O graveto se quebra e cai na água. A menina levanta, caminha levemente sobre a areia quente e some por entre as portas de uma das casas de palha.

Quando dou por mim, todos já se foram. Não sei onde se enfiaram, só sei que não deram a mínima para a minha chegada. Passaram por mim como foguetes, ágeis como felinos em movimento de caça. Eu, a novidade, era só mais uma visitante. Caminho em direção ao *camping*, organizo meus pertences e me ocupo até o fim do dia com a árdua tarefa de não fazer nada. As crianças não cruzam mais meu caminho.

O raiar do sol esquenta a minha barraca e me acorda com lentidão preguiçosa. Escuto ao fundo as ondas do mar e mais nada. Talvez alguns grilos? Vozes ao fundo. Motor de barco. Panelas. Escuto gritos agudos ao longe e me lembro das crianças do dia anterior. Apronto-me e saio, destinada a encontrá-las. O dia está tão belo quanto o último; só que agora o sol da manhã ainda é morno, a brisa calma e a maré baixa. A praia parece acordar. Meus olhos míopes não veem o fim da areia, por isso, sou levada a caminhar em busca da fonte daquelas supostas gargalhadas.

Ando lentamente até onde descubro ser a foz de um rio e encontro rapidamente algumas das crianças que passaram por mim no dia anterior. Dois meninos sorridentes brincam dentro d'água. Sobem em bancos de areia e dão saltos mortais para trás, afogando-se, caçando pequenos peixes e jogando pedras mata adentro. Não se ouve uma palavra. Os únicos sons são gargalhadas e urros de entusiasmo. Aproximo-me lentamente e sento numa pedra próxima. O lugar é lindo, reservado em relação ao resto da praia, mas, mesmo assim, percebo que os poucos passantes escolhem não parar por ali. Seguem seus caminhos e escolhem se sentar mais adiante, onde seu descanso não será interrompido por sons ou espirros d'água daquelas crianças invisíveis, mas que tanto atrapalham. Decidida a fazer contato, resolvo entrar no rio onde se banham os meninos. Recebo olhares desconfiados, a brincadeira cessa, mas logo depois retorna, quando percebem minha curiosidade.

Oi, eu disse. *Como vocês se chamam? Eu sou o Juan e esse aqui é o Zé*, responderam. *Vocês moram aqui?*, perguntei. *Sim. E é bom morar aqui? É legalzinho. A gente gosta sim. E vão pra escola? Vamos. O barco passa aqui e leva nós de manhãzinha. Tem dia que tá escuro mesmo,* comentou. *E vocês já foram pra cidade?*, indaguei. *Já. E gostaram? Sim. Ah, eu gostei. Tem coisa bonita, né?*, assumiu Juan. *Já eu não gostei. Muito barulho e lixo. É fedorento. E dá medo também*, confessou Zé. *Medo de quê? Ah, dos carros, do montão*

de gente, dos prédios enormes. A gente não tá acostumado com a cidade, não, concluiu.
E a natureza? O que é natureza pra vocês?, perguntei.
(Silêncio)
A natureza é tudo. É a liberdade, o mar, a lancha, a garrafa d'água, a madeira, explicou Zé. *Tudo aqui é natureza. Menos o homem. O homem é de Deus*, contou Juan.
E a natureza? A natureza não é de Deus?
(Silêncio)
É. Então... Então, o homem também deve ser natureza, né?, questionou Juan.
E você, Zé? O que acha?, perguntei.
O menino olhou para os lados, pensativo, respirou fundo e disse: *A natureza é a natureza.*
Perante tamanha retórica, fico sem fala.
Nosso silêncio é interrompido pelo chamado daquele que, depois, fui descobrir como Daniel. O menino parece mais novo e menos tímido, visto que, num piscar de olhos, já participa da nossa conversa como um velho amigo. Daniel também é filho de caiçara. Mora numa praia vizinha e frequenta a mesma escola que os meninos. Diz que andava sozinho em busca de alguma criança quando nos viu na foz do rio. Chegou esbaforido. *Vocês tão brincando de queeeeeeeeee?*
Depois de integrado na conversa, ele responde sem hesitar: *A natureza é o mar. Os prédios não são natureza.*
Respiro fundo, sem palavras. Minha intenção não é trazer respostas, por mais que muitas vezes as crianças me respondam em tom de questionário.
Mas é o que, tia? É isso que a gente falou?, insistiu Zé.
Não sei, respondo. *O que vocês acham que é?*
E aí uma nova roda de indagações se inicia, mas logo é interrompida pela chegada de uma chuva de verão. As gotas grossas perfuram o espelho d'água e formam desenhos nas margens de areia; o mar escurece e o vale de árvores altas estremece com o vendaval. Meu primeiro impulso é de correr e procurar abrigo embaixo de uma amendoeira. Assim o faço. Não quero ficar doente, penso. Tenho muitos dias de viagem pela frente.
Não muito distante dali, posso observar a felicidade crescente dos meninos que, dessa vez, encontram pedaços de sementes e frutos côncavos para encher com a água da chuva. De boca escancarada para o céu, cantam e gritam com alegria ingênua a chegada da chuva.

Depois da tempestade, sou surpreendida por um dos meninos enquanto tirava um cochilo na rede. Sinto sua presença, arfando, sem querer me incomodar, porém, ávido para contar-me: *Tia, é também o avião!*, reconheceu Juan.

Algumas horas depois, no almoço, eles aparecem novamente. Dessa vez, mais confortáveis e extrovertidos. *O prédio também*, disseram, em coro.

O dia seguinte amanhece mais verde. Tenho a impressão de que as plantas e os bichos acordaram mais saudáveis depois de se hidratarem com a água da chuva. Acordo com o farfalhar de folhas. Levanto lentamente e me dirijo até a praia para o desjejum. O sol vem pra evaporar a água e secar as superfícies antes úmidas. Vejo ao longe meus pequenos amigos brincando com caixas vazias de leite à beira d'água. Enchendo e esvaziando, enchendo e esvaziando incessantemente, deixando desenhos e buracos na areia dura.

Percebo que eles me percebem.

Aproximam-se: *E o cimento, gasolina, borracha, pneu, vidro, papel, corda...*

E a lista não acaba.

Quando percebo, na minha direção caminha Priscila, a miúda que havia visto quando cheguei. Ela vem andando sem deixar marcas na areia, olhando nos meus olhos como numa hipnose. Seu olhar me arrebata, porém, parece alcançar para além do meu corpo.

Ela chega ao meu lado, calada, e sussurra ao pé do meu ouvido: *A natureza é o girassol.*

VII
Clara

Die Natur macht mich demütig und bereit, alle Schläge mutig zu ertragen.[1]
Anne Frank

Quando a vida me parece esmagadora, respiro fundo. Quando penso que meu mundo vai implodir, eu – a rainha de todos os problemas, a dona de todas as indecisões, responsável por todos os impasses –

1. A natureza torna-me um ser humilde, capaz de suportar melhor todos os golpes.

fecho a janela dos pensamentos e abro os olhos com mais força. Olho para fora de mim, para onde quer que ele seja.
Vejo formigas comendo meu melado, folhas amarelecendo, nuvens de carneirinho, ou aquelas artificiais do avião, a gaivota atrasada do bando, a pena do pombo cinzento, o gato embaixo do carro, a lagarta camuflada na folha. Costumo gostar de olhar para o céu, mirar em uma estrela e seguir o caminho até ela. Como um foguete, subo atravessando as camadas poluídas, quentes e frias e gélidas, rarefeitas, todo lixo espacial até encontrar com ela – que continua sendo, na minha imaginação, um ponto brilhoso em um fundo escuro. Vejo planetas boiando no ar do espaço sideral como patinhos de borracha na banheira. Água, ares, gases, lava, bolhas e buracos negros. E atrás deles mais universos, mais florestas, mais oceanos, mais pessoas esmagadas pelo fardo dos problemas diários. A eternidade do mistério da vida me mantém viva. As cores do mato, os cheiros, a linguagem dos animais. A força de vida de tudo que é vivo. O fato de ser tudo como é, e sempre ter sido algo, e o fato de que algo sempre será. Será?
Quando a vida me esmaga, me lembro de Anne Frank, a menina cujo mundo, por dois anos, foi um apartamento frio e labiríntico em Amsterdã. E me vêm suas palavras: "Não é em imaginação que fico mais calma e que me encho de esperança quando olho o céu, as nuvens, a lua e as estrelas. A natureza torna-me um ser humilde, capaz de suportar melhor todos os golpes".
Para ela não há substituto.
Quando me sinto pequena como uma formiga, esmagada na sola do sapato das angústias, é a magia da natureza – e só ela – que consegue trazer de volta minha tranquilidade e força de continuar.

VIII
Arthur e Bubu

Numa noite quente, no bairro do Flamengo, dois amigos de escola se encontram na calçada. Um parecia ter seus 7 anos; o outro, 4. Acompanhadas dos pais, as crianças eram as únicas que falavam.
– Bubu!
– Arthur, você tá de gesso! Eu já tive gesso também!
O barulho do ônibus que passou ao meu lado me impediu de ouvir o resto da conversa. Quando o "silêncio" foi novamente estabelecido,

os amigos já tinham se separado. De longe, de bem longe, Bubu grita:
– *Eles vão tirar com uma máquina que parece que vai cortar o seu braço, mas corta só o gesso! Não se preocupa, Arthur! Corta só o gesso, tá?!*
Arthur e seu pai já estavam longe, mas eu e o moço da floricultura ouvimos, e rimos.

IX
A colecionadora de folhas

Numa passarela da zona norte
Uma mãe dorme sobre o papelão amassado. Seu corpo e seus pés estão sujos. Faz calor e uma chuva ameaça cair.
Ao lado, sua menina coleciona folhas amareladas de outono em uma garrafa de plástico
vazia.

Do encontro com as crianças ao reencontro comigo

É preciso prezar a coragem das sementes. Apodrecer para inaugurar o fruto.
Bartolomeu Campos de Queirós

Crianças em mim. Algumas delas. Variadas infâncias – em tempos, espaços, idades, etnias, classes sociais. Quase todas atravessaram meu caminho de forma espontânea, não proposital, e os encontros com elas acabaram sendo experiências tão marcantes a ponto de me fazerem, em conjunto, despertar para o meu propósito. Propósito de vida que ultrapassa a academia, a folha de papel, as instituições e transborda nos meus valores e nas minhas práticas cotidianas.

Imersa em leituras sobre infância e natureza, percebi a necessidade de uma autoeducação. Fui atravessada pela importância de exercitar a análise das minhas memórias de infância. (Re)acessando e revivendo momentos, cheiros, sentimentos, frustrações, conquistas e impasses, pude, dentre outras coisas, perceber a importância da natureza para minha formação. Tal exercício também me fez reencontrar as crianças em mim: meu irmão e minha irmã, as crianças sem-terra, as crianças caiçaras, e as crianças à margem.

Tive uma infância rodeada de natureza. Dos 6 aos 15 anos, morei em casas grandes com quintal: grama, terra, cachorros, pássaros e muitos insetos. Era uma criança curiosa: explorava cada cantinho do jardim, descobria cavernas, seguia formigas, corria atrás de lagartos, cheirava cascas de árvore, comia carne dos frutos da amendoeira, procurava plantas dormideiras, brincava com a seiva amarela do pinheiro e observava o movimento das minhocas. Recordo-me que a natureza era para mim um lugar de estar comigo mesma, de explorar meus sentidos descobrir novas brincadeiras e me abrir para o inesperado, sentindo, através da experiência, que existiam coisas legais a serem descobertas fora do espaço escolar.

Os encontros com diferentes infâncias – narrados nas crônicas apresentadas neste capítulo – me fizeram descobrir novas formas de existir no mundo quando se é criança. Meninos e meninas que nascem e crescem em ambientes abertos, verdes, acabam por desenvolver desde cedo uma relação de intimidade e troca com a natureza. Essa relação muitas vezes pode ser predatória, visto que muitos desde pequenos compreendem de onde vêm os alimentos e o que deve ser feito para adquiri-los; mas, de qualquer forma, constrói-se um vínculo bem mais forte do que aquele das crianças que foram educadas em apartamentos e inseridas em uma rotina urbana.

Aos 16 anos, participei, por intermédio da escola, de um estágio vivência em assentamentos do Movimento sem Terra (MST). Lá, convivi por uma semana com famílias que se encontravam em condições difíceis e que tinham um cotidiano de luta e militância pelo direito à terra. As casas nas quais dormi não tinham luz elétrica, saneamento ou água encanada, e o acesso a qualquer comércio era complicado. As estruturas familiares eram variadas: pai e mãe com diversos filhos; mães solteiras; avôs e avós e netos; famílias inteiras dividindo um só cômodo.

A experiência com a infância vivida em alguns assentamentos do MST me conectou com crianças que conheciam a natureza como ninguém, afinal de contas, sentiam na pele a importância dela para sua sobrevivência. Por lá, a autonomia reinava entre os pequenos: eles não eram tidos como adultos em formação, e sim como membros da comunidade com suas devidas funções sociais. Todos, desde cedo, exerciam seus papéis nos assentamentos e nos acampamentos, ajudando no plantio, transportando água e manuseando ferramentas. A desenvoltura corporal dessas crianças me surpreendeu: eram magras e fortes, corriam ágeis como felinos e nadavam como peixes.

Essa experiência me marcou por diversos motivos, dentre eles, pela força da relação entre os sem-terra e a natureza. Eles me permitiram construir uma ideia de natureza para além de um refúgio: a terra e o verde também são sinônimos da nossa sobrevivência, são direitos intrínsecos a todo ser humano. Percebi, então, o verde como a forma mais pura de vida, como instinto, fome e sede, espírito e, principalmente, como o próprio ser humano. Seremos nós também natureza?

Reeducar o olhar para as miudezas da vida viva

A criança olha para ver; repara, enxerga miudezas do chão, restos esquecidos de nada, rastros de acontecimentos, brinquedos em potencial, sorrisos ou lágrimas ignoradas. Para mim, estar atenta às crianças foi um exercício de estar atenta a mim mesma: reeducar o meu olhar para as miudezas da vida viva.

Quando olho para trás, encontro-me ainda menina, aprendiz de pesquisadora-poeta na natureza em busca de melhor compreender o universo infantil. Minhas memórias de infância e meus aprendizados de mulher foram me fazendo tecer as tramas da pesquisa que desenvolvi no mestrado (Nimrichter 2020). Tudo aquilo que germinava dentro de mim, em especial os encontros com as muitas crianças, dentro e fora de mim, moveram-me em direção àquilo que eu (quase) via e queria muito enxergar.

Aos poucos, a infância foi se fazendo categoria em mim e veio à tona como uma enxurrada irresistível. Olhei para dentro, vi-me criança, revisitei-me e, no encontro com as crianças da pesquisa, entrei em contato com mundos imaginados feitos de grama, folhas, pedras, frutos e lama. Fiquei encharcada de experiências e de novas referências que me fazem querer, cada vez mais, explorar o terreno fértil da pesquisa com crianças.

Onde está a natureza na vida das crianças? Como elas a experienciam? Como seus corpos reverberam ao sentir suas texturas, a descobrir suas infinitas camadas de sentido? Essas e outras intrigas me impulsionaram à pesquisa, desejando investigar as relações e as percepções das crianças com e sobre a natureza. Contei com a colaboração de cinco crianças, com idades entre os 4 e 5 anos, que frequentavam uma unidade de educação infantil pública federal na cidade de Niterói, no estado do Rio de Janeiro, no ano de 2020. Observei os tempos em que as crianças estavam nas áreas verdes, disponíveis na instituição, buscando perceber formas de interação das crianças com os espaços e os elementos que compunham tais áreas. Fotografias, realizadas com e pelas crianças, as notas de campo e a criação de um diário da natureza – um portfólio pessoal, onde os registros fotográficos ganharam vida, na composição com desenhos, pinturas e colagens de elementos naturais – constituíram o conjunto de dados coletados.

Após a rica experiência com as crianças no campo da pesquisa de mestrado e diversos outros encontros comigo e com infâncias outras, disponho agora de um acervo fresco de olhares e vivências, mesmo que siga sempre caminhando como aprendiz no longo e agradável caminho da investigação acadêmica. Sigo o leito do rio, caminhando sobre pedras lisas, às vezes pontudas, às vezes escorregadias, às vezes bambas. Mas sempre presentes, acolhendo os pés, apontando caminhos e escolhas.

Hoje em dia, com um filho de cinco meses, nascido em meio à pandemia de Covid-19, com ainda mais urgência, cuido da manutenção do processo de autoeducação do olhar, das sensibilidades, dos afetos. Atentar-se àquilo que "(quase) não se vê", criar espaços lúdicos dentro de casa, recheando de imaginação e magia as miudezas do cotidiano em isolamento social. Mais uma vez, percebo o caminho liderado pelas riquezas da infância, pois são as crianças que normalmente conseguem transgredir a norma e encontrar aquilo que nem sempre é evidente aos olhos dos adultos. Criando mundos, afinando silêncios, vendo "o fundo das coisas", respirando e sendo natureza com seus corpos, meninos e meninas podem nos ajudar a viver neste mundo isolado, doente e amedrontado.

Referências bibliográficas

FRANK, A. (2010). *Das Tagebuch der Anne Frank*. Frankfurt: S. Fischer.

KRENAK, A. (2019). *Ideias para adiar o fim do mundo*. São Paulo: Companhia das Letras.

MUNHOZ, P. (2002). "Canção da Terra". *In*: MUNHOZ, P. *Cantigas de andar só*. Rio de Janeiro: Gravadora independente. 1 CD-ROM.

NIMRICHTER, A.C. (2020). "O que (quase) não se vê: Olhares de infâncias na natureza". Dissertação de mestrado. Niterói: Universidade Federal Fluminense.

QUEIRÓS, B.C. de (2009). *Os cinco sentidos*. 3ª ed. São Paulo: Global.

TARJA BRANCA: A REVOLUÇÃO QUE FALTAVA (2014). Direção Cacau Rhoden. Produção Estela Renner, Luana Lobo e Marcos Nisti. Brasil: Maria Farinha Filmes. Filme.

6
DO ENCONTRO COM AS MATÉRIAS DO MUNDO ÀS NARRATIVAS (AUTO)BIOGRÁFICAS

Patrícia Vieira Bonfim

Primeiras palavras

> *A mão do oleiro leva o barro ao fogo: tijolo. A mão do vidreiro faz a bolha de areia, e do sopro nasce o cristal. A mão da mulher tem olheiros nas pontas dos dedos: risca o pano, enfia a agulha, costura, alinhava, pesponta, chuleia, cirze, caseia. Prende o tecido nos aros do bastidor: e tece, e urde e borda.*
> Alfredo Bosi

Na obra literária *Os trabalhos da mão*, do escritor e professor paulista Alfredo Bosi (2019), encontramos um instigante ensaio, que, além de apresentar as ilustrações de Nelson Cruz sobre alguns clássicos da pintura, como Leonardo da Vinci e Vincent van Gogh, ilumina uma das questões propositivas que vimos tecendo desde a criação do nosso grupo de pesquisa Fiar, a saber, o fazer à mão, no sentido de fazer de corpo inteiro (Ostetto 2016) para escrever sobre si.

Em uma das ilustrações do referido livro, Nelson Cruz traz "A rendeira", do pintor holandês Johannes Vermeer (1669-1671), uma obra que está exposta no Museu do Louvre, em Paris, e que muito dialoga com o meu processo de escrita memorialística durante o doutoramento. A imagem é de uma mulher-artesã que parece compenetrada e envolvida em sua tarefa, íntima das agulhas e linhas, principais instrumentos/objetos em seu trabalho com as mãos. A obra me reportou às mulheres-pesquisadoras-fiandeiras do nosso grupo de pesquisa, envolvidas de corpo inteiro em suas produções acadêmicas.

Reconhecendo a necessidade de seguir na contramão da corrente de pensamento filosófico ocidental que reforça a dualidade corpo e mente, cada orientanda da coordenadora do círculo de pesquisa Fiar é direcionada a produzir seu memorial de formação, entendido como

> (...) um dispositivo de geração de dados biográficos, apresentando-se como espaço privilegiado de reflexividade biográfica para aquele que está na jornada de investigação: com foco nos percursos de suas experiências estéticas, todos os participantes produzem seu memorial, o qual se torna parte do trabalho acadêmico em desenvolvimento (relatório de extensão ou iniciação científica, monografia, dissertação, tese). (Ostetto 2019, p. 61)

Dessa perspectiva de produção acadêmica, as integrantes são convidadas a identificar percursos formativos nas trajetórias de vida e tecer suas narrativas escritas, geralmente provocadas pela manipulação das materialidades expressivas, pelo contato com a arte e/ou com a natureza.

No meu caso específico, em que o tema do doutoramento foi a relação corporal entre adultos e bebês na creche, fui convidada a produzir uma narrativa sobre o meu próprio corpo, atribuindo sentidos/significados a situações que considerei formativas ao longo da minha trajetória de vida.

Escrever um memorial que teve como eixo central o corpo foi, inicialmente, uma tarefa desafiadora. Foi preciso me dar tempo. E, mais do que isso, foi preciso sentir e pensar, a fim de que a narrativa (auto)biográfica pudesse emergir dos recônditos da memória. Lugares onde habitam os pensamentos, as lembranças, as sensações, os medos, os desejos e os sonhos. Lugares, às vezes, pouco revisitados por nós em tempos como os atuais, em tempos com rotinas tão delimitadas pelo *chronos*.

Entrelaçando fios das vivências pessoais, da formação e da profissão, este capítulo tem o propósito de compartilhar parte dessa minha produção memorialística.

Do modelar a argila à história de vida: Corpo pulsante

> *A prática da escrita de si é aqui apresentada como uma nova epistemologia da formação, ela se adéqua melhor à ideia de que já não se trata de promover a aquisição de conhecimentos duradouros, definitivos, mas de ajudar o adulto a desenvolver uma reflexividade crítica face a saberes em evolução permanente.*
>
> Passeggi e Souza

A proposta de formação apresentada a mim no doutorado não gerou, inicialmente, um conforto. Pressuponho que pela limitação sentida, de buscar unir pesquisa e pesquisadora, ciência e vida na academia. Esse desafio persistiu por um tempo considerável e, paralelamente, muitas inquietações surgiram. Eu me perguntava: como preparar o movimento de caminhar para a minha história? De escrever sobre ela? As leituras de Benjamin, especialmente "O narrador" (Benjamin 1987), auxiliaram-me a buscar, no arquétipo do artífice, que traduz a potência do artesão que faz à mão, a essência do que precisava. As leituras me ajudaram, também, a encontrar respostas para o modo pelo qual aquela proposta de conhecer um ateliê de cerâmica em Itaipu, bairro da cidade de Niterói, no Rio de Janeiro, e o contato com aquela materialidade, no caso, a argila, haviam inspirado meu processo de escrita memorialística.

Aparentemente, era algo simples. Pegar uma porção de argila que coubesse em minhas mãos, receber orientações sobre a utilização do equipamento do oleiro e me aventurar nos movimentos e na criação. Naquele ateliê, eram três tornos. Desse modo, três pessoas podiam modelar simultaneamente. A tarefa foi instigante e desafiadora, pois exigia muito do corpo e da coordenação global.

Essa coordenação envolve variadas atividades musculares e, ainda, equilíbrio. Leva a pessoa a adquirir habilidades para dissociar movimentos, seja entre os dois membros superiores, seja entre um membro superior e um inferior: "Isso significa que ela deve ter condições de realizar múltiplos movimentos ao mesmo tempo, cada membro realizando uma atividade diferente, com conservação da unidade do gesto" (Ferreira 2011, p. 51).

Para a modelagem da peça, eu precisava apertar o pedal, que fazia com que o prato giratório, que estava abaixo das minhas mãos, acelerasse ou desacelerasse. Lembro-me de que, por diversas vezes, quando já estava nos retoques finais da obra, o meu pé acelerava, como que seduzido pela rapidez dos nossos dias, desconfigurando o barro que tomava forma, e provocava o recomeço de todo o processo.

Só depois de um tempo, consegui relaxar, inspirar e expirar profundamente. Fechei os olhos e senti meu corpo em sua inteireza. Pela primeira vez, consegui finalizar a modelagem do vaso.

Fazer e refazer-se, processo de criação. Fonte: Simone Bibian (8/11/2016).

Quando a artista e autora brasileira Edith Derdyk (2012) fala sobre o processo de criação, afirmando a centralidade do fazer, que move o desejo na relação com as materialidades, suas palavras, além de ressoarem no processo que vivi, ajudam a compreender o seguinte aspecto: "O ato de fazer empurra o corpo para o movimento, impulsiona o desejo, concebe a concretude das ações, agarra e devolve as matérias do mundo ao mundo, encontra outros modos e técnicas de fazer as formas serem" (Derdyk 2012, p. 22).

Na manipulação de materialidades expressivas e no envolvimento do corpo, pode haver um processo sensível que potencializa o "caminhar para si" (Josso 2010) e que requer muita concentração e percepção. Fazer e desfazer.

Assim como na obra de arte do oleiro, sou um ser em constante inacabamento; por isso, escolhi esta metáfora – "fazer e refazer-se" – para dialogar com minha narrativa (auto)biográfica, que foi, também, entrelaçada com meu objeto de pesquisa no doutoramento: o corpo. "No corpo, muitas histórias: de incorporações, redefinições, transmutações de um tempo e de um espaço" (Ostetto 2012, p. 124); de um tempo de infância no espaço-quintal da minha avó materna.

Paisagens, sabores, cores e aromas me fazem lembrar do tempo de criança no quintal da minha avó. Quando adulta, sempre que passo em locais com cheiros de fazenda ou como uma fruta ao pé de uma árvore, a recordação daquele quintal da minha infância me vem à mente. São justamente os sentidos humanos, como o paladar e o olfato, e não a intensa atividade cognitiva, que iluminam a memória. Como diz Gambini (2010, p. 157), "é o que traz de volta todo um mundo povoado de sensibilidades, vivências, impressões – não um fragmento, tudo".

Segundo as minhas lembranças, o quintal da minha avó era um espaço de descobertas, vivências do corpo, peraltagens. Espaço onde eu podia brincar e me sujar, colher frutas, fazer *cozinhadinhas* e me encontrar com as crianças da rua e da família. Lembro-me do sabor e das cores fortes das frutas: banana, manga, morango, ingá, laranja e amora. Todas cultivadas sem agrotóxicos.

O odor, também, era diferenciado. Um dos meus preferidos até hoje. Mesmo minha avó morando na cidade, ela podia desfrutar do cheiro de sítio, uma vez que o seu quintal fazia divisa com a fazenda do senhor Lourival, homem que cultivava gado e vendia leite fresco todas as manhãs.

Além dos cheiros e dos sabores, a dimensão tátil era apreciada, porque vó Alzira deixava que as crianças, principalmente seus netos, utilizassem seu vasilhame doméstico para preparar comidinhas na lama. Lembro-me de pegar um pequeno caldeirão, recolher a terra vermelha embaixo da mangueira e acrescentar água à mistura. Lembro-me, ainda, da sensação de frescor quando o barro escorria das mãos para os braços e as pernas. Era possível fazer bolinhos, doces e outras guloseimas durante a brincadeira com a terra. Enfeitá-los com folhas e frutos.

Outra experiência corpórea no quintal era escalar um barranco que parecia tão alto quando eu era criança. Acessava-o por uma escadinha que minha avó havia feito com a própria escavação que se formara no local. Ao final dessa escada, deparava-me, à direita, com um pé de amora, uma das minhas frutas preferidas na infância. Como senti saudades, ao rememorar o quintal e não encontrar registros da época. Pedi, então, à atual moradora que, gentilmente, enviasse fotografias mais recentes para mim.

Corpo e natureza, o quintal da minha avó. Fonte: Maura (28/1/2018).

Espaço, natureza e liberdade para se expressar. Não é que Manoel de Barros tem razão?

> Acho que o quintal onde a gente brincou é maior do que a cidade. A gente só descobre isso depois de grande. A gente descobre que o tamanho das coisas há que ser medido pela intimidade que temos com essas coisas. Há de ser como acontece com o amor. Assim, as pedrinhas do nosso quintal são sempre maiores do que as outras pedrinhas do mundo. Justo pelo motivo da intimidade. (Barros 2008, p. 20)

Assim me parecia o barranco do quintal da minha avó: maior que a cidade. Talvez por isso, as amoras fossem tão desejadas pelas crianças! Para ter acesso ao barranco, era preciso desenvoltura corporal, destreza e coragem, já que, após a amoreira, caminho que conduzia aos outros pés de frutas, havia um corredor bem estreito na parte de cima, que dava para a mangueira que aparece na foto apresentada anteriormente.

Não só na poesia, mas também na pesquisa científica, muitas infâncias estão registradas no chão, nos quintais, conforme constata Silva (2017), ao ouvir as narrativas de professoras de educação infantil da cidade do Rio de Janeiro. Com base na referida dissertação, podemos pensar na potência desse espaço no que se refere à formação sensível das crianças e, quem sabe, de professoras e professores em formação inicial e continuada.

> O quintal de casa e as formas de brincar neste lugar são reconhecidos espaços dos itinerários de formação estética das professoras: no tempo da infância, encontraram lugar de expressão e criação com a natureza em casa. Hoje, como adultas e professoras, desejam promover essas e outras experiências estéticas para as crianças na escola. (Silva 2017, p. 145)

Para trabalhar com a infância, torna-se necessário despertar não apenas a mente, mas o corpo inteiro daquela criança que o educador foi. Apesar de não haver uma fórmula que leve todos e todas a esse despertamento (e que bom que não haja!), existem repertórios que podem acordar do sono esse ser e convidá-lo a se expressar.

Além do espaço-quintal da minha avó, a manipulação da argila no ateliê me trouxe à memória lembranças e histórias na escola. Quando eu estava matriculada na educação infantil, vivenciei algumas dificuldades relacionadas ao meu esquema corporal. Como explica Ferreira (2011, p. 52):

> O corpo é uma forma de expressão da individualidade. A pessoa percebe-se e percebe as coisas que a cercam em função do seu próprio corpo. É a sua maneira de ser que estabelece contato, compreende e se engaja no mundo. O corpo é o ponto de referência que o ser humano possui para conhecer e interagir com o mundo.

Uma das bases desse ponto de referência do corpo é a lateralidade, que pode ser entendida como a disposição do ser humano de utilizar mais um dos lados ou membros do que outro. Nessa disposição, a força muscular é maior no lado que predomina. De acordo com Ferreira (*ibid.*, p. 54): "A lateralidade na criança pode se manifestar dessas formas: destra, sinistra, ambidestra, falsa destralidade e falsa sinistralidade".

A respeito da utilização dos membros do corpo, nas crianças destras, há predomínio do lado direito; já nas sinistras, do lado esquerdo. As ambidestras utilizam os dois lados indiscriminadamente; e nas que têm falsa destralidade ou falsa sinistralidade, geralmente, isso decorre da imposição social ou de uma lesão, paralisia ou amputação.

No meu caso, há predomínio do lado esquerdo na utilização dos membros do corpo. Quando criança, tive alterações significativas na minha lateralidade, dentre elas a de direção gráfica. Lembro-me de que a professora chamou minha mãe para dizer que eu tinha um "problema sério": que a minha escrita era espelhada. Após alguns anos, minha mãe relatou que não entendeu muito bem qual atitude tomar após os reclamos da professora. Mesmo assim, buscou, diligentemente, auxiliar-me nas tarefas em casa. Chorei diversas vezes por não conseguir escrever como os demais colegas da turma. Na época, conversando com a minha avó materna sobre o assunto, ela me consolou: "Minha filha, não se preocupe, a sua escrita é da direita para a esquerda, porque ela quer tocar o coração!". Suas palavras me reanimaram. Algo pareceu ter acendido por dentro. No ano seguinte, não sei explicar ao certo o que ocorreu, mas já estava escrevendo dentro dos padrões da direção gráfica da língua portuguesa.

O que vivenciei quanto ao meu esquema corporal foi muito significativo, especialmente quando fui atuar como professora de educação infantil e dos anos iniciais do ensino fundamental. Um dos meus deleites era poder auxiliar crianças sinistras nas classes. Não queria que elas fossem incompreendidas na escola.

Por que me vieram à memória essas dificuldades corporais vivenciadas na infância, justamente após a feitura da peça de argila no ateliê? As palavras de Ostetto (2016, p. 151) ajudaram-me a compreender o motivo: "Quando a escrita narrativa se realiza na sequência de um trabalho expressivo, feito à mão, o processo de nomear o vivido é potencializado, oferecendo oportunidade para a rearticulação de experiências, ampliando sentidos".

Ainda sobre o fazer à mão: Do artesanato à autoria

O ambiente acadêmico, mais especificamente o da pós-graduação *stricto sensu*, exige muito dos aspectos racionais. Ler, pesquisar, produzir textos, apresentar trabalhos em eventos e publicar artigos podem sufocar o *Homo ludens* em prol do *Homo lattes*.

É possível unir trabalho e prazer, obrigação e diversão, aspectos sensíveis e inteligíveis, sem perder de vista a produção intelectual exigida na universidade? Por meio de algumas aulas no doutorado e, também, dos encontros do Fiar, fui aprendendo que sim. Aprendi que a manipulação de materialidades expressivas e o artesanato alimentam o corpo e a alma e podem fazer tocar o coração. Com a arte, aprendi outros modos de ir me formando fora de um formato convencional, ampliando o que sou à medida que faço e encontrando outros modos de viver a experiência da escrita, a experiência com as mãos. Além do brasileiro Alfredo Bosi

(2019), já citado, outros escritores se dedicaram à poética da sublime potência das mãos, como, por exemplo, o português Manuel Alegre (2014, p. 41):

> Com mãos se faz a paz se faz a guerra.
> Com mãos tudo se faz e se desfaz.
> Com mãos se faz o poema – e são de terra.
> Com mãos se faz a guerra – e são a paz.
> Com mãos se rasga o mar. Com mãos se lavra.
> Não são de pedras estas casas mas de mãos.
> E estão no fruto e na palavra as mãos que são o canto e são as armas.
> E cravam-se no Tempo como farpas as mãos que vês nas coisas transformadas.
> Folhas que vão no vento: verdes harpas.
> De mãos é cada flor cada cidade. Ninguém pode vencer estas espadas:
> nas tuas mãos começa a liberdade.

Por falar em liberdade, lembrei-me da infância. Quem não se lembra daquela mão que nos entregava o brinquedo e nos deixava livremente a brincar? Ou daquela que nos amparava ao atravessar a rua, transmitindo segurança e apoio?

Ao mencionar as mãos, é sempre bom lembrar aquele afago da mãe, da avó ou da professora querida na infância, não? Com as mãos, modela-se, brinca-se, acaricia-se, cria-se, tece-se, pinta-se, escreve-se, planta-se e colhe-se o alimento; amassa-se o pão. Com elas, também, rouba-se, briga-se, castiga-se e, como disse o poeta, faz-se guerra. Há mãos que são indiferentes: não matam e nem partilham o pão; não castigam nem afagam; distanciam-se. Le Breton (2016, p. 215), citando Aristóteles, registra: "Efetivamente, o ser mais inteligente é aquele que é capaz de utilizar bem o maior número de instrumentos: ora, a mão não parece ser um instrumento, mas vários".

Considerando-se a potência das mãos também para suscitar a narrativa (auto)biográfica na produção acadêmica, retomo a obra que produzi quando visitei o Museu de Arte Contemporânea, em Niterói, durante uma atividade do círculo de pesquisa Fiar.

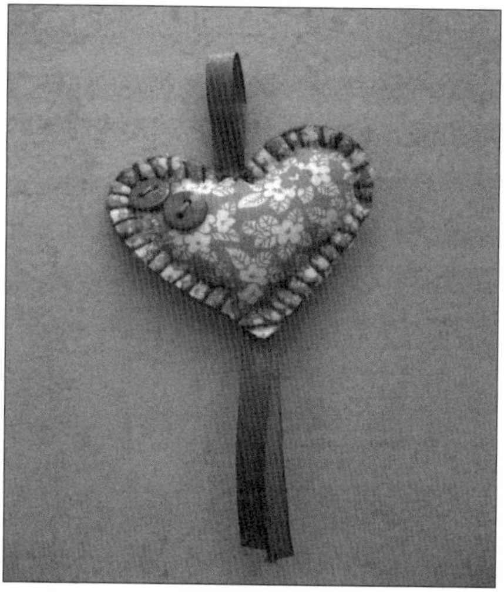

Corpo que faz à mão. Fonte: Arquivo pessoal (26/9/2017).

No trabalho com as mãos, o conceito ganhou corpo. Compreendi melhor o que é um texto autoral com o artesanato: a minha escolha dos fios, do tecido, da fita e dos botões me levou à seleção dos autores e das autoras, das imagens, das poesias e das músicas utilizados na minha tese (Bonfim 2020). O trajeto da linha às vezes imperfeito, o furar o dedo, mas persistir, os arremates e as palavras da orientadora, a todo tempo, me incentivavam, provocavam, corrigiam e ensinavam.

Além desses aprendizados, o artesanato contribuiu, ainda, para outra forma de olhar para o tempo, lição que considero primordial para a escrita acadêmica, pois, não raras vezes, eu me sentava para escrever e o texto não fluía como desejava.

Conversando com o educador e poeta Daniel Munduruku (2007), por meio de sua literatura infantojuvenil, fui instigada a pensar que a arte tem a potência de desacelerar o tempo do relógio, assim como fez *O homem que roubava horas*. Nessa narrativa, há um personagem inusitado, que queria, de toda forma, roubar a pressa das pessoas. Vivendo como andarilho, saía pelas ruas a perguntar as horas para aqueles que passavam com seus relógios. Quando paravam para lhe responder, o homem gritava que tinha roubado mais uma hora e, dessa maneira, tirava boas gargalhadas daquelas pessoas.

O desfecho da obra mostra o quanto a praça da cidade mudou com a intervenção daquele homem. No referido lugar, as pessoas passaram a se olhar e a conversar umas com as outras. Até os adultos entraram na brincadeira com as crianças após terem compreendido o significado da vida. Ao final, a grande lição deixada pelo transeunte é que ele roubava as horas com o propósito de dar tempo às pessoas.

> Tempo de aprender a usar o tempo. Quem tem hora não tem tempo: tempo de olhar o tempo. Será que vai chover? Será que as flores já abriram? Como será o arco-íris? Qual a cor dos olhos dos meus amados? Temos tempo para isso? Não! Isso ocupa muitas horas. E tocamos nossas vidas, olhando os relógios que marcam as horas de nossas vidas, e esquecemos de marcar nossas vidas no tempo! (*Ibid.*, p. 25)

Assim como no livro citado, na elaboração de um memorial de formação, é essencial um outro tempo. Um tempo de caminhar para si e para a pesquisa, de escavar, na nossa história de vida, indícios de desejos e interesses que vêm nos conduzindo ao estudo: "O narrador, ao dizer de si, atualiza imagens e ressignifica conteúdos" (Ostetto 2016, p. 151).

A história e a escrita continuam abertas...

> *Na Idade da Máquina, a mão teria, por acaso, perdido as finalíssimas articulações com que se casava às saliências e reentrâncias da matéria? O artesanato, por força, recua ou decai, e as mãos manobram nas linhas de montagem à distância dos seus produtos.*
> Alfredo Bosi

Com a divisão da sociedade em classes, a hierarquização do trabalho passou a ser cada vez mais uma realidade, cabendo, por um lado, à classe trabalhadora as atividades de cunho manual; cabendo, por outro lado, à classe dominante as atividades ligadas ao trabalho intelectual. Posteriormente, com a Revolução Industrial, iniciada na Inglaterra por volta da segunda metade do século XVIII, o desenvolvimento tecnológico se expandiu e o trabalho que era realizado de forma manual passou a ser mediado pela maquinaria (Lessa 2008). Se, segundo os pressupostos benjaminianos, o trabalho manual é o que alimenta a narrativa, no momento em que esse trabalho "praticamente deixa de existir, o intercâmbio de experiências também declina e a figura do narrador torna-se mais distante no tempo" (Fernandes 2001, p. 170).

Essa breve contextualização se faz necessária para explicar que estar em um grupo de pesquisa que investe em narrativas (auto)biográficas é epistemologicamente coerente quando caminha na contramão das dicotomias trabalho manual e trabalho intelectual; corpo e mente. Outro ponto a considerar é que existe uma compreensão que permeia os fazeres-saberes das pesquisadoras do Fiar, relativos às atividades do grupo, sobretudo dando enfoque à arte, ao artesanal e ao fazer à mão para falar de si, o que convoca a uma temporalidade avessa ao tempo delimitado pelo relógio. E, por último, o grupo convida a um olhar para a corporeidade, para a condição humana e para outra escrita acadêmica. Esse olhar, sensível e pensante, como diria Freire-Weffort (1996), alimenta as relações humanas, envolve as matérias do mundo, puxa fios e alinhava histórias, acontecimentos. No meu caso em particular, puxou alguns fios da história, que foram tecidos no quintal, na escola, no ateliê, no museu e em tantos outros espaços, físicos e imaginários. Fios de muitas cores, texturas e comprimentos, que se mesclaram e formaram a grande teia da pesquisa.

Referências bibliográficas

ALEGRE, M. (2014). *País de abril: Uma antologia*. Alfragide: Dom Quixote.

BARROS, M. de (2008). *Memórias inventadas: As infâncias de Manoel de Barros*. São Paulo: Planeta do Brasil.

BENJAMIN, W. (1987). "O narrador. Considerações sobre a obra de Nikolai Leskov". *In*: BENJAMIN, W. *Magia e técnica, arte e política: Ensaios sobre literatura e história da cultura. Obras escolhidas*, v. 1. São Paulo: Brasiliense, pp. 197-221.

BONFIM, P.V. (2018). "Da obra de arte à história de vida. Percursos de fazer-se pesquisadora". *Anais do 8º Congresso Internacional de Pesquisa (Auto)biográfica – Unicid*, São Paulo, 17 a 20/9/2018, pp. 1-9.

_______ (2020). "Na profusão de gestos, os corpos falam de modos de ser e de se relacionar na creche". Tese de doutorado em Educação. Niterói: Programa de Pós-graduação em Educação/Universidade Federal Fluminense.

BOSI, A. (2019). *Os trabalhos da mão*. Ilustr. Nelson Cruz. 2ª ed. Curitiba: Posigraf.

DERDYK, E. (2012). "Será que o que eu faço é o que eu sou? Será que o que eu sou é o que eu faço?". *In*: DERDYK, E. *Linha de horizonte: Por uma poética do ato criador*. 2ª ed. São Paulo: Intermeios, pp. 21-44.

DUCKOWNY, A.T. *et al*. (2012). "Fundamentos de linguística comparada". Belo Horizonte: Universidade Federal de Minas Gerais. [Disponível na internet: <https://dspaceprod01.grude.ufmg.br/dspace/bitstream/handle/OAUFMG/794/APOSTILA10mar12.pdf?sequence=1#page=174>, acesso em 10/11/2016.]

FERNANDES, N.A.M. (2001). "O conceito de resistência em Benjamin e Adorno". *Estudos de Sociologia*, Araraquara, v. 10, pp. 169-176.

FERREIRA, E.L. (org.) (2011). *Atividades físicas inclusivas para pessoas com deficiência*, v. 3. 2ª ed. Niterói: Intertexto.

FREIRE-WEFFORT, M. (1996). *Observação, registro, reflexão: Instrumentos metodológicos I*. Com contribuições de Fátima de Camargo, Juliana Davini e Mirian Celeste Martins. 2ª ed. São Paulo: Espaço Pedagógico.

GAMBINI, R. (2010). "Com a cabeça nas nuvens". *Pro-Posições*. Campinas, v. 21, n. 2(62), maio-ago., pp. 149-159.

HUIZINGA, J. (1996). *Homo ludens*. Trad. João Paulo Monteiro. São Paulo: Perspectiva.

JOSSO, M.C. (2010). *Caminhar para si*. Trad. Albino Pozzer. Porto Alegre: EDIPUCRS.

LE BRETON, D. (2016). *Antropologia dos sentidos*. Trad. Francisco Morais. Petrópolis: Vozes.

LESSA, S. (2008). "Trabalho e luta de classes na sociedade do conhecimento". *In*: JIMENEZ, S.; RABELO, J. e MENDES SEGUNDO, M. das D. (orgs.). *Marxismo, educação e luta de classes*, v. 1. Fortaleza: Uece, pp. 25-44.

MUNDURUKU, D. (2007). *O homem que roubava horas*. Ilustr. Janaina Tokitaka. São Paulo: Brinque-Book.

OSTETTO, L.E. (2012) "Dos gestos na educação infantil: Textos no corpo". *In*: OSTETTO, L.E. e LEITE, M.I. *Arte, infância e formação de professores*. 7ª ed. Campinas: Papirus, pp. 121-128.

_______ (2016). "Fazer à mão para falar de si: A dimensão estética na formação e nas narrativas de professores". *In*: MONTEIRO, F.A.; NACARATO, A.M. e FONTOURA, H.A. (orgs.). *Narrativas docentes, memórias e formação*. Curitiba: CRV, pp. 143-159.

_______ (2019). "Com o pensamento do coração, entrelaçando docência e formação estética". *Atos de Pesquisa em Educação*. Blumenau, v. 14, n. 1, jan.-abr., pp. 57-76.

PASSEGGI, M. da C. e SOUZA, E.C. de (2010). "Prefácio". *In*: FINGER, M. e NÓVOA, A. (orgs.). *O método (auto)biográfico e a formação*. Natal: EDUFRN. São Paulo: Paulus, pp. 11-14.

SILVA, G.D. de B. (2017). "De dentro pra fora, de fora pra dentro: Itinerários de formação estética de professoras da educação infantil". Dissertação de mestrado. Niterói: Programa de Pós-graduação em Educação/Universidade Federal Fluminense.

7
PROFESSORAS DE ARTE NO ENCONTRO COM AS CRIANÇAS: DÚVIDAS, INVESTIGAÇÕES E APRENDIZADOS

Iasmim Cavalcanti Caballero Lira
Graziela Ferreira de Mello

Para começar: Inquietações

Este capítulo surgiu de inquietações de duas artistas-educadoras que trabalham com as infâncias. Percebemos em nossa prática discrepâncias entre a maneira como a arte é tratada na educação infantil e a (ausente) formação que recebemos na licenciatura em artes. Compartilhamos, nesta escrita a quatro mãos, temas e questões presentes em nossas investigações como mestrandas do Programa de Pós-graduação em Educação da Universidade Federal Fluminense e como integrantes do Círculo de Estudo e Pesquisa Formação de Professores, Infância e Arte (Fiar).

Nesse contexto, percebemos a necessidade de rever nossa prática profissional no que tange ao trabalho com a infância e, assim, nosso olhar se movimenta para pensar a arte e a educação na infância com base em outras óticas, além daquela que aprendemos em nossos cursos de formação em arte e, até mesmo, em nossa prática como educadoras-artistas, na docência com crianças na escola e na educação infantil. No movimento, que é deslocamento de pontos de vista, o diálogo com a artista-educadora dinamarquesa Anna Marie Holm (2005, 2007 e 2015) e a atelierista italiana Vea Vecchi (1999 e 2017) contribui para revisitarmos concepções e práticas de arte na infância e para pensarmos a docência, ampliando possibilidades.

Referenciadas em nossa formação na licenciatura, utilizamos o termo arte-educação ou arte/educação para nos referirmos ao trabalho em sala de aula; usamos muito como referência em nossas práticas a abordagem triangular (fazer artístico, leitura da obra e contextualização), proposta por Ana Mae Barbosa (2010). Porém, à medida que ampliamos o contato com os estudos das infâncias, percebemos que, no contexto da educação das crianças, é necessário repensar e expandir nossa perspectiva, pois a complexidade e as especificidades da educação infantil, por exemplo, demandam fundamentos teóricos e práticos nem sempre presentes no campo da formação em arte.

Para começar, quando falamos da educação infantil, podemos ver, nas Diretrizes Curriculares Nacionais para a Educação Infantil (Brasil 2010), o princípio estético, que fala da "sensibilidade, da criatividade, da ludicidade e da liberdade de expressão nas diferentes manifestações artísticas e culturais". Esse documento não trata em momento nenhum do ensino da arte, especificamente. Isso nos intrigou bastante. Por que será que não há menção ao ensino de arte no documento que orienta a organização de propostas pedagógicas para a educação infantil?

No nosso grupo de pesquisa, pudemos reler o trabalho de autores como Herbert Read (2001) e John Dewey (2010), referências clássicas de estudos a respeito da arte, da educação e da importância da estética na educação. Como professoras de arte, constatamos que, ao longo dos anos, esses autores tiveram suas palavras e suas proposições distorcidas e relegadas ao livre fazer, como se as propostas fossem desprovidas de sentido, intencionalidade ou mesmo uma ideia pedagógica.

O filósofo norte-americano Dewey (2010, p. 122) traz uma importante contribuição acerca da experiência no contato com a arte, quando afirma que "toda experiência é resultado da interação entre uma criatura viva e algum aspecto do mundo em que ela vive". Portanto, a experiência acontece através da interação do sujeito com algum ponto/aspecto do mundo em ele vive, o que nos mostra que questões sociais, espaciais e econômicas podem influenciar e moldar, direta ou indiretamente, a experiência. São vários os fatores que podem interferir nesse processo, pois a experiência genuína implica envolvimento, entrega, pausa, o que não pode acontecer no viver de forma mecânica. O que consolida e qualifica a experiência, afinal, é a emoção, o sentimento que envolve e suscita o envolvimento dos sentidos.

O inglês Herbert Read, professor e teórico da arte, ficou conhecido entre nós pela precursora discussão sobre o papel da arte na educação em seu livro *A educação pela arte*, publicado originalmente em 1963, no qual teoriza sobre a arte na infância, trazendo ao debate, entre outras, questões como percepção, imaginação e expressão na produção da criança. A defesa que o autor faz da livre expressão, facilmente associada a um *laissez-faire*, parece-nos que é foco da crítica que o afastou, em certa medida, das referências sobre arte na infância. Foi importante, para nós, reencontrarmos suas palavras, que nos permitiram refazer alguns significados sobre a livre expressão. Ele diz: "A expressão livre ou espontânea é a exteriorização incontida das atividades mentais do pensamento, sentimento, sensação e intuição" (Read 2001, p. 123). E também: "O que a criança escreve, ou desenha, seria mais bem descrito como ato de intuição poética (...) uma verdade poética, uma verdade que só uma criança poderia ter expressado" (*ibid.*, p. 234). Diante da expressão infantil, ao contrário de deixá-la à própria sorte, sem interferência, como poderia dar a entender a defesa da livre expressão, o autor destaca que o professor não deve se colocar de lado, deve observar seus processos, acompanhar as transformações, apoiar a experiência, mas não baseado num "cânone estético", artificial, que desconsidera a visão poética infantil e impõe um padrão.

Atualmente, onde está o espaço para a experiência, para a expressão poética das crianças, para a produção criativa do adulto? Vivemos em uma sociedade que parece "estar ligada no 220"; o tempo parece cada vez mais curto, mais apressado, e as crianças estão sendo hiperestimuladas, excitadas, agitadas. Criou-se a necessidade de buscar sempre o aperfeiçoamento em muitas coisas, produzir, produzir e produzir. Porém, apesar de tudo isso, nada nos acontece. E isso não ocorre apenas com crianças. Com os adultos, essa demanda parece ser cada vez maior. O presente parece que não nos basta, estamos sempre a pensar no daqui a pouco, no amanhã, enquanto o hoje se esvai como areia entre nossos dedos. Como afirmou Larrosa (2019), em virtude da sensação de falta de tempo, a experiência tem se mostrado cada vez mais rara, pois, para acontecer, necessita do silêncio, da calma, de tempo lento, coisas que, em decorrência da velocidade imposta aos nossos dias, tornam-se cada vez mais escassas. Nas palavras de Larrosa (*ibid.*, p. 22):

> A velocidade com que nos são dados os acontecimentos e a obsessão pela novidade, pelo novo, que caracteriza o mundo moderno, impedem a conexão significativa entre acontecimentos. Impedem também a memória, já que cada acontecimento é imediatamente substituído por outro que igualmente nos excita por um momento, mas sem deixar qualquer vestígio. O sujeito moderno não só está informado e opina, mas também é um consumidor voraz e insaciável de notícias, de novidades, um curioso impenitente, eternamente insatisfeito. Quer estar permanentemente excitado e já se tornou incapaz de silêncio. Ao sujeito do estímulo, da vivência pontual, tudo o atravessa, tudo o excita, tudo o agita, tudo o choca, mas nada lhe acontece.

Cabe a nós, professoras e professores, pensarmos em propostas para a educação infantil que ofereçam oportunidades para ampliar as experiências das crianças, o que implica pensar desde os espaços internos e externos da escola de infâncias até o material disponível e as formas de experimentação e relações viáveis. Quando discutimos as práticas artísticas presentes nas salas de educação infantil com base em trabalhos de pesquisa (Cunha 2005 e 2019; Ostetto 2011; Ostetto e Mello 2019), deparamos com questionamentos e reflexões pertinentes e que nos provocam. A presença de moldes ou modelos para serem copiados é comum, a utilização de materiais pobres (como E.V.A. e plástico) é frequente, a presença de estereótipos (como imagens padronizadas de princesas e heróis brancos ou de cores a definir gênero) é quase regra, o que revela uma busca por uma produção de arte que se baseia num padrão ideal, que muitas vezes se distancia do que a criança produz e desconsidera e desvaloriza as possibilidades expressivas das crianças.

Além disso, é comum percebermos a arte na educação infantil voltada para atividades com o objetivo de "desenvolver habilidades visando o controle visual e manual para preparar para a escrita" (Cunha 2019, p. 23). Isso revela mais sobre a formação dos professores e do que eles concebem como o trabalho com arte com crianças do que sobre as atividades em si, deixando em evidência a carência de experiências expressivas vividas pelos próprios professores. Ampliar repertórios visuais deveria fazer parte do constante processo de formação do professor. E também deveríamos indagar se a inserção da arte no trabalho com crianças deve ser feita nesse molde de atividades ou se deve permear todo o processo de aprendizagem.

Assim, uma das questões abordadas nos estudos que nosso grupo de pesquisa Fiar vem realizando diz respeito à denominação "ensino de arte" quando falamos da presença da arte nas propostas pedagógicas voltadas às infâncias. Localizamos, entre os estudos realizados, uma provocação para continuarmos a refletir:

> Compreendendo as propostas de trabalho com diferentes materiais expressivos como uma grande e bela brincadeira, onde a criança está envolvida de corpo inteiro, sentindo e pensando, e com a qual vai construindo hipóteses, experimentando, ampliando suas possibilidades expressivas na mesma medida em que vai alargando o conhecimento do mundo, esse trabalho não seria mais do que o ensino de arte, ou de qualquer uma de suas linguagens? (Ostetto 2018, p. 66)

São muitas as perguntas: Seria pertinente falarmos de ensino de arte na educação infantil? Que experiências nós, como educadores, estamos propondo às crianças da educação infantil? Que concepções estão na base dessa denominação? Haveria outras formas de definir essa relação educativa com a arte na infância? Como, em nossa formação, entramos em contato com diferentes formas de trabalhar com arte na infância? Pensando nos campos implicados, quais as relações possíveis entre arte e pedagogia? Entre o professor de referência de um grupo e o professor de arte?

Sem pretender apresentar respostas a todas as questões que nos impulsionam à pesquisa na interface da arte com a educação, o presente capítulo argumenta sobre aspectos conceituais, em diálogo com a artista contemporânea Anna Marie Holm e a atelierista Vea Vecchi e mostra que é necessário aprofundar o tema, pois, ainda que complexa e delicada, a discussão nos leva à clareza de que precisamos buscar outros caminhos no trabalho com a arte na educação das infâncias, pois, pensamos, o que está em jogo nesse processo vai além do fazer e saber sobre arte, já que "pensar arte na educação infantil é também problematizar as experiências e percepções docentes, tramadas em histórias de vida e formação" (*ibid.*, p. 63).

Anna Marie e as oficinas de artes: Possibilidades para além dos materiais

Anna Marie Holm ministrou oficinas para crianças de diferentes idades em seu país, a Dinamarca. Nessas oficinas, propunha desafios e, ao mesmo tempo, investigava a relação das crianças com as materialidades dos objetos. A artista começou trabalhando com crianças maiores, dos 9 anos em diante, mas, em um dado momento de sua vida, resolveu se dedicar unicamente à primeira infância, de 0 a 6 anos, por considerar que essa é a fase mais importante. Em suas palavras:

> Os bebês são muito artísticos na forma com que se relacionam com o mundo. E eles me ensinam. Se você esquecer o que é a abordagem artística do mundo, basta ir a algum lugar do berçário e olhar como eles se relacionam com o mundo. São artistas de instalação desde o

> começo. É muito interessante ser um artista que trabalha com crianças pequenas. Você pode ter uma pequena ideia, algo pequeno, e eles tornam esse algo grande. Os maiores são racionais, é difícil para eles. Então, se vou escrever mais, se vou desenvolver o meu modo de pensar pela arte, tenho de trabalhar com 0 a 6 anos. (Holm 2015, p. 1)

Conhecida por seu caráter revolucionário no trabalho com arte para crianças, em especial os bebês, Holm dizia ter "grande fascínio por criar e investigar". Albano (2005) a considerava uma agente de transformação de visões: da visão que se tem de arte, de educação de bebês, do trabalho de um arte-educador e da própria vida. Seu modo de fazer arte contemporânea se reflete em seu trabalho com as crianças, permeado por situações inusitadas e muita sensibilidade, repleto de vivacidade.

O Museu de Arte Moderna de São Paulo foi o responsável pela publicação dos dois primeiros livros da arte-educadora no Brasil. Atualmente, temos três livros de sua autoria publicados no Brasil: *Fazer e pensar arte* (2005), *Baby-art: Os primeiros passos com a arte* (2007) e *Eco-arte com crianças* (2015), este último traduzido e lançado aqui por ela, pouco antes de seu falecimento. Seu trabalho expandiu o olhar dos educadores a respeito do trabalho com arte nas escolas, levando a arte contemporânea para esses espaços, até então muito influenciados pelo pensamento modernista na arte-educação. O livro *Baby-art*, logo após o lançamento, tornou-se referência no trabalho com arte na infância.

Ao ter contato com a arte brasileira contemporânea, Anna Marie logo se apaixonou, assim como nós, brasileiros que trabalhamos com infâncias e arte, também nos apaixonamos por ela. Seus livros são registros extraídos de seus diários, contêm fotos e relatos das diversas experiências que ela havia proposto em suas oficinas. Eles nos brindam com o registro de processos e experimentações com os pequenos.

Em suas oficinas de arte, a escolha de Holm por artistas contemporâneos para o diálogo com as crianças se deu principalmente pela diversidade e pela pluralidade de materiais, linguagens e dimensões estéticas que esses artistas colocam em discussão em seus trabalhos. Na arte contemporânea, a relação entre sujeito e objeto é abordada quase que a todo instante, o que acaba por ter implicação na experiência que pode ocorrer nessa relação. Consequentemente, esta poderá provocar a construção de uma consciência através da experiência estética, apresentando assim a potencialidade da arte. A respeito dessa relação das crianças com a arte contemporânea, a artista-educadora provoca a seguinte reflexão:

> As crianças pequenas possuem um outro olhar para a Arte. Devemos guardar uma certa distância quando estamos diante de uma obra. As crianças não. Elas querem é fazer parte. Por isso a arte contemporânea é boa para elas. Uma boa parte da produção contemporânea convida o público à interação. Proporciona encontros e desafios entre a arte e nós mesmos. (Holm 2015, p. 108)

No dia a dia do trabalho pedagógico, com o tempo, a prática educativa pode se tornar rígida, engessada. Caminhamos pelo campo da segurança do que já é conhecido, enrijecendo nossas ações, travando nossa sensibilidade e deixando nosso olhar embotado, como nos ajuda a pensar Ostetto (2011). Como mudar esse cenário? "A arte é uma ferramenta maravilhosa para se explorar o mundo" (Holm 2015, p. 9), pois são múltiplas as possibilidades; não há um só modo de fazer e, com ela, podem-se experimentar, também, outros modos de pensar. Nesse processo, percebemos que a construção do olhar, a ampliação de repertórios com base na experiência estética no contato com a arte é fundante de uma prática com arte que dialoga com as infâncias e as respeita.

O que une criança e artista, afirma Albano (1991), é a sensação de estar inteiro no que se está realizando. Assim como as crianças, os artistas contemporâneos pegam um objeto, um pensamento ou um rabisco e nos dizem que ali, diante de nossos olhos, está outra coisa, e assim vamos dando asas à imaginação. Temos aí a velha brincadeira de faz de conta, que as crianças fazem tão bem, pois

> Tanto as crianças quanto aqueles adultos que persistem em deslocar a ordem estabelecida do mundo compartilham de um pensamento

> similar, no sentido de que ambos propõem simulacros ou fingem que uma coisa é outra coisa. Artistas e crianças percebem o mundo e dão sentido a ele através de formas singulares. Utilizam seus sentidos de forma mais aguçada do que a maioria dos adultos que deixaram para trás esta capacidade humana de ver, imaginar e simbolizar. (Cunha 2019, p. 11)

O brincar da criança é sua forma de viver e de criar. Read (2001, p. 120), na década de 1960, já trazia a reflexão sobre o brincar, dizendo que é "a forma mais óbvia da livre expressão da criança". Em sua discussão sobre o tema, o autor destaca o pensamento de Froebel, pedagogo do século XIX, que afirma que

> (...) brincar é a mais elevada expressão do desenvolvimento humano na criança, pois constitui a única expressão do que está na alma da criança. É o produto mais puro e mais espiritual da criança, sendo, ao mesmo tempo, um tipo e uma cópia da vida humana em todos os seus estágios e em todas as suas relações. (Froebel *apud* Read 2001, p. 120)

Na criação verdadeira, sempre se faz presente o caráter lúdico. Podemos considerar a brincadeira, assim como disse Read, uma forma de arte definida como "o esforço da humanidade por atingir a integração com as formas básicas do universo físico e com os ritmos orgânicos da vida" (*ibid.*, p. 121). Na brincadeira e no contato com a arte, exploramos o mundo e ampliamos a imaginação.

Percebemos, no caminho trilhado por Anna Marie Holm no trabalho com as crianças, essa perspectiva de abertura dos canais de expressão, essa proposição de exploração de tudo o que está a nossa volta, articulado com os processos da arte. Em suas oficinas de arte, fica evidente como provocava uma desconstrução-reconstrução estética, potencializando a curiosidade natural das crianças, valorizando a pesquisa feita por esses sujeitos, percebendo e acreditando que "as crianças deveriam aprender a pesquisar, a ter confiança em si mesmas e a ter coragem de se pôr a trabalhar em coisas novas" (Holm 2005, p. 9). Assim como o espaço, outros elementos desempenham papéis fundamentais e centrais em suas oficinas: o corpo, o material, o tempo e o adulto. Esses fatores não devem limitar:

> [o] estar num espaço desafiador;
> a disponibilidade para o corpo se movimentar livremente;
> a decisão pessoal da criança de onde ficar na sala;
> a escolha de materiais pela criança;
> a oportunidade de experimentar;
> o controle do tempo;
> a conversa, o bate-papo;
> a liberdade da criança para ser ela mesma. (*Ibid.*)

Dessa perspectiva, torna-se fundamental pensar o papel do adulto que mediará as situações propostas. No entendimento de Holm, o adulto deve estar aberto, não querendo limitar as crianças, o tempo todo, enquanto ela produz. Deve estar acessível às interações, a brincar com as crianças. Não precisa ser, necessariamente, um artista ou um professor de artes para cumprir esse papel, mas uma pessoa que esteja aberta a essas experiências e que entenda que não deve limitar a fruição artística da criança. Para a criança, essa fruição pode ser encarada como uma simples brincadeira e, no caso, a brincadeira é tudo, é a experiência necessária! Durante o processo, estar junto é essencial. Ao falar do processo e da valorização que Anna Marie Holm dá à atitude do adulto/educador, Albano (2007, p. 8) afirma que: "Para ela tudo vai depender da disponibilidade do adulto de ouvir e acompanhar as narrativas criadas durante as brincadeiras, e também, de sua capacidade de propor desafios e aceitar que as crianças transgridam as propostas apresentadas criando outras".

Não se trata de promover essas experimentações sensoriais e artísticas unicamente em "atividades", com tempo predeterminado para se encerrar, pois, no cotidiano escolar, essas experiências permeiam as mais diversas situações. No diálogo com a artista, compreende-se que o encontro da educação com a arte vai muito além da pretensão de formar artistas ou de necessariamente ensinar/aprender arte, pois a arte tem o poder de nos conduzir a locais aonde não iríamos; ela nos interpela e nos convida a experiências de corpo inteiro, a fazer perguntas e buscar respostas que não estão apenas no campo da técnica, nem mesmo dos sentidos, mas no campo filosófico da existência. Afinal, "estamos todos num campo de pesquisa artística. De repente me ocorre que é a busca que nos une, pois nos ocupamos de algo em comum e reconhecemo-nos por meio dessa ação. Simples materiais que nos permitem fazer grandes perguntas" (Holm 2007, p. 38).

Vea e os ateliês: Possibilidades para além de uma sala de aula

Com a atelierista italiana Vea Vecchi (2017), conhecemos experiências de educação e arte desenvolvidas com as crianças e que são apresentadas quase como um relato de memórias do tempo em que ela passou na Escola Municipal de Infância Diana, localizada na cidade italiana de Reggio Emilia. Essa pequena cidade ficou conhecida ao redor do mundo por desenvolver uma nova forma de educação para a infância, na qual a valorização das múltiplas linguagens da criança e o papel do atelierista na escola são marcas e um diferencial (Edwards, Gandini e Forman 1999).

Vecchi foi uma das primeiras atelieristas a trabalhar em Reggio Emilia, nos anos 1970, e seguiu com esse ofício por muito tempo. Por meio de seu trabalho, registrado no livro *Arte e criatividade em Reggio Emilia: Explorando o papel e a potencialidade do ateliê na educação da primeira infância*, publicado na Itália em 2010, traduzido e publicado no Brasil em 2017 (Vecchi 2017), ela apresenta a "contribuição pedagógica que a presença de um ateliê e o trabalho de um atelierista podem dar às escolas e ao trabalho educativo em geral" (*ibid.*, p. 23).

Uma das características principais (e originais) da pedagogia de Reggio Emilia consiste em ter "reconhecido e acolhido a estética como uma das dimensões importantes na vida da nossa espécie e, portanto, também nas escolas e na aprendizagem" (*ibid.*, p. 27). Isso, na prática, reflete-se na criação do ateliê não apenas como um espaço físico, mas também como metáfora que ele representa, indicando a forma como Reggio Emilia construiu sua pedagogia totalmente voltada para o desenvolvimento da criação e da expressão estética na infância. Nas palavras de Vecchi (*ibid.*):

> Seria ingênuo pensar que somente a presença de um/uma atelierista possa construir uma grande mudança para a aprendizagem, se a cultura do ateliê e da pedagogia não se encontram em escuta recíproca e se ambas não são de qualidade. Com a introdução do ateliê em uma escola, poderá crescer facilmente a quantidade dos materiais a serem utilizados com as crianças e as técnicas e a qualidade formal dos produtos acabados poderão melhorar; mas é, sobretudo, a abordagem, a relação com as coisas, que deve ser colocada em ação, por meio de alguns processos em que a dimensão estética é uma presença importante, fundamental.

Segundo lemos, o ateliê serve como um local onde as crianças podem se tornar mestras de todos os tipos de técnicas, todas as linguagens simbólicas. E ajuda os professores a compreenderem "como as crianças inventam veículos autônomos de liberdade expressiva, de liberdade cognitiva, de liberdade simbólica e vias de comunicação" (Vecchi 1999, p. 130).

A importância da dimensão estética na educação também é colocada em evidência pela autora. Ela afirma que a experiência estética vai além da experiência artística, pois seu foco está em todos os sentidos, como uma experiência que poderá, então, contribuir para uma "dimensão de maior completude e humanidade" (Vecchi 2017, p. 27). Nos seus escritos, entre memórias e reflexões, encontramos uma tentativa de definir a dimensão estética, pois, como ela própria pondera, esse é um conceito multifacetado, que dialoga com diferentes campos de conhecimento. Em suas palavras, a dimensão estética:

> (...) talvez seja, antes de tudo, um processo de empatia que coloca em relação o sujeito com as coisas e as coisas entre si. (...) É uma atitude de cuidado e de atenção para aquilo que se faz, é desejo de significado, é maravilhamento, curiosidade. É o contrário da indiferença e da negligência, do conformismo, da falta de participação e de emoção. (*Ibid.*, p. 28)

Para a autora, a dimensão estética é também uma atitude cotidiana, uma relação empática e sensível com o entorno. Tendo isso em vista, podemos relacionar a necessidade da presença da arte na infância com a necessidade humana de desenvolver a dimensão estética como uma maneira de melhorar a sociedade, formando sujeitos mais empáticos, sensíveis e éticos. Isso não se desenvolve apenas com "trabalhinhos de artes" ou em atividades pontuais. Vecchi e a pedagogia reggiana defendem a presença da arte de maneira integrada ao cotidiano das crianças (e, por que não dizer, dos adultos).

Nossas principais interlocutoras falam da arte como processo da/na vida. Se a atelierista italiana se aprofunda na concepção do ateliê como um espaço criativo para além de uma sala, um espaço convencional escolar, a artista-educadora dinamarquesa dá ênfase à possibilidade de trabalharmos arte com a natureza, com a proposição de aprender com as crianças a necessária simplicidade. Diz ela:

> A simplicidade é muitas vezes o maior desafio. É possível sair para um passeio levando apenas uma pilha de jornais velhos e ainda assim construir algo? O tempo está chuvoso hoje. O pensamento imediato de um adulto seria: "E agora? Não vai dar certo fazer aquilo que planejamos". As crianças não. Estão muito felizes de sair na chuva. (Holm 2007, p. 104)

A seguir, tentaremos articular questões e pontos de convergência entre as autoras, destacando nossos aprendizados, projetados em desafios e possibilidades no trabalho com arte na infância.

Oficinas, ateliês, arte, crianças: Desafios e possibilidades

Como educadoras e profissionais que trabalham com artes, o diálogo com Anna Marie Holm e Vea Vecchi nos ajudou a conceber a ideia de que é preciso modificar a forma como a arte é trabalhada na educação das infâncias. Considerando o papel e o valor do campo de estudo da arte e suas conquistas nos últimos anos na educação, compreendemos que há muito ainda para ser estudado sobre a relação entre arte e infância. Ao conhecer as experiências e os conceitos envolvidos no trabalho das referidas autoras, ficou evidente que a infância é um campo cujas especificidades devem ser levadas em consideração quando se trata de investigar possibilidades para sua educação.

Holm e Vecchi não pretendem definir metodologias ou fórmulas do tipo receita de bolo, muito ao contrário; buscam quebrar paradigmas em seus trabalhos, seja com a necessidade de rever a forma como lidamos com os materiais nas propostas, seja com o espaço destinado à criação e aos processos artísticos, seja com a quantidade e a qualidade do tempo destinado às demandas das crianças.

O estudo acerca dessas autoras e as questões por elas trazidas nos fazem perceber como olhar para a prática com arte na infância não se reduz a aulas de artes convencionadas, pois fica claro que estas não dão conta da criança em sua totalidade. Como avançar, com base em suas contribuições? Seria viável propor ateliês e oficinas como as que foram produzidas por Holm e Vecchi?

Se considerarmos a proposta como a importação de um modelo, acreditamos que não. Cada país, cada cidade, cada escola tem suas especificidades, que devem ser levadas em conta. Além disso, como afirmou a própria Vecchi (2017), o ateliê é muito mais que um espaço físico; sem o entendimento profundo da ideia da interação e relação de todos da escola com as artes, de nada adianta uma sala repleta de materiais e possibilidades.

Por outro lado, podemos nos inspirar em suas experiências e propostas, que nos ajudam a compreender que a forma como olhamos para as artes não deve ser nem superficial, nem complexa demais. Concordamos com uma famosa frase cujo(a) autor(a) desconhecemos: "Qualquer coisa pode ser arte, mas arte não é qualquer coisa". Parafraseando o autor anônimo, dizemos: qualquer coisa pode ser uma proposta de arte na/para/com a infância, mas a arte na/para/com a infância não pode, nem deve, ser qualquer coisa. As propostas e os materiais podem ser simples, comuns, provindos de descartes, recolhidos em meio à natureza, mas o que dará sentido à experiência estética será a intencionalidade do professor que está mediando a situação de aprendizagem.

Nessa direção, o espaço escolar precisa ser pensado de forma que dê a palavra à criança, como disse Albano (1991, p. 74), "para que ela elabore e expresse seus pensamentos e sentimentos através das diferentes linguagens". Quando isso acontecer, "o problema da expressão deixará de ocupar apenas os especialistas de artes, mas será o esforço conjunto de toda a escola".

Pensemos, então, em encontros com a arte que desafiem o imaginário infantil, que possam explorar a linguagem visual em suas múltiplas facetas, como forma de ler, entender e produzir imagens e, por fim, que busquem o conhecimento visual trazido pelas crianças. Assim, não podemos deixar de ressaltar a importância da formação do educador, a fim de que ele possa propor tais momentos de encontro.

Um educador embotado, engessado em sua prática, que não exerce o seu fazer criativo, que não se propõe à experiência dificilmente conseguirá propor às crianças situações de vivências criativas e desafiadoras. Como afirmou Ostetto (2007, p. 196), "só um adulto que se responsabiliza pelo seu processo criador poderá contribuir com o processo criador de seus alunos". Afinal, "para fazer com a criança, o adulto precisa fazer para si, pois não se pode encorajar o outro a viver uma aventura que nós mesmos não vivemos" (Albano *apud* Ostetto 2007, p. 196).

E para quem sente uma certa angústia nesse processo, Perissé (2014, p. 54) pode acalmar:

> O professor não será um exímio desenhista, ou não morrerá de amores pelo teatro, ou enfrentará dificuldades para sintonizar-se com a música, mas sempre terá condições de indicar com simpatia construída e conquistada, por trás da porta que lhe parecer trancada, um caminho que outros hão de trilhar com proveito.

É necessário, então, pensar em alargar nossa sensibilidade, buscar esse formar-se esteticamente como um processo de busca de sentido da educação, em conexão com a busca do sentido da vida (*ibid.*, p. 56).

Para (des)finalizar...

Este capítulo se apresentou para nós como um desafio. Duas educadoras, formadas em artes visuais, propondo-se a pensar a arte na infância sem necessariamente estar formatada como ensino de arte; sem, por exemplo, contemplar uma abordagem triangular, que tem sido a base para o trabalho com arte em outros níveis de ensino da educação básica. Quando se trata de infâncias, sobretudo da educação de crianças de 0 a 6 anos, não está "em jogo apenas um fazer-saber sobre arte", como diz Ostetto (2018), mas modos de ser e estar no mundo, modos de conhecer, explorar e expressar o mundo. A escola para crianças dessa idade se apresenta como espaço de ampliação de vivências; logo, não podemos deixar esse fato de lado quando pensamos em propostas de experiências artísticas com elas. Mais uma vez, trazemos as palavras de Albano (1991, p. 65): "Do ponto de vista teórico, é clara a importância da escola maternal na ampliação do repertório de experiências afetivas, e na criação de atividades lúdicas que desafiem o pensamento da criança no sentido de pesquisar e descobrir o meio que a cerca".

Ao final desta escrita, que foi impulsionada pelo desejo de saber mais sobre educação, arte e infâncias, percebemos que, para responder aos nossos questionamentos iniciais, pontuados no início do texto, precisaremos de mais pesquisa, pois localizamos, no processo de produção da reflexão aqui apresentada, mais dúvidas do que certezas. E serão elas, as dúvidas, que nos ajudarão a continuar nesse caminho com as infâncias, na escola, na educação infantil, como artistas, educadoras e pesquisadoras. Como diz Vecchi (2017, p. 43): "A pergunta que precisaria ser feita é relativa a quanto, e de que modo, os processos de aprendizagem e de ensino seriam modificados, se a cultura escolar acolhesse as linguagens poéticas e a dimensão estética como elementos significativos da construção do conhecimento".

Deixamos reverberar as palavras geradoras de mais inquietações e, também, de esperança para seguir (re)descobrindo formas de fazer e pensar arte com as crianças, de fazer e pensar educação com inteireza, respeitando os modos próprios de ser, estar, pensar das crianças:

> Os pequenos nos convidam a experimentar.
> Eles têm a arte dentro de si.
> Eles criam arte.
> Eles nos dizem algo.
> Algo que perdemos.
> Algo atraente e sedutor.
> Algo que reconhecemos.
> E que não podemos explicar.
> Tudo é muito maior.
> Para as crianças pequenas existe uma conexão direta entre vida e obra.
> Essas são coisas inseparáveis. (Holm 2007, p. 3)

Referências bibliográficas

ALBANO, A.A. (1991). *O espaço do desenho: A educação do educador*. São Paulo: Loyola.

_______ (2005). "Prefácio". *In*: HOLM, A.M. *Fazer e pensar arte*. São Paulo: Museu de Arte Moderna de São Paulo.

_______ (2007). "Prefácio". *In*: HOLM, A.M. *Baby-art: Os primeiros passos com a arte*. São Paulo: Museu de Arte Moderna de São Paulo.

BARBOSA, A.M. (2010). *A imagem no ensino da arte: Anos 1980 e novos tempos*. São Paulo: Perspectiva.

BRASIL (2010). *Diretrizes Curriculares Nacionais para a Educação Infantil. Resolução CEB-CNE*, v. 1. [Disponível na internet: <http://portal.mec.gov.br/dmdocuments/diretrizescurriculares_2012.pdf>, acesso em 28/8/2020.]

CUNHA, S.R.V. (2005). "Um pouco além das decorações das salas de aula". *Reflexão e Ação*. Santa Cruz do Sul, v. 13, n. 1, jan.-jun., pp. 133-149.

_______ (2019). "Como vai a arte na educação infantil?". *Revista Apotheke*, v. 5, n. 3, ano 5.

DEWEY, J. (2010). *Arte como experiência*. São Paulo: Martins Fontes.

EDWARDS, C.; GANDINI, L. e FORMAN, G. (1999). *As cem linguagens da criança*. Porto Alegre: Artmed.

HOLM, A.M. (2005). *Fazer e pensar arte*. São Paulo: Museu de Arte Moderna de São Paulo.

_______ (2007). *Baby-art: Os primeiros passos com a arte*. São Paulo: Museu de Arte Moderna de São Paulo.

_______ (2015). *Eco-art com crianças*. São Paulo: Ateliê Carambola.

LARROSA, J. (2019). *Tremores: Escritos sobre experiência*. Belo Horizonte Autêntica.

OSTETTO, L.E. (2007). "Na jornada de formação: Tocar o arquétipo do mestre-aprendiz". *Pro-Posições*, v. 18, n. 3(54), set.-dez., pp. 195-210.

_______ (2011). "Educação infantil e arte: Sentidos e práticas possíveis". *Caderno de Formação*, v. 3, pp. 27-39. [Disponível na internet: <https://acervodigital.unesp.br/bitstream/123456789/320/1/01d14t01.pdf>.]

_______ (2018). "Leitura dialogada: Sobre a arte na educação infantil, professores e práticas". *In*: CARVALHO, L. e NEVES, V. (orgs.). *Infâncias, crianças e educação: Discussões contemporâneas*. Belo Horizonte: Fino Traço, pp. 63-68.

OSTETTO, L.E. e MELO, M.I. (2019). "Na escola, na cidade, no museu: Fazer e pensar artes visuais na educação infantil". *Revista Gearte*. Porto Alegre, v. 6, n. 3, set.-dez., pp. 497-513.

PERISSÉ, G. (2014). "A formação estética dos professores". *In*: PERISSÉ, G. *Estética e educação*. 2ª ed. Belo Horizonte: Autêntica, pp. 41-56.

READ, H. (2013). *A educação pela arte*. São Paulo: Martins Fontes.

VECCHI, V. (1999). "O papel do atelierista". *In*: EDWARDS, C.; GANDINI, L. e FORMAN, G. *As cem linguagens da criança*. Porto Alegre: Artmed, pp. 129-141.

_______ (2017). *Arte e criatividade em Reggio Emilia: Explorando o papel e a potencialidade do ateliê na educação da primeira infância*. São Paulo: Phorte.

8
AS CRIANÇAS DANÇAM? REFLEXÕES SOBRE A DANÇA NA EDUCAÇÃO INFANTIL

Monique de França Peixoto da Silva

O meu trabalho como professora de dança, assim como o meu processo de formação em educação, levou-me à reflexão sobre a importância do movimento, da criação, das artes, da estética, da sensibilização na infância e na educação infantil. Qual o olhar dos educadores sobre a arte e suas práticas? Há espaço para a dança nas escolas? O que, para as crianças, significa dançar? E para os professores? Movida por essas questões, realizei o trabalho de conclusão do curso de Pedagogia da Universidade Federal Fluminense com a monografia "Nós dançamos, sim! Aqui nas aulas de balé! Reflexões sobre a dança na educação infantil" (Silva 2019), que teve como objetivo geral investigar narrativas de crianças sobre dança, buscando compreender os significados atribuídos a essa atividade na infância e como objetivos específicos: 1) discutir a importância da dança na infância; 2) ouvir e observar crianças que fazem aulas de dança, a fim de identificar o que pensam e sentem sobre a dança; 3) investigar as relações entre arte, infância e educação infantil.

Constituído no campo da pesquisa qualitativa, o trabalho envolveu um estudo bibliográfico e entrevistas-conversas com crianças da educação infantil que fazem aulas de balé clássico como atividade extracurricular. Consultei a legislação que rege a educação infantil, em especial as Diretrizes Curriculares Nacionais para a Educação Infantil (DCNEI), e dialoguei com diversos autores que discutem arte e dança no primeiro segmento da educação básica.

As entrevistas-conversas com as crianças contribuíram para ampliar a discussão sobre as práticas e os significados da dança na infância do ponto de vista das crianças e da escola. Foi possível notar que o trabalho com dança na educação infantil é ainda escasso, inscrito como atividade extracurricular e voltado para as apresentações em datas festivas. As reflexões sobre o processo indicam que, para se efetivar uma educação infantil de qualidade, norteada pelos princípios estéticos garantidos por lei, são necessárias concepções libertadoras de criança, de educação infantil e de professor, respeitando a autonomia infantil e suas múltiplas linguagens. Dessa forma, o trabalho com artes e, no caso, com a dança, poderá ser desenvolvido como educação do sensível, contribuindo para a ampliação das linguagens expressivas das crianças.

Dança na educação infantil

A educação infantil, primeira etapa da educação básica, tem como um de seus princípios a estética, que implica valorizar a criatividade, a ludicidade, a sensibilidade e as diferentes manifestações artísticas e culturais (Brasil 2009). Ao professor ou à professora desse segmento, cabe trazer possibilidades para que as crianças possam se expressar através dos gestos e dos movimentos do corpo, garantindo, também, experiências de aprendizagem que visem à comunicação por meio de várias linguagens, entre elas a dança. Dito isso, nasce o questionamento: tem a escola/educação infantil se preocupado com ampliar, fortalecer e até mesmo implementar essa linguagem artística?

A dança, como linguagem, não é uma atividade qualquer; em especial, não é a cópia de passos criados por adultos para entreter outros adultos à custa das crianças, mas uma atividade sensibilizadora, que comunica e que é produzida respeitando as crianças e suas especificidades, seus ritmos e seus desejos. Nesse sentido, precisa ser uma dança focada no movimento expressivo, na troca de experiências, que

> (...) ofereça oportunidades para a criança ampliar suas perspectivas sobre si e sobre o meio em que está imersa; e possibilite a descoberta do próprio corpo, da própria dança e o alargamento das experiências motoras, pois o movimento humano, muito mais do que uma ação corporal, é o diálogo que o sujeito estabelece com o mundo e sempre intencional e carregado de sentidos e significados. (Almeida 2016, p. 21)

As DCNEI (Brasil 2009) falam da importância de educar as crianças na educação infantil de maneira integral, entendendo-as como seres sócio-históricos, inteiros, que possuem corpo, mente, sentimentos, pensamentos, que imaginam, brincam, produzem cultura. Por mais que pareça óbvio trabalhar com todas essas dimensões, as instituições de educação infantil ainda têm se preocupado em desenvolver habilidades na criança visando o ensino fundamental, através de atividades que mantêm meninos e meninas sem movimento, sem expressão, sem pensamento próprio. Enquanto pais e escolas se preocupam em ver as primeiras letras sendo desenhadas pelas mãos de crianças pequenas, não percebem que essa fixação na linguagem escrita, na alfabetização e nos conteúdos escolares vai dominando as crianças e silenciando as infinitas linguagens da infância (Albano 2013).

As crianças precisam se movimentar, correr, pular, brincar, tocar, inventar, dançar. É dessa forma que elas conhecem e sentem o mundo, é dessa forma que elas constroem maneiras de expressar seu conhecimento de mundo (Ostetto 2011). Por que, então, as escolas querem crianças sentadas, em silêncio? Por que as escolas dão mais importância às linguagens escrita e oral do que à linguagem produzida com o corpo? Nessa reflexão, lembro o grande educador Célestin Freinet (*apud* Scarpato 2001, p. 57), que dizia:

> Infeliz educação a que pretende, pela explicação teórica, fazer crer aos indivíduos que podem ter acesso ao conhecimento pelo conhecimento e não pela experiência. Produziria apenas doentes do corpo e do espírito, falsos intelectuais inadaptados, homens incompletos e impotentes.

A dança, segundo Vargas (2012), é uma das expressões que melhor manifesta a cultura de um povo, uma religião, os costumes, os modos sociais. Ela é produto e fator da cultura humana. Em um país tão rico culturalmente como o Brasil, tão dançante, parece um contrassenso dar pouco espaço para a dança na escola. A arte e suas expressões devem estar presentes na escola, na educação infantil, nas propostas pedagógicas para a infância. Mas o que observamos hoje ainda é muito pouco de arte e expressão, criação e experimentação, sobretudo com relação à dança. As iniciativas que encontramos, ainda que reprodutoras, relacionam-se com as artes visuais.

Para que seja contemplada uma formação integral na educação infantil, conforme as DCNEI, é fundamental que a dança também esteja no projeto pedagógico. Afinal, por meio dela, a consciência corporal é construída, a psicomotricidade é exercitada e desenvolvida e, bem mais que isso, como arte e linguagem que é, a dança é uma forma simbólica e gestual de expressão de sentimentos e pensamentos que contribui para ativar a imaginação infantil. Nas palavras de Vargas (2012, p. 238): "A criança, pelo movimento criativo, pela dança, expressa suas emoções sem utilizar a palavra, desenvolvendo a sensibilidade, a imaginação, a fantasia e a comunicação com o máximo de possibilidades". A referida autora discute, ainda, que a dança na escola deve objetivar a sensibilização e a conscientização da criança quanto a sua postura, seus movimentos, suas atitudes e seus gestos e, especialmente, quanto à expressão de seus sentimentos e seus pensamentos, levando-a sempre a imaginar, criar, colocar o seu "toque pessoal" no mundo.

Contudo, é importante salientar, não é qualquer tipo de dança que cumpre esse papel. As danças mais indicadas são aquelas que possibilitam o sentimento e a expressão pessoal da criança. Eu mesma percebi como a dança clássica é engessada, com técnicas precisas, em busca da padronização de movimentos perfeitos que se repetem sem criação. Porém, ao contrário, segundo Scarpato (2001, p. 59):

> A dança na escola não deve priorizar a execução de movimentos corretos e perfeitos dentro de um padrão técnico imposto, gerando a competitividade entre os alunos. Deve partir do pressuposto de que o movimento é uma forma de expressão e comunicação do aluno, objetivando torná-lo um cidadão crítico, participativo e responsável, capaz de expressar-se em variadas linguagens, desenvolvendo a auto-expressão e aprendendo a pensar em termos de movimento.

Então, qual seria a proposta pedagógica adequada para inserir a dança na escola? Para responder a essa pergunta, tendo por referência as leituras realizadas, percebo que há um consenso teórico geral: a dança-educação, método criado por Rudolf Laban, coreógrafo, bailarino e arquiteto húngaro, apresenta um bom caminho. Laban dedicou a vida ao estudo do movimento e percebeu que, quanto mais repetitivos seus movimentos (como os dos trabalhadores das fábricas, por exemplo), menos expressivos eles eram. Por isso, dizia que era importante que os espaços educacionais trabalhassem os movimentos espontâneos e entendessem que o ser humano é corpo e mente. Logo, apenas o trabalho mental, com crianças sentadas enfileiradas em carteiras era um desserviço educacional.

> Para Laban, a criança tem o impulso inato de realizar movimentos similares aos da dança. Cabe à escola levá-la a adquirir consciência dos princípios do movimento, preservando sua espontaneidade e desenvolvendo a expressão criativa. O aprendizado da dança deve integrar o conhecimento intelectual e criatividade do aluno, desenvolvendo os pilares da educação. (*Ibid.*, pp. 60-61)

É com o corpo e através dele que nos comunicamos. Diferentes autores já discutiram como os gestos e as expressões faciais revelam tanto quanto a oralidade. Vargas (2012) pondera que, sem corpo, não há ser humano e é ele o espaço de identidade humana; é também através dele que produzimos os mais variados movimentos que constituem a arte da dança. Com o corpo, conseguimos nos expressar, comunicar sentimentos, desejos, anseios, cultura. Através dele, relacionamo-nos com o outro, constituímo-nos seres humanos sociais e culturais. Através do corpo, e com ele, comunicamo-nos sem utilizar palavras.

Mas, assim como o trabalho com a arte em geral, a dança deve ser primeiramente vivenciada e experimentada pelos professores. Não estou dizendo aqui que todos os professores de educação infantil devam ser bailarinos, mas devem viver e entender em seu próprio corpo a importância do dançar, do falar através do corpo, do sentir a música e o ritmo envolverem os seus membros, do fechar os olhos e sentir a música guiar, do dar as mãos ao outro e trocar energias através da dança, do dançar em roda cultuando e respeitando diferentes culturas, do formar-se por meio da dança. A própria formação de professores, em cursos regulares, deveria ter essa preocupação. Como diz a pesquisadora da dança Ida Mara Freire (2001, p. 34), "o papel do professor seria o de proporcionar experiências que favorecessem as crianças no desenvolvimento da capacidade de criar". Assim, o professor só poderá desempenhar esse papel se ele mesmo tiver experimentado e utilizado a linguagem da dança. Caso não o faça, pode entender a dança como ferramenta para entreter familiares durante as festividades escolares, criando coreografias pobres que apenas reproduzem aquilo que a letra da música fala, sendo as crianças meras copiadoras dos movimentos do professor. É necessário refletir sobre os objetivos de uma apresentação de dança na educação infantil:

> (...) pensar as apresentações de dança na educação infantil é refletir sobre o papel comunicativo e simbólico que elas possuem, conhecendo e relacionando seus signos. É importante evitar a transposição da letra da música em gestos estereotipados e, às vezes, sem sentido para as crianças, pois reduzem o potencial estético, criativo e inusitado das variadas possibilidades de combinação dos elementos. (Almeida 2016, p. 34)

Na direção apontada pela autora, a criança precisa ser ativa no processo de criação da coreografia e esta não deve ser uma atividade que foque em técnicas ou passos predeterminados, pois, caso seja, torna-se inadequada para a faixa etária da educação infantil.

> (...) a dança na educação infantil necessita estimular a descoberta e não a padronização; a improvisação e não a repetição de movimentos previamente determinados. Uma dança que não aprisione o movimento, mas liberte a imaginação, a criatividade e a expressão; que germine das ações básicas do cotidiano e suas combinações (andar, girar, saltar, dobrar, torcer), almejando um conhecimento amplo das possibilidades de movimento, do espaço e da consciência corporal. E, por fim, que possibilite o brincar com o corpo, conhecer-se, conhecer o outro e o meio que o cerca. (*Ibid.*, p. 35)

Como a dança representa a cultura de diferentes povos, seu ensino deve ter o cuidado de introduzir e discutir a importância de respeitar o diferente, de ver beleza no outro (Freire 2001). Para isso, é fundamental que o trabalho com a dança inclua um vasto repertório musical, que não só vá ao encontro do gosto da criança, mas que faça mais que isso. Que amplie o seu reportório musical e cultural, trazendo diferentes gêneros, ritmos e sons, por exemplo, usando e até mesmo confeccionando instrumentos musicais e ainda utilizando o próprio corpo para criar sons, o que também ensinará sobre ritmo.

Se cabe à escola proporcionar à criança um contato com outras culturas, a aquisição e o refinamento de gostos musicais também cabem a esse espaço, que precisa expandir a vivência estética com a dança. Para tal, Freire (2001) propõe vídeos de diferentes tipos de dança e movimentos para as crianças. Com a dificuldade de sair da escola para ir a espetáculos de dança e/ou considerando-se que nem todas as famílias têm condições de (ou interesse em) levar os filhos a esse tipo de evento, o recurso do vídeo aparece como solução. Além de ampliar o repertório cultural, apresentar os vídeos amplia também a imaginação das crianças, para criarem e conhecerem novos movimentos. Na experiência da autora, "esse material capacitava seus alunos para observarem e discutirem os estilos da dança e conhecerem mais sobre o contexto em que essas manifestações culturais podem ser encontradas" (*ibid.*, p. 37). Porém, essa atividade deve ter o olhar direcionado pelo professor, que deve selecionar com cuidado os vídeos que serão utilizados em sala de aula.

Freire afirma, ainda, que o professor, no trabalho com dança na educação infantil, desempenhará o papel de focalizador do olhar das crianças, de modo que estas, ao aprenderem dança, possam desenvolver sua criticidade por meio de diferentes experiências, técnicas e práticas durante as aulas. Como os movimentos das crianças são demasiadamente represados na escola e em casa, a dança, em especial, deve ser uma forma de elas extravasarem a repressão em momentos saudáveis e prazerosos.

Além disso, visto que as crianças se desenvolvem no brincar, quando utilizam seus corpos para se movimentar em sua totalidade, é imprescindível que os professores, ao trabalhar a dança na educação infantil, proponham brincadeiras, atividades e desafios que potencializem seus corpos e suas linguagens de maneira natural. É preciso sempre levar em consideração, no planejamento das atividades, a consciência corporal que já foi adquirida pela criança até o momento. Assim, é fundamental que o professor conheça bem as crianças com as quais está trabalhando e suas particularidades. Afinal, a criança é sujeito que traz do meio sociocultural em que vive conhecimentos que a fazem atuar, reagir e recriar os contextos vividos. Assim, "compreendê-la como sujeito é reconhecê-la como protagonista de suas experiências" (Almeida 2016, p. 39).

Qual tem sido o papel da dança no espaço escolar? Quais objetivos esse ensino tem visado cumprir? Que tipo de criança essa atividade tem formado? Uma criança que sabe expressar seus sentimentos através do corpo ou uma criança que tem sido silenciada e domada pela técnica e pelos passos copiados de adultos? Essas são algumas das questões que me mobilizaram a estudar o tema e, para discuti-las, fui ao encontro da dança em uma instituição de educação infantil, observando aulas de balé e conversando com as crianças que participam dessas aulas e dançam.

No encontro com crianças que dançam

A visão de criança que me guia, de um sujeito que cria, que imagina, que produz significados com o mundo/no mundo, imerso na cultura, em diálogo com ela, reinventando sentidos, conduziu-me ao desafio do encontro com crianças que dançam para saber o que pensam sobre a dança, do que mais gostam e do que não gostam, na tentativa de captar ideias e sentimentos para, então, refletir sobre as possibilidades da dança na infância e na educação infantil.

O entendimento de que crianças são sujeitos e têm direitos leva à compreensão de que seus pensamentos e suas ações, sua cultura, seu jeito de ver o mundo, enfim, tudo o que as perpassa tem extrema importância. Assim, quando pensamos em uma pesquisa com crianças, é necessário tê-las como autoras de suas próprias histórias, é fundamental ouvi-las. Entendo, dessa forma, que elas têm a capacidade de dizer e expressar suas próprias vivências. Foi nessa direção que utilizei como ferramenta de pesquisa qualitativa as narrativas de crianças, construindo os dados com base no que elas contam sobre suas vivências dançantes, dentro e fora da escola.

Trabalhar com narrativas na pesquisa tem o caráter de ouvir os indivíduos dando importância às suas experiências e aos sentidos que essas experiências lhe causaram (Passeggi 2008). Com as crianças, a narrativa surge como um meio de ouvir suas experiências com a dança, a fim de melhor compreender seus sentidos, especialmente no que tange à prática escolar.

No que diz respeito à ética, as pesquisas realizadas com crianças precisam levar em consideração, segundo Kramer (2002), a pertinência do uso dos nomes das crianças participantes dos trabalhos acadêmicos, para que o conteúdo e a socialização dele não as coloquem em situações de risco. Cabe ao pesquisador a responsabilidade de protegê-las de qualquer eventual perigo. Nessa ponderação, pode-se não utilizar os nomes próprios ou utilizar nomes fictícios para se referir às crianças. Por essa razão, adotei a perspectiva de mudar os nomes das crianças, preservando suas identidades e atribuindo-lhes nomes fictícios, por mim escolhidos.

Outro fator que Kramer debate é quanto ao uso de imagem fotográfica das crianças. A fotografia é um texto, expressa algo isoladamente ou em conjunto com as palavras. É uma ferramenta com a qual também é preciso ter atenção para não expor ou comprometer a segurança da criança. Vale salientar também a necessidade de permissão do uso de imagem, que deve ser concedido pelos responsáveis pela criança, mas que, segundo a autora, também deve ter o envolvimento da própria criança, até mesmo para tê-la como autora daquela narrativa que a imagem conta. Considerando essas recomendações, optei por não fazer registros em imagens.

Por último, cabe ao pesquisador o comprometimento com os possíveis impactos sociais que o resultado da pesquisa possa causar às crianças. Ele fica com a difícil missão de saber quando e como denunciar toda e qualquer atividade de risco a que a criança esteja sendo submetida e que tenha sido descoberta durante a pesquisa, seja na esfera pública, seja por entidades ou pessoas em seu entorno (*ibid.*).

Com esses cuidados e com o intuito de ouvir o que as crianças que dançam tinham a dizer sobre a maneira como essa linguagem vem sendo desenvolvida na educação infantil, foram elaboradas cinco perguntas para a roda de conversa proposta e desenvolvida com as crianças participantes da pesquisa. Eram perguntas-guia, tendo em vista que outras poderiam ser adicionadas, de acordo com o que as crianças fossem falando: O que é dançar? Por que vocês dançam? Vocês dançam fora da aula de balé? Onde vocês dançam? E na escola de educação infantil, vocês dançam?

A roda de conversa foi realizada com uma turma de crianças de 4 e 5 anos que fazem aulas de balé clássico como atividade extracurricular dentro de uma escola particular, na cidade de Niterói. A instituição tem uma espécie de convênio com uma companhia de dança da cidade e cede o espaço para que as aulas aconteçam. Vale salientar que, antes das entrevistas, eu já conhecia as crianças da turma, pois fui integrante da companhia de dança que realiza o trabalho naquela escola.

A fim de recolher os dados, fui três vezes à escola: para um primeiro encontro, caracterizado como entrevista; para a efetiva roda de conversa;

e, por fim, para desenvolver a última etapa prevista, que consistia em pedir às crianças que desenhassem o que pensavam que fosse a dança. A roda de conversa foi gravada em áudio e posteriormente transcrita.

Crianças, dança e aulas de dança: Escuta e olhares

No primeiro dia da pesquisa, a professora me cedeu um período de sua aula para conversar com as crianças. Presentes na aula estavam 12 meninas. Perguntei se gostariam de me conceder uma entrevista, expliquei que fazia parte de um trabalho para a faculdade e elas ficaram muito animadas em ajudar e a serem gravadas.

Na minha tentativa de que todas respondessem a cada uma das perguntas e também por conta da intervenção da professora, ao elogiar determinadas respostas, as crianças acabaram ou copiando a resposta de quem falava primeiro ou se desinteressando pela atividade, o que resultou em um primeiro material que considerei bastante pobre no conteúdo das respostas. Por conta disso, decidi ir novamente à escola, com a mesma turma, com uma estratégia diferente. Dessa vez, ia fazendo as perguntas como uma conversa mesmo, dirigida a todo o grupo, deixando que quem quisesse responder se sentisse livre a dar sua resposta da maneira como quisesse. Foi mais produtivo, pois as crianças se envolveram mais e a professora não falou durante a conversa, deixando as crianças mais livres para participarem espontaneamente.

Como forma de oferecer um retrato da conversa, vou apresentar as narrativas capturadas no segundo e no terceiro encontros com as crianças, agregando-as em um texto que dá o contexto das falas.

Na segunda visita, fazia um dia bonito de sol. Fomos, eu e a professora do balé, buscá-las na área da escola separada para a educação infantil. Houve bastante animação em me rever, muitos abraços, beijos; a mesma recepção calorosa, teve a professora de balé. Quando cheguei, as crianças já estavam nos esperando, todas vestidas com seus uniformes de bailarina. As professoras da educação infantil trocam suas roupas e fazem seus coques de bailarina para a aula. Algumas crianças tinham utilizado gel de *glitter* nos coques e pareceram contentes em me mostrar como seus cabelos brilhavam. Subimos para o segundo andar da escola, onde ficam as salas do ensino fundamental, enquanto elas cantavam a musiquinha criada pelas professoras da escola, provavelmente para evitar que ocorram acidentes na escada: "Mão no corrimão, olhando para o chão".

Ficamos em uma sala de aula do sexto ano, que tem uma mesa grande de professor, um pequeno palco onde fica o quadro branco e carteiras enfileiradas, voltadas para esse quadro. Para que as aulas de balé ocorram, a professora de dança coloca as carteiras encostadas nas paredes, formando um semicírculo. Enquanto isso, as crianças, sentadas no palco, trocavam os tênis e as sandálias por sapatilhas de bailarina cor-de-rosa.

A professora abriu um espaço nos primeiros minutos da aula para que eu conversasse com o grupo de meninas. Elas já sabiam quem eu era e que estava fazendo um trabalho para o meu curso de pedagogia; sabiam que eu ia conversar com elas. Reuni as crianças em uma rodinha e começamos a falar, a partir de uma pergunta: O que vocês acham sobre a dança, o que é a dança para vocês? Elas sorriram, mexeram-se e logo uma menina falou: *Eu amo dançar!* (Isa). Ao que outra acrescentou: *Eu acho dançar legal!* (Ana). A Manu disse: *Eu gosto de dançar várias músicas.* E, então, entra a Lia na conversa: *Quando eu vou na casa da minha avó, eu danço. Coloco uma música no celular e danço.*

A conversa continua, e faço uma intervenção depois do que ouvi: *Ah, então vocês também dançam quando não estão na escola?* Nesse momento, houve quase um coro: *Sim!* Além da Lia, que já tinha dito que dançava na casa da avó, muitas responderam que gostavam de dançar em suas casas; uma delas contou: *Em casa, eu gosto de dançar fantasiada de bailarina.*

Eu estava curiosa, queria saber se, na escola, quando não estão no balé, as crianças dançavam. E perguntei: *Vocês dançam na escola?* Novamente, a resposta veio em coro: *Sim!* Fiz um comentário: *Que bom!* E logo continuei: *E onde vocês dançam?* Veio como resposta: *Nós dançamos no palco!* Outras crianças confirmaram essa informação: *Sim, no palco! A gente dança no palco.*

Fiquei a imaginar que não tinham compreendido a minha questão. Comentei: *Certo, no palco, vocês se apresentam.* E reforcei a pergunta: *Mas, e quando vocês dançam na escola?* Sem demora, disse a Laura: *Muito tempo, a gente ensaia: para o Dia dos Pais, Dia das Mães, para o Natal.* Fiquei pensando: ensaio, apresentação em datas festivas, será que era esse o espaço da dança na escola de educação infantil, fora das aulas de balé? Perguntei: *E quando não tem nenhuma festa na escola, vocês dançam?* Dessa vez, o coro foi: *Nããããão*! A Isa lembrou a turma: *Nós dançamos, sim, aqui nas aulas de balé.*

Qual seria a motivação para essas meninas entrarem na dança? Perguntei: *E por que vocês dançam?* E começaram a falar: *Porque a gente gosta* (Carla); *Porque eu amo!* (Isa); *Eu danço para alegrar os meus pais* (Andrea); *Sim, nossos pais gostam quando a gente dança!* (Alice). *É, eles devem adorar!* (Bruna); *Eu gosto de dançar de bailarina* (Manu).

Quando perguntei se a dança era só para mostrar para as pessoas, a turma se dividiu: *Sim!*, respondeu uma grande quantidade de crianças, mas outras discordaram e disseram que não. A Alice reforçou: *Sim, é para apresentar para as pessoas*. E, então, a Manu comentou: *Eu gosto de dançar em casa*. Intervim: *Em casa, quando vocês dançam, então, vocês estão dançando sem apresentar para ninguém, não é?* Luzia retruca: *Aí, a gente apresenta para os pais*.

Nesse momento, eu não soube mais o que dizer às crianças, minha mente pensava mil coisas e tudo o que consegui foi agradecer a elas por terem aceitado o meu convite para participar de minha pesquisa. Continuei na turma e assisti à aula até o fim.

Na roda mesmo, com as meninas ainda sentadas, a aula se iniciou com um aquecimento já decorado pelas crianças: na primeira música, aquecem a cabeça; na segunda, fazem a postura de vovó (contraindo o corpo) e a postura de bailarina (esticando bem o corpo e subindo os braços redondos, acima da cabeça); na terceira, fazem ponta e *flex* (esticando e flexionando os pés). E assim segue o aquecimento até, mais ou menos, a décima segunda música. As crianças já sabem qual exercício pertence a cada música e corrigem a professora nas vezes em que ela se confunde.

Após o aquecimento, a aula segue para as atividades mais lúdicas, realizadas em pé. Naquela aula, a professora pediu que as crianças fizessem duas filas, escolheu uma bailarina para deitar em um pano do outro lado da sala e contou uma história. Disse que aquela menina fora enfeitiçada por uma bruxa má e, por isso, estava dormindo e que as bailarinas precisavam ir até ela para beijá-la e despertá-la de seu sono profundo. Porém, para isso, precisariam andar utilizando algum passo de balé indicado pela professora. As crianças pediram para repetir a brincadeira, a fim de que todas pudessem ser a "bailarina dorminhoca". Em seguida, era hora de calçar de volta os sapatos e guardar as sapatilhas. A aula havia terminado.

Enquanto esperavam os pais subirem até a sala para buscá-las, as crianças pediram à professora de balé para colocar a música da coreografia que elas dançaram no Dia dos Pais na escola, para que pudessem me mostrar. Essa coreografia foi criada pela professora do Infantil 2 para a música "Coisinha do pai", de Beth Carvalho. As crianças sambavam em algumas partes, requebravam, faziam roda. Segundo a professora de balé, todo final de aula, elas pedem para dançar essa música. A aula daquele dia acabou, eu me despedi e saí me questionando: O que fazia com que elas gostassem tanto daquela coreografia? Do que mais gostavam nas aulas de dança, do que menos gostavam? Essas perguntas eu não havia feito a elas durante a roda de conversa. E pensei que seria interessante retomar essas perguntas quando retornasse à escola para propor que desenhassem o que pensam sobre a dança. E foi mais ou menos assim.

Após o recesso de julho e algumas remarcações, voltei à escola para o terceiro e último encontro. Novamente, buscamos as crianças na educação infantil, levamos todas para a sala do sexto ano, arrumamos as carteiras em um semicírculo. A professora me pediu que realizasse a pesquisa após o ensaio do espetáculo de fim de ano, intitulado "Um conto de Natal". A turma dançaria como as renas do Papai Noel e, apesar de nem todas participarem do espetáculo, todas ensaiavam a coreografia. A professora marcou o chão da sala com pequenos pedaços de fita crepe, que indicavam onde cada criança deveria ficar posicionada durante a dança. A coreografia foi passada três vezes: a primeira, relembrando os passos que aprenderam em aulas anteriores, seguidos pelos passos novos que a professora incluiu, sem a música. A coreografia foi passada mais duas vezes, com música. A cada novo pedido para recomeçar a coreografia do início, a professora ouvia um coro decepcionado de "aaah". Em resposta, dizia que era importante ensaiar para que todas pudessem lembrar todos os passos no dia da apresentação.

Muitas eram as correções feitas pela professora às crianças. Muitos "estique essa ponta", "olhe para frente", "não passe na frente dela durante a roda", "estique esse braço", "vá para a fila". Quanto mais as crianças dançavam em desacordo com a criação da professora, mais ela falava e corrigia os movimentos. Algumas crianças iam ficando nitidamente estressadas, junto com a professora. Acabado o ensaio, a professora, ainda parecendo irritada, falou com as crianças que eu estava ali para conversar com elas novamente. Fiz a roda, perguntei qual era o tema do espetáculo, qual era a dança, se elas já haviam visto a roupa com a qual iriam dançar. E segui com as perguntas que haviam me levado novamente à escola.

Perguntei se poderiam me falar sobre as aulas de dança: do que mais gostavam, do que não gostavam.

De nada!, Maria respondeu, com uma fisionomia bastante irritada.

Eu gosto das brincadeiras, disse a Carla.

Ah é, eu também gosto das brincadeiras, lembrou Maria.

Eu gosto de dançar de rena, acrescentou Bruna, referindo-se ao figurino do espetáculo.

Pergunto: *E do que vocês não gostam na aula de dança?*

Maria responde rapidamente: *De ensaiar...* Pensa mais um pouco e complementa: *E quando a tia briga.*

Nesse momento, a professora se intrometeu e começou a explicar por que brigava com elas, dizendo que a aula de balé não era lugar de bagunça, que era necessário ensaiar para que todas dançassem bonito no palco, que dessa forma ninguém passaria vergonha. E finalizou dizendo que quem continuasse a não se comportar durante os ensaios ficaria sem roupa para dançar. Acabei, diante desse fato, não dando continuidade às perguntas sobre criação das coreografias, se participavam da criação da composição coreográfica e por que gostavam tanto da coreografia da música de Beth Carvalho.

Agradeci a elas por toda a ajuda e perguntei se gostariam de fazer um desenho para me auxiliar mais um pouco na pesquisa. Uma criança exclamou: *Nossa, mas a gente está fazendo o seu trabalho todo!* Comecei a rir e algumas crianças concordaram com ela. Novamente, agradeci a ajuda e disse que, sem elas, o meu trabalho não seria o mesmo. Dessa forma, concordaram em fazer os desenhos. Como eu sabia que não disporiam de muito tempo para criar, pois a aula de balé tem apenas uma hora de duração e eu não estive exclusivamente com elas durante esse período, acabei escolhendo um material para expressão artística muito comum: papel A4 e canetinhas coloridas. Mas, se o material escolhido pode ser considerado bastante pobre, os desenhos e as narrativas durante o momento foram de bastante riqueza.

Para introduzir a proposta, pedi que me contassem, através de seus desenhos, "o que é dança?". As crianças, animadas com a proposta, iam comentando suas ideias: *Vou fazer uma dançarina!* Outra disse: *Vou fazer uma festa junina!*

No momento dos desenhos, todas interagiam, pediam as cores emprestadas, conversavam e riam entre si. Quando finalizavam e me entregavam os papéis, eu perguntava como haviam feito os desenhos e obtive algumas respostas interessantes:

Eu desenhei eu e meu pai dançando, disse a Isa (Figura 1).

A Mariana falou: *Eu desenhei eu e a Lia dançando no palco* (Figura 2). Então, olhou para o lado e viu que Lara ficara triste por não ter sido desenhada e decidiu mudar a resposta: *Não, não. Desenhei eu e a Lara.*

Parecendo admirada e orgulhosa dos traços que desenhou, Luzia apresentou seu desenho: *Essa sou eu, dançando no palco. Meu cabelo ficou igual da Rapunzel!* (Figura 3).

Em seguida, percebi que uma das meninas chorava, com seu desenho na mão. Perguntei o que havia acontecido. Na hora, imaginei que alguém tivesse pegado a cor com a qual ela gostaria de pintar, mas a verdade por trás de suas lágrimas era outra: *Meu desenho está muito feio!* Eu perguntei, espantada com a resposta que havia recebido: *Mas por que você acha isso?* Bruna continuava a chorar, sem conseguir me dar uma resposta. Eu a abracei e disse: *Para mim, está uma obra de arte. Vou ficar feliz em colocar no meu trabalho da faculdade.* Ela sorriu, limpou as lágrimas e me entregou o papel onde havia desenhado sua bailarina (Figura 4).

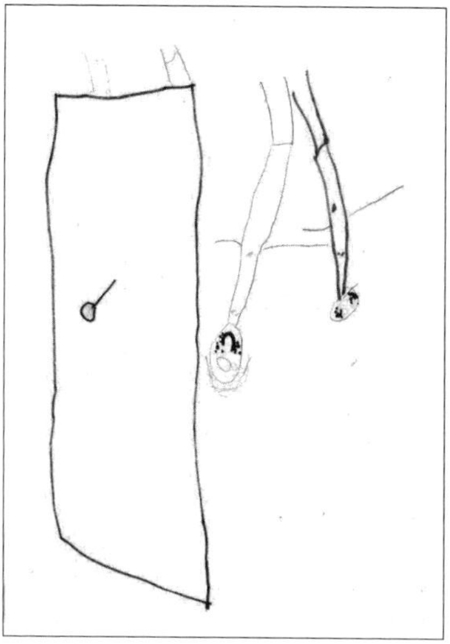

Figura 1. Desenho de Isa. Fonte: Arquivo pessoal.

Figura 2. Desenho de Mariana. Fonte: Arquivo pessoal.

Figura 3. Desenho de Luzia. Fonte: Arquivo pessoal.

Figura 4. Desenho de Bruna. Fonte: Arquivo pessoal.

Conversas ampliadas: Alguns sentidos que pude construir

Sobre as compreensões do que seja a dança, as conversas com as crianças, e também seus desenhos, revelam duas perspectivas: uma indica que a dança é o balé, que é apresentado no palco, para espectadores; outra revela que a dança é expressão com qualquer música (que vem até do celular), executada em qualquer lugar, em casa, com a avó. Quando as crianças estavam começando a desenhar, uma menina disse que desenharia a festa junina, o que, para mim, deu indícios de que ela tem a vivência dessa festa com dança, que é de outra natureza, diferente da do balé.

Após conversar com as crianças, olhar seus desenhos e, ainda, observar as situações ocorridas dentro da aula de balé, ficou nítido que a dança vem sendo utilizada como ferramenta pedagógica e técnica para responder sobretudo aos pais: é para eles que serão feitas as apresentações. As próprias crianças notam que a finalidade da dança em suas vidas tem sido essa, até mesmo dentro de casa.

Como pedagoga em formação, é impossível não me perguntar: Por que insistimos em utilizar as crianças para entreter os adultos, sobretudo na educação? O que me faz questionar, ainda, qual concepção de criança, dentro e fora da escola, os adultos têm? Será que os educadores da educação infantil lembram quais são os objetivos da educação infantil, as concepções de criança e até mesmo a finalidade do educador quando elaboram o currículo escolar? Em relação à dança, pelo menos, ficou claro no conteúdo da conversa com as crianças que não!

Acredito que o ponto de maior destaque da fala das crianças seja o espaço da dança na escola: parece que se resume às aulas de balé clássico e às apresentações em datas festivas. Como debatido no segundo item deste capítulo, esse não é o papel da dança ou, pelo menos, não deveria ser, principalmente na educação infantil.

Um currículo escolar em que um adulto cria e pede que as crianças copiem sua criação é um currículo pobre, tradicional, centrado na figura do professor. É um currículo que não respeita a criança como um ser integral, que cria, tem desejos, vontades, imaginação, inteligência, que se expressa e tem muito a dizer ao mundo, especialmente através do/com o seu corpo. Assim, o sujeito de direitos que tem conhecimentos prévios, trazidos do meio sociocultural em que vive, é desvalorizado. Logo, é um currículo em que prevalece a concepção de que a criança deve ser "educada para ser alguém no futuro, como se fosse ninguém no presente, enquanto o adulto esbanjando experiência define previamente o que é melhor para ela" (Almeida 2016, p. 38). Essa compreensão é diferente da trazida, e já citada anteriormente, pelas DCNEI, que referendam a concepção de criança produtora de cultura no presente.

No que diz respeito à prática da dança, segundo Almeida (2016), as apresentações poderiam estar presentes no currículo, mas apenas como resultado de um processo de criação desenvolvido pelas crianças com o auxílio do professor ao longo do ano escolar. As apresentações com o objetivo de entreter adultos, com coreografias que não têm o menor significado para as crianças e, principalmente, sem que elas participem do processo criativo de sua composição, são equivocadas. Como a autora explicita ainda, até mesmo os temas das apresentações devem partir do interesse das crianças, vir de uma pesquisa baseada em movimentações criadas pelas crianças e mediadas pelo professor. Esse fato entra claramente em contraponto às coreografias criadas para festividades com temas escolhidos por adultos, segundo datas comemorativas.

Assim, é válido ressaltar que fazer apresentações de dança não é o mesmo que dançar. Um trabalho de qualidade com a dança na infância deve focar na exploração dos movimentos possíveis de serem criados com o corpo, no improviso, na descoberta, na imaginação, na pesquisa. As apresentações deveriam ser fruto desse processo. Com as entrevistas narrativas das crianças, é possível perceber que nessa escola a concepção de dança está equivocada.

Uma educação que não foca na expressão corporal, que não lhe dá a devida importância, mantém uma concepção de dança como técnica, mostra que ainda não compreende que a criança tem diversas formas de se comunicar, que tem um corpo vivo, que anda, corre, salta, gira, brinca e que, por meio de seu uso expressivo, consegue se colocar no lugar do outro e, sobretudo, compreender a si mesma. Nesse sentido, foi notável a atitude das crianças diante da proposta lúdica introduzida pela professora para que executassem determinados passos de balé: a figura da "bailarina dorminhoca" capturou a atenção das meninas, tanto que todas quiseram ser a bailarina que estava dormindo e seria acordada com um beijinho. Ainda que os passos para chegar à dorminhoca fossem passos estipulados, eles envolviam uma dimensão lúdica, justo o que deixava as crianças felizes e participativas. E, quando responderam do que gostavam nas aulas de dança, disseram que gostavam das brincadeiras.

Complemento essas reflexões com as palavras de Almeida (*ibid.*, p. 17):

> (...) é por meio do movimento que as crianças interagem com o mundo e com as pessoas, se expressam, se comunicam, experimentam, criam e descobrem. Tais ações podem produzir conhecimentos como preferências de movimentos, noções de tamanho, peso, distância, forma, a dinâmica da sociedade em que estão inseridos, entre outros. Dessa maneira, o corpo não pode ser abandonado à passividade, principalmente na escola.

As narrativas das crianças também trouxeram luz para pensarmos nas aulas de balé, que parecem ser, naquela escola, o único trabalho de dança efetivo e do qual não participam todas as crianças da educação infantil, pois são oferecidas como atividade extracurricular. Contudo, o balé clássico é uma dança que preza bastante pela técnica e, segundo Assumpção (2003), reproduz corpos enrijecidos por meio de signos que refletem uma sociedade desigual e autoritária. Os exercícios decorados, relatados durante a minha observação, o momento de ensaio da coreografia para o espetáculo de Natal e até mesmo a atividade lúdica organizada pela professora exemplificam que, em toda a aula, não há espaço para a criação das crianças, para que elas mesmas possam conhecer, explorar seu corpo e os movimentos que ele consegue fazer. Não há espaço para interagir com o outro nem para conhecer mais de si. Há, sim, espaço para a cópia, as técnicas e a domesticação dos corpos das crianças. E o fato de o balé estar presente dentro da escola, na educação infantil, é até preocupante. Afinal, esse segmento, segundo as leis que regem a educação, tem por objetivo o desenvolvimento integral da criança. Onde está a inteireza das crianças nas aulas de balé?

Outro fator importante a ressaltar é o espaço utilizado para as aulas de dança. Uma sala de aula do ensino fundamental, nada sensual como diria Holm (2004), sem vida, sem inspiração. Não há um espelho para que as crianças possam enxergar os movimentos que fazem, não há imagens que instiguem a criação de novos movimentos nem mesmo materiais que poderiam auxiliar na criação das crianças (tecidos, penas, instrumentos musicais etc.). É uma sala padrão de escola tradicional. Não digo aqui que só é possível ter aulas de dança em salas próprias para tal, mas o espaço precisa ser expressivo e instigar à pesquisa, provocar a busca, a invenção, a exploração, convidando o corpo a se movimentar, afetar e ser afetado de diferentes formas no diálogo teórico (Bernardes e Ostetto 2016; Holm 2004).

Para que tudo isso seja possível, é de extrema necessidade que os professores tenham uma formação de qualidade, debatendo e discutindo a educação infantil em seu viés libertador, que fale das diferentes linguagens da criança, mas que, sobretudo, faça o professor experienciar, viver essas experiências de descoberta do seu próprio corpo também. A escola e a academia são espaços que trabalham exercitando a mente através das linguagens orais, escritas, científicas, matemáticas, mas esquecem o corpo, a sensibilidade, a humanidade, a linguagem artística expressiva que somos capazes de criar através de nossos movimentos. Por isso, torna-se fundamental que o professor (re)descubra as possibilidades de seu corpo, do que ele é capaz de expressar, de comunicar, como ele pode interagir com o ambiente e com o outro. E, ainda, como Laban (*apud* Almeida 2016) percebeu, que todos nós possuímos essa capacidade expressiva corporal, em que até mesmo os movimentos que fazemos cotidianamente são expressivos, cheios de possibilidades e compõem arte, sensibilidade e dança. No caso da professora de balé, ela possui conhecimentos sobre a linguagem que ensina, mas percebe-se que não possui conhecimentos sobre as crianças, suas linguagens, seus processos de conhecimento, experimentação e apropriação do mundo.

Referências bibliográficas

ALBANO, A.A. (2013). *O espaço do desenho: A educação do educador*. São Paulo: Loyola.

ALMEIDA, F. de S. (2016). *Que dança é essa? Uma proposta para a educação infantil*. São Paulo: Summus.

ASSUMPÇÃO, A.C.R. (2003). "O balé clássico e a dança contemporânea na formação humana: Caminhos para a emancipação". *Pensar a Prática*, v. 6, pp. 1-19.

BERNARDES, R.K. e OSTETTO, L.E. (2016). "Arte na educação infantil: Pesquisa, experimentação e ampliação de repertórios". *Revista Trama Interdisciplinar*, v. 7, n. 2, pp. 40-52.

BRASIL (2009). Ministério da Educação. Secretaria de Educação Básica. *Diretrizes Curriculares Nacionais para a Educação Infantil*. Brasília: MEC/SEB.

FREIRE, I.M. (2001) "Dança-educação: O corpo e o movimento no espaço do conhecimento". *Cadernos Cedes*, ano XXI, n. 53, abr.

HOLM, A.M. (2004). "A energia criativa natural". *Pro-Posições*, v. 15, n. 1(43), jan.-abr., pp. 83-95.

KRAMER, S. (2002). "Autoria e autorização: Questões éticas na pesquisa com crianças". *Cadernos de Pesquisa*, n. 116, jul., pp. 41-59.

OSTETTO, L.E. (2011). "Educação infantil e arte: Sentidos e práticas possíveis". [Disponível na internet: <http://acervodigital.unesp.br/handle/123456789/320>.]

PASSEGGI, M.C. (2008). "Memoriais auto-bio-gráficos: A arte profissional de tecer uma figura pública de si". *In*: PASSEGGI, M.C. e BARBOSA, T.M.N. (orgs.). *Memórias, memoriais: Pesquisa e formação docente*. Natal: EDUFRN; São Paulo: Paulus, pp. 27-42.

SCARPATO, M.T. (2001). "Dança educativa: Um fato nas escolas de São Paulo". *Cadernos Cedes*, ano 21, n. 53, abr., pp. 57-68.

SILVA, M. de F.P. da (2019). "Nós dançamos, sim, nas aulas de balé! Reflexões sobre a dança na educação infantil". Trabalho de conclusão de curso de graduação. Niterói: Faculdade de Educação/Universidade Federal Fluminense.

VARGAS, L.A.M. de (2012). *A Dança com alma de criança?*. Porto Alegre: Mediação.

9
NARRATIVAS INFANTIS: UMA EXPERIÊNCIA NA RODA DE LIVROS DE ARTE

Xênia Fróes Motta

Este capítulo compartilha dados do projeto "Rodas de livros de arte", desenvolvido com crianças do primeiro e segundo anos do ensino fundamental, no período de 2016 a 2018, em uma escola na cidade do Rio de Janeiro. Como professora de arte, elaborei esse projeto com o objetivo de tornar acessível um tipo de livro que, de modo geral, está distante do cotidiano infantil. Ao formular a proposta, não tinha ideia de como a dinâmica das rodas provocaria a atenção das crianças, transformando-se em um espaço de narrativas no qual as histórias de meninos e meninas, suas perguntas sobre o mundo, seus conhecimentos e suas emoções se fariam visíveis.

Aqui, começo puxando fios das minhas memórias e de meu contato com as imagens – da vida, da arte. Na sequência, detalho o projeto, contextualizando suas atividades e suas dinâmicas, falando de olhares: de olho nos livros, com os olhos no coração, de olho na roda.

Memórias que me ligam às imagens da arte

> O ato de narrar o vivido carrega a essencialidade do poder de as pessoas se reconhecerem como sujeitos de suas próprias histórias, atribuindo sentido aos diferentes itinerários percorridos. Ao comporem narrativas, sobre a vida vivida, colocam-se em posição de escuta, olham para múltiplas direções, dentro e fora de si, reportando-se ao que foram, ao que são, ao que desejam ser, ao que fizeram, ao que fazem, ao que projetam fazer. (Ostetto e Bernardes 2015, p. 164)

Pensando na gênese do trabalho que aqui apresento, vou me reportando às imagens no meu próprio percurso de vida. A primeira que trago na memória não é a de um quadro de Van Gogh ou Monet, mas uma paisagem: minha mãe, dizendo que a professora mostrava meus desenhos com admiração e eles iam para o mural. Como se isso fosse um prêmio! Essa história vivida retorna agora, como professora de arte e de educação infantil, quando reflito sobre a leitura de imagens, desenhos, autoria imagética, livros de arte, literatura infantil, enfim, todo o universo do olhar.

Se da infância tenho memórias de desenhar em diversas materialidades, e parece que gostava de desenhar e desenhava bem, segundo a paisagem materna evocada, na vida adulta eu me dou conta do desejo que tenho de trazer comigo imagens que considero maravilhosas, de coisas, lugares, acontecimentos que têm minha admiração. Gosto de trazer comigo um pouquinho daquela cidade/universo, por meio de livros de fotografia, postais ou qualquer recurso imagético que me remonte àquele tempo/lugar por onde passei. E, assim, construo a minha biblioteca de memórias e recordações que fizeram, e continuam fazendo, parte dos meus processos de constituição do ser profissional e que caminham lado a lado com esses valores. Tenho uma coleção de imagens – fotografias, postais com reproduções de obras de arte, livros de arte e artistas – à qual posso voltar quando desejo. Talvez esteja aqui o início do fio do meu encanto por trabalhar com livros de arte com as crianças. Desconfio de que seja também por aí que, quando trabalhava como professora da educação infantil, as imagens estereotipadas, sempre presentes no cotidiano educativo, começaram a me incomodar sobremaneira. Refletindo sobre isso, encontrei apoio teórico em diferentes autores que me ajudaram a pensar a criança, a infância e a produção cultural para elas (Sarmento 2007; Cunha 2009; Ostetto 2011).

Mais tarde, trabalhando na formação de professores, aquele incômodo continuou me acompanhando: inquietava-me a dificuldade evidenciada na relação do professor com seu próprio desenho. Percebia que era difícil para os docentes lidar com desenho autoral e, muitas vezes, a veneração às imagens estereotipadas da indústria cultural era o contraponto encontrado. Hoje, retorno à sala de aula, como professora de artes. E como é difícil trabalhar a criação, a autoria, a quebra de estereótipos! Quanto as imagens de anúncios, *outdoors*, o cinema, as revistas, a mídia e os livros didáticos reproduzem clichês!

É preciso resistir e seguir se reinventando. Assim, inspirada em marcas de minha história e minhas experiências, entre inquietações, incômodos e o desejo de fazer diferente, no dia a dia vou reinventando a prática docente – comprometida com a ampliação de olhares e repertórios culturais meus e das crianças (dialogando com elas, observando interesses, propondo desafios etc.). O trabalho com a arte pressupõe desafios, diz Anna Marie Holm (2004). (Re)aprendendo a ser professora de arte e pensando nesses desafios, comecei a refletir sobre meus fazeres e saberes como tal.

De que forma se davam minhas aulas? As crianças estavam felizes? Como poderia ampliar o repertório imagético, considerando as individualidades, a sensibilidade e o gosto pessoal? Será que as imagens que eu apresentava eram, de fato, interessantes? Como poderia inspirar os estudantes a ter algum tipo de autonomia na busca pelas imagens? Poderia me abster de metodologias fechadas? E, finalmente, poderia eu proporcionar a imersão das crianças nos livros de arte de forma mais descontraída e que atendesse às particularidades infantis? Essas indagações me acompanharam e suscitaram a proposição da roda de livros de arte.

Sobre diálogos e rodas

> O diálogo é este encontro dos homens, imediatizados pelo mundo, para pronunciá-lo, não se esgotando, portanto, na relação eu-tu. Esta

> é a razão por que não é possível o diálogo entre os que querem a pronúncia do mundo e os que não querem; entre os que negam aos demais o direito de dizer a palavra e os que se acham negados deste direito. (Freire 2005, p. 91)

O diálogo, a partilha de ideias com meus pares, professores, veio se constituindo em muitas idas e vindas. Fui aprendendo a estar num grupo de professores e a me constituir ora como ouvinte, ora como falante. Professora e estudante caminham juntas na minha trajetória. No exercício da docência, pratico a mediação, olhar mais abrangente, o olhar do caleidoscópio. Olho o todo e as partes ao mesmo tempo.

"Na relação eu-tu" (*ibid.*), a socialização descortina nossos sentimentos, limites, nossa fragilidade e nossas potências. Em contrapartida, fortalece o Eu com pequenas gestualidades, expressões e afetividades. A palavra nem sempre é oralizada, mas sempre é ouvida. São os olhos do coração. O diálogo se estabelece, mas não é simples. Ele precisa ser desenvolvido, ser acariciado, muitas vezes arredio de palavras. Arredio de força. Ocorrem situações em que o diálogo é interno para conseguir sair para passear. O diálogo do silêncio vem carregado de múltiplas linguagens. Ele é poético e singular. Transitar num grupo como mediador de diálogos pode ser intenso. A possibilidade do encontro com diferentes é a possibilidade do entendimento, da compreensão do afeto e da cura.

Recordo-me de que, lá pela década de 1980, tive acesso ao livro *A paixão de conhecer o mundo* (Freire 1983) e, mais à frente, pude participar de alguns cursos ministrados pela autora, a professora Madalena Freire, no Espaço de Formação do Educador Infantil (Efei). Desde aquele tempo, comecei a valorizar o trabalho em grupo e ver sentido nele, e a roda de conversa tem permeado minha vida como professora, da educação infantil até a pós-graduação. Em todas as etapas de ensino, venho aprendendo que a roda me ajuda na constituição do grupo e da minha própria "professoralidade". E encaminha outra forma de olhar e ser olhada.

Buscando na memória, encontro na roda um sentimento de acolhida, pois nela habita um espaço de aconchego e de pares; um sentimento de pertencimento e de cuidado. Na roda/em roda, ocupamos o lugar de ator, de sujeito, e a própria estrutura física da roda leva à horizontalidade, conduz a relações menos hierárquicas. Simbolicamente, há nela um recado: você é importante! Há nela um convite: venha para o diálogo! Quando conversamos na circularidade do encontro, o dizer a palavra está envolto em compromisso dialógico.

> Não é dizer-se descomprometidamente dialógico; é *vivenciar o diálogo*. Ser dialógico é não invadir, é não manipular, é não organizar. Ser dialógico é empenhar-se na transformação constante da realidade. Esta é a razão pela qual, sendo o diálogo o conteúdo da forma de ser própria à existência humana, está excluído de toda relação na qual alguns homens sejam transformados em "seres para outro" por homens que são falsos "seres para si". (Freire 2005, p. 43; grifo do autor)

Como professora, aprendi que era na roda que eu me tornava aprendiz de uma forma mais natural, não precisava me impor, como quando estava de pé na frente de crianças. Por sua configuração, eu conseguia observar melhor e ajustar com mediações adequadas. Era necessário compartilhar a voz. E isso significava um exercício de dar vez às crianças e dar espaço para sua voz. Quando a gente tem no corpo a educação hierarquizada da escola tradicional, esse movimento de compartilhar vez e voz exige um esforço maior. Como professora-pessoa, fui aprendendo a importância da escuta, da fala acolhedora, do fazer cooperativo, para a aprendizagem e para a vida em sociedade. A construção do conhecimento de uma perspectiva dialógica pressupõe compartilhamento de escolhas, sugestões, gostos, informações e afetos. Na roda, pude aprender a ser outra professora, pois:

> É fundamental que as crianças tomem consciência de que elas estão fazendo, conquistando, estão se apoderando do seu processo de conhecimento. O professor, igualmente, com elas, os dois são sujeitos desse processo na busca do conhecimento. Daí que o *papel do professor não é o de "dono da verdade"*, que chega e disserta sobre o corpo e seu funcionamento, mas sim o de quem, por maior experiência e maior sistematização, tem a capacidade de devolver

> às crianças, de modo organizado, as informações do objeto de conhecimento. (Freire 1983, p. 45; grifo da autora)

No cotidiano, essa prática circular e dialógica requer principalmente que o adulto siga, com a máxima leveza possível, entre os limites, as regras e as inúmeras possibilidades do universo de uma educação voltada para práticas compartilhadas. É um espaço onde a angústia e o medo têm presença. "O que penso que o outro quer de mim. A expectativa que tem aí é vivida com muita ansiedade. Frente a este encontro, o sujeito tem uma arma imaginária. Que é colocar frente a isso, a sua fantasia" (Freire 1994, p. 49). Quem nunca se encolheu numa roda? Quem nunca ficou apavorada com a necessidade de falar diante de um grupo? Nós, professores, vivemos essas situações. Será que somos empáticos com as crianças? O professor tem uma provocação que é conduzir o exercício do conflito na concepção da formação da identidade e, da mesma forma, dar subsídios para que as crianças percam essas amarras.

A palavra *ubuntu*, lema da escola citada neste capítulo, refere-se a um conceito da filosofia africana: "eu sou porque nós somos" ou "eu sou porque você é". Sobre *ubuntu*, Desmond Tutu, religioso da África do Sul, prêmio Nobel da paz em 1984, explica:

> É a essência do ser humano. Ele fala do fato de que minha humanidade está presa e está indissoluvelmente ligada à sua. Eu sou humano, porque eu pertenço. Ele fala sobre a totalidade, sobre a compaixão. Uma pessoa com ubuntu é acolhedora, hospitaleira, generosa, disposta a compartilhar. A qualidade do ubuntu dá às pessoas a resiliência, permitindo-as sobreviver e emergir humanas, apesar de todos os esforços para desumanizá-las. (Tutu 2014)

Na roda de conversa, o *ubuntu* se faz presente quando se acredita não apenas na importância do diálogo, mas também no seu contraponto à individualidade. Precisamos uns dos outros para otimizar o nosso bem-estar. Nesse sentido, a roda favorece o desenvolvimento da humanidade e da personalidade de cada um e de todos ao mesmo tempo. Não é possível ser humano na solidão. A comunidade, nesse contexto, tem uma conexão com um bem maior: o bem-estar daquele coletivo que se constrói e se reconstrói a cada movimento. Da perspectiva da roda de conversa, todos têm direitos e deveres quanto ao uso da palavra e, no sentido ético, é nessas experiências que nos fazemos solidários.

Com apoio da história da educação (Sampaio 1989), resgato Célestin Freinet (1896-1966) como o pedagogo que, por meio de suas técnicas e seus princípios, valorizava a livre expressão. A livre expressão inunda a rotina pedagógica e desponta na roda de conversa. Funciona como um exercício para um mundo mais democrático com uma construção dialógica. A expressão é uma ação humana que se inicia desde o nascimento. Temos uma conexão com a criação e as linguagens expressivas, no sentido de trazer à existência algo que não existia. Segundo Read (2001), podemos pensar a expressão espontânea ou a expressão criativa, que tem suas particularidades, como um caminho para o exercício da relação entre os nossos muitos eus.

De olho nos livros: Encontro de partilha e beleza

A partilha que movimenta as rodas de livros de arte se constitui muitas vezes no exercício do olhar. Um olhar criador, olhar que se movimenta, que vai passear, um olhar "novidadeiro".

> O meu olhar é nítido como um girassol.
> Tenho o costume de andar pelas estradas
> Olhando para a direita e para a esquerda,
> E de vez em quando olhando para trás...
> E o que vejo a cada momento
> É aquilo que nunca antes eu tinha visto,
> E eu sei dar por isso muito bem...
> Sei ter o pasmo essencial
> Que tem uma criança se, ao nascer,
> Reparasse que nascera deveras...
> Sinto-me nascido a cada momento
> Para a eterna novidade do Mundo...
> (Caeiro 1993)

Entre múltiplas possibilidades, a roda de conversa é uma forma de se ligar ao outro pela integralidade do ser humano; intensos, frágeis, corpos atentos e sensíveis, somos o que somos numa roda. E nesse movimento circular, as experiências ampliam o olhar, pois o mundo é eterno, assim como a conversa de roda.

Dessa perspectiva, o trabalho com a roda de livros de imagens se iniciou com crianças do ensino fundamental I (primeiro e segundo anos), na faixa etária de 6 a 8 anos de idade, aproximadamente, numa escola particular na cidade do Rio de Janeiro. Ficava com essas crianças uma vez por semana, com um tempo de 55 minutos por turma, em média 20 alunos e pelo menos uma estagiária. No grupo, havia crianças com necessidades educativas especiais. A professora regente não acompanhava as aulas de arte.

Para as aulas de arte, a escola tem uma sala específica, denominada "sala de múltiplas linguagens". Nela, existe uma prateleira logo abaixo da lousa, e foi nesse espaço que encontrei o melhor lugar para colocar livros de arte, pela possibilidade de acesso e visibilidade. Visibilidade, porque fica na altura das crianças (elas podem tocar e manusear facilmente), e acessibilidade, porque elas podem pegar os livros que quiserem livremente, sem ajuda, promovendo autonomia. Na frente dessa prateleira, há um espaço que somente é ocupado quando o grupamento está reunido em roda. Por isso, fica livre para as crianças se sentarem e visualizarem os livros, a qualquer momento.

E por que organizei esse espaço, ocupei essa prateleira com livros de arte, preocupei-me com acesso e visibilidade? Inspirada na premissa de que o processo de formação do leitor literário tem impacto global no desenvolvimento humano, compreendo que os livros de literatura e suas histórias falam ao universo essencial da criança, que é a brincadeira e o lúdico, a imaginação, o espontâneo, o banal, o nada, o prazer e a diversão. Fonte inesgotável de conhecimentos e informações, espaço/tempo em que a criança entra em contato com diversas formas de ver, viver e sentir o mundo, que estão intrinsecamente vinculadas ao desenvolvimento pleno do ser humano. Partindo da ideia de que é importante fornecer às crianças livros de literatura infantil, pressuponho que também seja importante levar livros de arte para elas. Como pesquisadora, vejo a relevância da apropriação cultural.

Entretanto, desejo, assim como Isabel Leite (2005), distanciar-me dos livros que são produzidos didaticamente para uma alfabetização visual. Busco tornar acessível e trago obras que, de modo geral, estão distantes do repertório infantil, para que, assim, as crianças tenham mais intimidade com a diversidade das imagens artísticas existentes.

Olhos do coração

Na prática, o projeto tem início na roda de conversa, dinâmica que já pertence à rotina do trabalho pedagógico da professora e da escola. Lugar onde estabelecemos uma relação dialógica em que as vozes das crianças são ouvidas e todas têm direito à participação e à manifestação de ideias e opiniões – justamente por isso, considerei as rodas de conversa uma boa escolha também para desenvolver o projeto. Como dizem alguns pesquisadores, as rodas de conversa são importantes dinâmicas de investigação, por se apresentarem como um procedimento metodológico interativo, horizontal e dialógico (Passeggi *et al.* 2014).

Em sua ideia original, a aula se inicia com uma roda de conversa, apresentando uma temática (contextualização) e o seu desenvolvimento (fazer artístico). Após essa apresentação, seleciono alguns livros e mostro detalhes que porventura possam interessar às crianças. Por exemplo, um tipo de imagem que algum estudante tenha citado ou mesmo um traçado que outro tenha relacionado em algum momento. A partir de então, sugiro que façam suas leituras em situações espontâneas, que podem ser antes de iniciar o fazer artístico, numa pausa ou no final de cada aula.

Como os livros estão dispostos no espaço que já descrevi, facilmente acessíveis às crianças, conforme são lidos, vou observando e percebendo o encanto de cada turma e, desse modo, ampliando ou trocando o acervo. Cada criança seleciona o(s) livro(s) que deseja ler e se deseja repetir a leitura ou mesmo salteá-la.

A seleção que faço dos livros de arte segue alguns princípios, por exemplo: quantidade de imagens em tamanho grande, temática (livros sobre natureza, pessoas, fauna e flora) ou livros que possuam imagens que tenham relação com o tema que as professoras de turma estejam tralhando.

Também considero livros de arte os de fotografia e de histórias infantis que tenham imagens bem instigantes/provocativas. O acervo de livros é particular e dou prioridade aos livros de arte (Coleção Grandes Pintores Brasileiros, Coleção da Taschen – Artistas, livros de fotografia, de animais, entre outros).

De olho na roda: Narrativas infantis

A dinâmica da roda permite que as crianças revelem preferências, que são identificadas quando comentam e solicitam determinados livros com significado especial para elas. Para além dos objetivos propostos e do crescente interesse pela leitura desse tipo de livro, as "rodas de livros de arte" têm oportunizado encontros que potencializam as narrativas infantis sobre temas que dialogam com suas vidas.

> Entende-se, portanto, que a disposição humana para narrar e criar histórias constitui uma das características biopsicossociais e culturais, inerentes ao humano, e que ela se manifesta pela necessidade de dar sentido às experiências de se comunicar e interagir consigo mesmo e com o mundo. De modo que as relações construídas no ato de narrar entre os seres humanos, entre eles e o mundo, independentemente de ser ele um adulto, um jovem ou uma criança, se concretiza como um ato poético de reinvenção de si, concebendo-se e percebendo-se em auto(trans)formação pelo ato de narrar a própria experiência. (Passeggi *et al.* 2014, p. 470)

Percebo que alguns livros têm maior significado para as crianças; esse é um dos momentos em que revejo a temática, o tipo de interesse e os motivos da atenção dada àquele material específico. Outras vezes, percebo o "desinteresse" revelado, alguns livros não as atraem. Converso com as crianças em roda sobre as minhas percepções e avaliamos juntas a permanência ou não daquele título no acervo.

Selecionei algumas narrativas das crianças que falam de livros que não são objetivamente de arte, mas que têm uma seleção de imagens que apresentam uma diversidade de técnicas, estilos, cores e linguagens (desenhos, pinturas fotografias, instalação, colagens etc.). A ênfase é para que construam a ideia de que a apreciação de imagens não está diretamente ligada ao livro de arte ou a uma proposta específica. Podemos viver a experiência estética com uma grande diversidade de imagens.

Como destaca Abrahão (2003, p. 85), "trabalhar com narrativas não é simplesmente recolher objetos ou condutas diferentes, em contextos narrativos diversos, mas, sim, participar na elaboração de uma memória que quer transmitir-se a partir da demanda de um investigador". As narrativas infantis, organizadas no quadro a seguir, revelam a relação com suas vivências pessoais, seus sentimentos, seu conhecimento de mundo, sua construção do conceito de arte, ética e empatia.

Criança	Livro
"Eu gosto dele, porque tem várias pinturas."	ALTÉS, M. (2013). *Eu sou um artista.* São Paulo: Ciranda Cultural.
"Me lembra a minha avó. Ela costura para mim."	ALTÉS, M. (2013). *Eu sou um artista.* São Paulo: Ciranda Cultural..
"Os livros inspiram... a arte."	LAROUSSE (1997). *Enciclopédia da vida selvagem – Animais da savana I.* São Paulo: Altaya.
"Muitas artes falam sobre o mundo e a natureza."	LAROUSSE (1997). *Enciclopédia da vida selvagem – Animais da savana II.* São Paulo: Altaya.
[Diante da imagem de um rinoceronte branco, a criança fala, com expressão de tristeza] "Me lembra que os animais podem ser felizes. Quanto mais mata, mais o rinoceronte perde a natureza."	GUIA DE AVENTURAS (2009). *Planeta selvagem.* São Paulo: Ciranda Cultural.

Na próxima sequência, realizei um recorte que demonstra algum conhecimento ou preferências das crianças por determinado artista ou estilo, revelando uma experiência que se vem construindo no cotidiano das aulas. Esses artistas já têm um público cativo, que realiza análise formal, descreve as formas, interpreta suas leituras e busca o livro em outras aulas e em experiências autorais.

Criança	Livro
"Ela me dá inspiração, é bonita e tem flores. Tem as cores que eu gosto."	DUPRAT, C. (2013). *Beatriz Milhazes.* São Paulo: Folha de S.Paulo. (Folha Grandes Pintores Brasileiros)
"Eu gosto dele, porque é forte" [referindo-se ao livro].	DUPRAT, C. (2013). *Beatriz Milhazes.* São Paulo: Folha de S.Paulo. (Folha Grandes Pintores Brasileiros)
Diálogo entre duas crianças (sobre um livro de Beatriz Milhazes): – "Cores pastéis e escuras..." – "O desenho e as formações."	DUPRAT, C. (2013). *Beatriz Milhazes.* São Paulo: Folha de S.Paulo. (Folha Grandes Pintores Brasileiros)
Apontam algumas imagens e comparam com o livro de Adriana Varejão: – "Aqui tem o mar." – "E a natureza."	MORAIS, M. (2013). *Adriana Varejão.* São Paulo: Folha de S. Paulo. (Folha Grandes Pintores Brasileiros) *Celacanto provoca maremoto*, 2004-2008. Óleo e gesso sobre tela, 110 x 110 cm cada, 184 peças (instalação) – Inhotim.
– "Onde está o livro do Salvador Dalí? Por que ele não está aqui?" – "Traz de volta o livro do Salvador Dalí."	DESCHARNES, R. e NÉRET, G. (2002). *Salvador Dalí: A obra pintada 1904-1989.* Lisboa: Taschen.
– "Isso daqui é o mais esquisito, muito esquisito, porque tem uma sombra no corpo da pessoa? (...) Isso é mais esquisito... não faz sentido!" – Você sabe quem é esse artista? – "Sei, Salvador Dalí."	DESCHARNES, R. e NÉRET, G. (2002). *Salvador Dalí: A obra pintada 1904-1989.* Lisboa: Taschen.
– "Gostaria de ver o livro do Van Gogh? Onde está?"	BEKS, M. (1994). *Vincent Van Gogh.* Lisboa: Taschen.
– "Alguém quer o meu Monet emprestado?" – "Eu."	HEINHICH, C. (1995). *Claude Monet 1840-1926.* Lisboa: Taschen.

A proposta aqui é elucidar a importância do trabalho com livros de arte, sem necessariamente didatizar essa experiência, que, prioritariamente, nasce poética. Procurei criar uma sistematização para que as crianças tivessem acesso contínuo aos livros, construindo um arcabouço consistente de vivências múltiplas. A leitura dos livros de arte busca o lúdico, a voz das crianças, suas histórias, seus relacionamentos, sua imaginação, seus sentimentos, seu equilíbrio entre coletivo e individual, e também o etéreo, o diferente, o esquisito, o fantástico, o cultural e, por fim, a sensibilidade. Ler uma obra seria, então, perceber, compreender, interpretar a trama de cores, as texturas, os volumes, as formas e as linhas que constituem uma imagem. É importante lembrar que a marca maior das obras das artes plásticas é querer o indizível, ou seja, não é um discurso verbal, é um diálogo entre as formas, as cores, os espaços. Desse modo, quando fazemos uma leitura, estamos explicitando verbalmente relações de outra natureza, da natureza do sensível (Pillar 2006, pp. 15-16).

Como reafirma Ostetto (2007, pp. 35-36): "Não é mesmo novidade dizermos que é pelas diferentes experiências com/no mundo sensível que a criança vai se apropriando de formas mais complexas de ver e ler esse mesmo mundo sentido". As narrativas de experiências infantis deram visibilidade à necessidade que têm de se manifestar. Tornou perceptível/concreto seu mundo através das imagens. Por meio de uma visão potencializada, o diálogo pode ser trazido com predominância para a socialização das vozes infantis, o diálogo entre elas, e entre elas e a professora. Assim como apontam Passeggi *et al.* (2014), a fala de uma criança vai complementando a fala de outra, o que nos permitiu essas sequências de narrativas (curtas, mas cheias de sentido), produzidas por um sujeito coletivo.

Portanto, esse projeto em andamento vem se reorganizando de acordo com as turmas e suas singularidades. Vale ressaltar que este capítulo é um pequeno recorte do projeto da roda de livros de arte e não pretende ser uma experiência fechada em si, absoluta, mas, sim, uma possibilidade de alcançarmos múltiplas formas de estabelecermos experiências estéticas com as crianças que, na escola, são nossos estudantes.

Referências bibliográficas

ABRAHÃO, M.H.M.B. (2003). "Memória, narrativas e pesquisa autobiográfica". *História da Educação*. Pelotas, ASPHE/FaE/UFPel, n. 14, set., pp. 79-95.

CAEIRO, A. (1993). "O guardador de rebanhos". *In*: CAEIRO, A. *Poemas de Alberto Caeiro. Heterônimo de Fernando Pessoa*. Nota explicativa e notas de João Gaspar Simões e Luiz de Montalvor. 10ª ed. Lisboa: Ática.

CUNHA, S.R.V. (2009). "Pintando, bordando, rasgando, desenhando e melecando na educação infantil. *In*: CUNHA, S.R.V. (org.). *Cor, som e movimento: A expressão plástica, musical e dramática no cotidiano da criança*. Porto Alegre: Mediação, pp. 7-36.

FREIRE, M. (1983). *A paixão de conhecer o mundo*. Rio de Janeiro: Paz e Terra.

FREIRE, M. *et al*. (1994). *Grupo, indivíduo, saber e parceria: Malhas do conhecimento*. São Paulo: Espaço Pedagógico, pp. 13-32.

FREIRE, P. (2005). *Pedagogia do oprimido*. 44ª ed. Rio de Janeiro: Paz e Terra.

HOLM, A.M. (2004). "A energia criativa natural". *Pro-Posições*, v. 43, jan.-abr., pp. 83-95. [Disponível na internet: <https://www.fe.unicamp.br/pf-fe/publicacao/2228/43-dossie-holmam.pdf>.]

LEITE, M.I. (2005). "Livros de arte para crianças: Um desafio na apropriação de imagens e ampliação de olhares". *Revista Teias*. Rio de Janeiro, ano 6, n. 11-12, jan.-dez. [Disponível na internet: <https://www.e-publicacoes.uerj.br/index.php/revistateias/article/view/23991>.]

OSTETTO, L.E. (2007). "Entre a prosa e a poesia: Fazeres, saberes e conhecimento na educação infantil". *In*: PILOTTO, S.S.D. (org.). *Linguagens da arte na infância*. Joinville: Univille, pp. 29-45.

_______(2011). "Educação infantil e arte: Sentidos e práticas possíveis". São Paulo: Cultura Acadêmica. (Cadernos de Formação da Univesp)

OSTETTO, L.E. e BERNARDES, R.K. (2015). "Modos de falar de si: A dimensão estética nas narrativas autobiográficas". *Pro-Posições*, v. 26, n. 1, pp. 161-178. [Disponível na internet: <https://www.scielo.br/pdf/pp/v26n1/0103-7307-pp-26-01-0161.pdf>.]

PASSEGGI, M. da C. *et al*. (2014). "Narrativas de crianças sobre as escolas da infância: Cenários e desafios da pesquisa (auto)biográfica". *Revista Educação*, UFSM, v. 39, n. 1, jan.-abr. [Disponível na internet: <https://periodicos.ufsm.br/reveducacao/issue/view/687>.]

PILLAR, A.D. (2006). *A educação do olhar no ensino de artes*. Porto Alegre: Mediação.

READ, H. (2001). "A arte da criança". *In*: READ, H. *Educação pela arte*. São Paulo: Martins Fontes, pp. 118-127.

SAMPAIO, R.M.W. (1989). *Freinet: Evolução histórica e atualidades*. São Paulo: Scipione.

SARMENTO, M. (2007). "Visibilidade social e estudo da infância". *In*: VASCONCELLOS, V. e SARMENTO, M. (orgs.). *Infância (in)visível*. Araraquara: Junqueira e Marin, pp. 25-49.

TUTU, D. (2014). "Ubuntu: A filosofia africana que nutre o conceito de humanidade em sua essência". [Disponível na internet: <http://www.pordentrodaafrica.com/cultura/ubuntu-filosofia-africana-que-nutre-o-conceito-de-humanidade-em-sua-essencia>, acesso em 10/1/2021.]

PARTE II
TESSITURAS PARA FORA: PARTILHAS DE CONHECIMENTO

E a que se fez criança, tece a rosa.
E criança também, uma mulher
Contida de silêncio e de memória,
Espera o plenilúnio e elabora
Uma saga de sol
Hilda Hilst*

* Hilda Hilst. *Exercícios*. São Paulo: Globo, 2002, p. 62.

10
ENCONTROS EM PRESENÇA E EM JANELAS VIRTUAIS, PARA FIAR CONHECIMENTOS, TECER EXPERIÊNCIAS

Marta Maia
Luciana Ostetto
Cristiana Callai

Fiar: Um grupo de pesquisa, ensino e extensão

A articulação de ensino, pesquisa e extensão é um princípio fundante do Círculo de Estudo e Pesquisa Formação de Professores, Infância e Arte – Fiar,[1] que busca uma tessitura contínua sobre e com a formação docente da educação básica, prioritariamente da educação infantil, entrelaçando arte e infância. Trata-se de uma articulação que se propõe a ser circular e colaborativa, desde a própria constituição do grupo, que envolve professoras orientadoras, estudantes de graduação e pós-graduação e professoras da educação básica, até o desenvolvimento das

1. Grupo cadastrado no diretório de pesquisa do Conselho Nacional de Desenvolvimento Científico e Tecnológico (CNPq). Para acompanhar nossas atividades, consultar www.fiar.sites.uff.br.

temáticas, que giram em torno de algumas palavras-chave que também são marcas identitárias do grupo: educação estética, arte e infância, educação em museus, educação infantil, narrativas autobiográficas, formação cultural de professores, memorial de formação estética (Ostetto 2019).

Alinhavando processos de pesquisa-formação, tendo como método e horizonte a experimentação e a investigação, a expressão e a criação, sempre visando à articulação de princípios éticos, políticos e estéticos na formação docente, o Fiar vem desenvolvendo possibilidades de encontros formativos que prezam os fazeres artesanais, que apostam na trama de saberes advindos da pesquisa e da prática docente, que desejam fecundar escritas outras. São propostas que enlaçam pensamento e sentimento, consideram a essencialidade do ambiente como espaço educador de sensibilidades e acreditam na beleza como necessidade do humano e na criatividade como qualidade do pensamento.

Neste capítulo, apresentamos um retrato de dois projetos que desenvolvemos: "Fiar com...", realizado em diferentes espaços, ao longo dos anos de 2017, 2018 e 2019, e "Fiar com o Fiar na quarentena", realizado no espaço virtual, em 2020, dada a impossibilidade dos encontros presenciais que os tempos pandêmicos nos impuseram. São projetos-ação que pensam a formação docente além dos conteúdos clássicos e abrem tempos, espaços, janelas para a estesia. Nossas experiências formativas que aqui compartilhamos primam pelo acesso ao que toca a sensibilidade, o desejo do encontro e da criatividade.

Fiar com... a partilha em presença

O "Fiar com..." é uma expressão do compromisso do grupo de pesquisa Fiar com a formação estética para a docência na educação infantil. É proposto para as pessoas que exercem essa docência ou que têm ascendência sobre as possibilidades de melhor exercê-la. Logo, é dedicado a professores e gestores das redes públicas, estudantes de graduação e demais interessados nos temas abordados.

Nesse projeto, buscamos uma forma dialógica de formação que não se paute na prescrição, que esvazia o saber-fazer docente. Em sentido contrário à prescrição, buscam-se oportunidades para a experiência, aquilo que nos toca, que provoca sentidos e não apenas aquilo que vivemos, ou sobre o que nos informamos, como aponta Larrosa (2003).

Para que seja uma experiência formativa expressiva, são pensados detalhes em conteúdo e forma, faces que se complementam, detalhes que envolvem a escolha e a preparação estética dos espaços para que sejam significativos quanto ao tema e acolhedores aos sentidos, desde a composição dos materiais até o aroma e o sabor do café, do lanche, dos chás. Cada participante é recebido em sua inteireza; pensamentos, sentimentos, sensações são instigados à participação no encontro. Cada encontro tem um dinamizador, que tanto pode ser um convidado quanto uma das fiandeiras, modo como os componentes do grupo se autodenominam.

Em 2017, foram realizados os quatro primeiros encontros: "Fiar com... arte na infância", realizado em 31/5/2017 na Faculdade de Educação da Universidade Federal Fluminense (UFF): "Fiar com... danças circulares", realizado em 27/6/2017 no Espaço Avançado, Faculdade de Serviço Social da UFF; "Fiar com... arte no museu", realizado em 12/7/2017 no Museu Nacional de Belas Artes; "Fiar com... arte e formação de professores: Perspectivas autobiográficas", realizado em 1/11/2017 na Faculdade de Educação da UFF. Em 2018, foram realizados dois encontros: "Fiar com... biblioterapia", em 17/4/2018 no auditório da Fundação Municipal de Educação; "Fiar com... bebês e educação", em 29/8/2018 no auditório da educação infantil do Colégio Universitário (Coluni-UFF). Em 2019, foram dois encontros: "Fiar com... estesias: Por uma escrita ave", em 26/6/2019 na Biblioteca Central do Gragoatá (BCG-UFF) e o "Fiar com... memorações: Marcos e datas da infância", em 16/9/2019 na Faculdade de Educação da UFF (Ostetto, Maia e Callai 2019).

Um retrato de cada encontro "Fiar com...", a que já referimos, será apresentado a seguir, desejando oferecer alguns elementos que permitem ampliar a compreensão do trabalho. Para tanto, tomamos por base uma sistematização já apresentada em um evento acadêmico (*ibid.*).

I
“Fiar com... arte na infância”

Cartaz de divulgação – “Fiar com... arte na infância”, 31/5/2017. Fonte: Arquivos do Fiar.

Esse encontro inaugura a série de eventos nessa proposta e foi concebido para convidar ao diálogo sobre concepções e práticas de arte na infância, sobretudo na educação infantil. Naquela manhã de quarta-feira, a Sala Paulo Freire, da Faculdade de Educação da UFF, transformou-se em um ambiente de múltiplas linguagens, com intervenções de fios e formas no espaço que o tornaram mais aconchegante. Falar de arte provocando sentidos.

A exposição com palavras, fotografias e vídeos, conduzida pela convidada, suscitou provocações e conversas que deslocaram concepções por vezes simplistas da relação entre arte e educação. A participação dos que responderam ao chamado, entre estudantes de pedagogia, professores de educação infantil e membros do grupo de pesquisa, contribuiu para a ampliação de olhares e significados relacionados à arte na vida de cada um e à arte na educação, seja escola, seja educação infantil.

II
"Fiar com... danças circulares"

Cartaz de divulgação – "Fiar com... danças circulares", 27/6/2017. Fonte: Arquivos do Fiar.

Na organização do espaço para receber quem vem para um encontro do Fiar, beleza é fundamental. Nesse dia, a sala do Espaço Avançado da Escola de Serviço Social da UFF se transformou em um lugar aconchegante para conversar e dançar. Um centro cuidadosamente preparado com uma toalha rendada e, sobre ela, um vaso de orquídeas brancas capturava a atenção de todas as pessoas que chegavam para o encontro "Fiar com... danças circulares". Mas o que são as danças circulares? Tal como hoje as conhecemos, as danças circulares trazem, em suas raízes, o passado longínquo da dança dos povos.

> Como o próprio nome indica, as *danças circulares sagradas* são práticas de dança desenvolvidas em círculo, envolvendo simbologias, tradição e cultura de diferentes povos. Na roda, de mãos dadas, voltadas para um centro comum, ao ritmo de suas músicas, nos passos e nos gestos desenhados no movimento coletivo, as marcas de tradições diversas são dançadas e acolhidas, são vivificadas no círculo. (Ostetto 2010, p. 46)

Para o encontro do Fiar, foram dispostos ao redor do centro mantas, cangas, panos coloridos e almofadas, convidando à aproximação, a sentar-se junto. E, nessa atitude, participamos do diálogo com a convidada, que falou sobre a experiência de trabalhar com as danças circulares na Universidade Federal de São Carlos, onde é professora, sobre alguns sentidos dessa prática e sobre sua pesquisa. As imagens que ela projetou completavam o conteúdo da exposição e, embalados pelas palavras que contavam histórias de percursos sensíveis, na pesquisa e na prática educativa com as danças criculares, o grupo que se fez presente foi construindo sentidos. A sala estava lotada! Para muitos, aquele era o primeiro contato com as danças. Na continuidade, o grupo alegremente aceitou o chamado para dançar, sob a focalização sensível e envolvente da convidada, danças da Grécia, da Romênia, do Brasil e de outras procedências. Então, uma imensa e bela roda se fez. Foi uma experiência profunda e sublime, que reafirmou a essencialidade de se abrirem caminhos para a recuperação do ser brincante, cantante, dançante que nos habita.

III
"Fiar com... arte no museu"

Cartaz de divulgação – "Fiar com... arte no museu", 12/7/2017. Fonte: Arquivos do Fiar.

Esse encontro oportunizou que professores estivessem de forma diferenciada em um museu de arte, refletindo sobre a relação de crianças e adultos com a arte e a formação estética. O local escolhido foi o Museu Nacional de Belas Artes, situado na cidade do Rio de Janeiro, local onde uma das dinamizadoras do encontro é responsável pela Seção de Educação. Uma rica tarde se iniciou com a "Roda de conversa: Crianças e professores no museu", quando se refletiu sobre uma possível definição de conceito de museu, a história do Museu Nacional de Belas Artes, a origem de seu acervo e as ações da Seção de Educação. Depois, para refletirmos sobre a visita a um museu de arte, foram exibidos dois curtas: *Bandamargem*, de Elisa de Magalhães (professora da Escola de Belas Artes/UFRJ) e outro, parte do trabalho de campo da pesquisa de mestrado sobre visita de crianças ao museu (Bibian 2017). Após a socialização das reflexões suscitadas pelos filmes, os participantes foram convidados ao lanche. A este, seguiu-se a oficina "Poetizar no museu", que teve início com uma roda de dança circular que sensibilizou o grupo para seguir em visita à galeria de arte brasileira do século XIX, durante a qual deveriam escolher uma obra que lhes chamasse a atenção. As sensações, as lembranças e as curiosidades provocadas pela visita foram socializadas na roda de conversa que se seguiu, permeada por provocações poéticas trazidas por Cristiana Seixas, encerrando o encontro.

IV
“Fiar com... arte e formação de professores: Perspectivas autobiográficas”

Cartaz de divulgação – “Fiar com... arte e formação de professores: Perspectivas autobiográficas”, 1/11/2017. Fonte: Arquivos do Fiar.

Mais uma vez, encontramo-nos na Sala Paulo Freire, da Faculdade de Educação da UFF. Como sempre, o ambiente foi preparado com cuidado e intencionalidade. Acima da porta de entrada, havia um pano pendurado, inspirado na cultura oriental, de convidar à consciência de sua presença e de reverência, pois, ao passar pelo pano, era necessário inclinar-se, sinal de respeito para entrar no espaço. No pano, estava escrito: “Esta é minha memória. Dela sou a que nasce, mas também sou a parteira”, de Eliane Brum (2017), no livro *Meus desacontecimentos*. Assim que se passava por esse portal, caminhava-se por um pequeno corredor de espelhos, chamando à atitude de olhar para si: quem eu vejo? Quem me vê? Borboletas de papel colorido foram espalhadas pela sala: nelas, os participantes podiam escrever mensagens, palavras poéticas, sentimentos, impressões, para alçarem voo.

Na mesa da convidada que conduziria o encontro, havia flores de pano que remetiam ao artesanato mineiro, lembrando, e homenageando, a professora convidada, que vinha de Belo Horizonte. A compor o espaço também havia panos bordados, almofadas, aroma de capim-limão, lanche farto e versos enfeitando a lousa que estava na sala.

Nossa convidada, após ressaltar o cuidado e os detalhes do ambiente, começou por apresentar imagens que contavam de seus percursos no ensino de arte e da sensibilidade que foi cultivando na relação com os professores. As diferentes linguagens e formas de expressão compartilhadas foram despertadas e produzidas com base em elementos biográficos.

Pelas manifestações do público presente, o tema abordado, o espaço e o conteúdo apresentado foram muito mobilizadores. Várias participantes compartilharam fragmentos de seus percursos biográficos, tecendo reflexões cheias de significados. As ressonâncias em cada um puderam ser anotadas nas borboletas de papel colorido que estavam à disposição dos participantes.

Algumas reverberações-palavras: escutar; descolonizar a arte; identidade; encontro; cuide-se!; criação; desejos; narrar-se; cuidados; entrelaçar sentidos e pensamentos (palavras das participantes no encontro no caderno de registros do Fiar).

Enfim, fecundados desejos e possibilidades, o encontro terminou com energias em ebulição.

V
“Fiar com... biblioterapia”

Cartaz de divulgação – “Fiar com... biblioterapia”, 17/4/2018. Fonte: Arquivos do Fiar.

Esse encontro foi realizado em uma manhã no auditório da Fundação Municipal de Educação de Niterói. O local escolhido, situado em um prédio tombado pelo Instituto Estadual do Patrimônio Cultural do Rio de Janeiro, convidava os participantes à apreciação estética, por sua arquitetura com curvas, vitrais, arabescos e detalhes do tempo. Sua beleza se complementou com o varal de poesias e os estandartes de pano. A experiência de ser envolvido em arte e poesia foi marcada com a produção artesanal de um caderno de escrita de si. Foram abordadas as narrativas autobiográficas como veículo de apropriação dos processos formativos na história de vida.

Foi contada a história “Olhos de violino”, de Márcia Cristina Silva (2008), e cada participante, convidado a escrever, em seu caderno, sobre encontros impactantes com a arte e suas ressonâncias e a compartilhá-los com o grupo.

As autoras convidadas falaram sobre os processos de produção de seus livros, o que despertou grande interesse e atenção em todos os presentes. Andrea Taubman (2016) falou sobre seu livro *O menino que tinha medo de errar*, cuja escrita a ajudara a superar as cobranças externas e internas de padrões inalcançáveis de perfeição. Margarete Amaral mostrou seu caderno de infância, onde, aos seis anos, registrou a história que foi a semente de seu livro *A garrafa e a rolha*, publicado em 2015. Sandra Ronca mostrou o processo de feitura do livro *Tenho um amigo* (2016), fruto da travessia do luto pela perda de seu filho, morto por bala perdida no pátio da escola.

As histórias partilhadas – de superação, de enfrentamentos, de alegrias e tristezas, conquistas e perdas – são partes constitutivas da autoria e do processo de criação e trouxeram grande emoção ao encontro. Ao narrarem os temas e as condições de escrita de seus livros, as autoras afirmaram a vida e ofereceram alimento para a imaginação e para o encorajamento dos participantes, da escrita de si.

VI
"Fiar com... bebês e educação"

Cartaz de divulgação – Fiar com... bebês e educação, 29/8/2018. Fonte: Arquivos do Fiar.

Esse encontro foi realizado no auditório da Unidade de Educação Infantil do Coluni-UFF, organizado e ambientado com almofadas, panos e colchonetes dispostos no espaço, no centro do qual estava uma roda de livros de literatura infantojuvenil, provocando olhares e leituras.

Concepções teóricas, pesquisas e práticas com bebês estavam em pauta. Em forma de exposição dialogada, as professoras convidadas apresentaram suas pesquisas e suscitaram reflexões sobre questões que perpassam a vida dos bebês e suas relações com os adultos, dentro e fora de instituições de educação infantil.

VII
"Fiar com... estesias: Por uma escrita ave"

Cartaz de divulgação – "Fiar com... estesias: Por uma escrita ave", 26/6/2019.
Fonte: Arquivos do Fiar.

Partindo do desejo de realizar um encontro no qual a escrita poética envolvesse os participantes e todos os sentidos, a proposta se projetou como um convite a olhar para o ínfimo, os desperdícios e os despropósitos. Nesse encontro, a proposta-desafio era criar a ambiência poética na qual todos se sentissem propensos a degustar e criar textos poéticos. Duas profissionais comprometidas com a linguagem e a sensibilidade apresentaram suas referências constituintes. A primeira se encontra com a poesia através e a partir da maternidade; ali, a poesia a abarca com a vida. A segunda se constitui poeta desde menina, definida como tal precocemente pela mãe ao perceber a poesia que habita sua vida.

Dessa vez, foi o Espaço Cultural da BCG-UFF que nos acolheu. E tinha tudo a ver com a proposta desejada! Esse espaço, localizado no térreo da biblioteca, é composto de duas salas interligadas, com um piano em uma delas. O piano suscitou ideias: vamos inserir na programação do encontro uma sessão musical! Sim, levamos adiante a proposta e, no dia marcado, os participantes foram recepcionados com a delicada música do piano, que recebeu as mãos generosas de um estudante de música que aceitou colaborar com o encontro do Fiar. E fez toda a diferença! A música preencheu o espaço e, à medida que os participantes iam chegando, aproximavam-se da roda que se formou em torno do piano e do pianista. Algumas composições puderam ser acompanhadas pelas vozes de todos que ali estavam, que entoaram Vinicius de Moraes em um belo coro, formado despretensiosamente, mas com alma.

O espaço foi organizado com panos coloridos, poesias, livros, uma bacia com água aromatizada, objetos que remetiam ao tema: voar com/na/pela poesia. Foram disponibilizados papéis de diferentes tamanhos, cores, texturas, além de lápis e canetas hidrográficas. Uma bonita mesa oferecia um lanche saboroso. No decorrer do encontro, debruçamo-nos sobre os sentidos provocados pelas palavras nas poesias de Manoel de Barros. Encontramos, no percurso das palavras que compõem seus escritos, a reverência à simplicidade. E, ao entoar as palavras do brejo, dos pássaros ou dos caramujos, os sentidos foram sacudindo poeiras às palavras fatigadas de explicar, porque, em suas composições, Manoel nos convida a transver o olhar. Na poesia, as palavras vão além da informação, nelas habita o canto, "para cantar é preciso perder o interesse de informar" (Barros 2017, p. 43).

Nessa dinâmica produzida pela voz do poeta, que é a poesia, a criança escuta a cor do passarinho, potencializa a palavra com sua visão criadora, não sequencial, liberta a palavra da escravidão obediente, inaugura mundos, cria reinos e personagens para habitá-lo (Callai 2019). No prefácio do livro *Meu quintal é maior que o mundo*, José Castello diz que o objetivo da poesia de Manoel de Barros não é explicar, mas "desexplicar". Diz ainda que sua poesia "se desenrola além da razão e de seus bons argumentos. Talvez, seja por isso que é uma poesia que se apega à infância, momento da vida em que todos os sentidos estão por se fazer" (Barros 2016, p. 9).

O horário do evento permitiu que o público fosse, em sua maioria, de professoras de educação infantil da rede municipal de Niterói, mas também alunos do curso de Pedagogia da UFF e usuários da biblioteca que, ao chegarem ao local, sentiram-se convidados pela surpresa estética que encontravam. Após a recepção visual, olfativa, gustativa e auditiva proporcionada, os participantes foram convidados pelas dinamizadoras a fluir com a poesia, com as suas narrativas e leituras. Em seguida, todos puderam apresentar em palavras ditas ou escritas e registros gráficos outros a sua própria expressividade poética.

VIII
"Fiar com... memorações: Marcos e datas da infância"

Cartaz de divulgação – "Fiar com... memorações: Marcos e datas da infância", 16/9/2019.
Fonte: Arquivos do Fiar.

O desafio aqui foi trazer uma discussão comumente teórica para a memória afetiva e dela retomar a análise. Trazer das memórias a crítica a um calendário escolar que prima por se organizar prévia e tradicionalmente por datas de um calendário oficial, que não dialoga com as infâncias que transitam na escola (Maia 2016 e 2017), foi o objetivo a ser alcançado pela dinamizadora Marta Maia, que desenvolve a discussão acerca desse tema em suas pesquisas. Para avivar a memória, o ambiente foi organizado em pequenas ilhas de brinquedos.

Os participantes, estudantes do curso de Pedagogia da UFF, professores e gestores de redes municipais de educação, foram recebidos com um saboroso lanche, enquanto assistiam a vídeos de animação das músicas "O trenzinho do caipira" (Villa-Lobos) e "Bola de meia, bola de gude" (Milton Nascimento e Fernando Brant). Em seguida, foram convidados a brincar. Após um período de brincadeiras e narrativas nas pequenas ilhas/grupos, a dinamizadora solicitou que pensassem nas suas infâncias, nos momentos marcantes, nas datas que traziam na memória.

Posteriormente, foram provocados a socializar essas memórias oralmente e a registrá-las em desenhos ou palavras em papéis disponibilizados para esse fim. Esses registros foram organizados pelos participantes em um quadro dividido pelos meses do ano, formando, então, um calendário centrado nos sujeitos. Com base nesse calendário, foram feitas as análises sobre o conteúdo de suas memórias – nenhuma delas se referia a eventos ou situações escolares, relacionando e contrapondo o calendário produzido com essas memórias e o calendário escolar centrado em datas convencionais.

Fiar com o Fiar na quarentena: A partilha pelas janelas virtuais

No contexto da pandemia, desenvolvemos a ação coletiva pelos meios virtuais: como um desdobramento dos eventos "Fiar com...", apresentados no tópico anterior, realizamos o "Fiar com Fiar na quarentena", um movimento de ocupação-formação virtual. Dado que, em nossos estudos e nossas pesquisas, tematizamos arte, infância e formação docente, no isolamento imposto pela crise sanitária mundial, ocasionada pela pandemia de Covid-19 nos primeiros meses de 2020, perguntamo-nos: Seria possível tecer encontros de sensibilidades no distanciamento, na virtualidade? Apostando que sim, foi criada uma ação na página do grupo no Facebook (https://www.facebook.com/fiar.pesquisa), que propunha diariamente publicações-convites para sentir-pensar-fazer: segunda-feira: "Fiar com... museus"; terça-feira: "Fiar com... educação e arte"; quarta-feira: "Fiar com... literatura"; quinta-feira: "Fiar com... sons e canções"; sexta-feira: "Fiar com... propostas de educação antirracista".

A organização das propostas exigiu o exercício de curadoria, compreendida como ação de selecionar e organizar a forma e o conteúdo da publicação, o que implicou pesquisar repertórios e teorias, assim como definir critérios para as escolhas. Buscávamos, nas janelas virtuais, abrir espaço para continuarmos a tecer histórias, sentidos e sensibilidades no encontro. Informar, convidar a ver, a conhecer, e também ir além: queríamos estar a serviço da narrativa, tema tão caro ao Fiar. Ressoavam em nós as palavras do filósofo Walter Benjamin (1987, p. 203): "(...) cada manhã recebemos notícias de todo mundo. E, no entanto, somos pobres em histórias surpreendentes. A razão é que os fatos já nos chegam acompanhados de explicações".

A seguir, contamos um pouco do processo e partilhamos algumas propostas efetivadas, trazendo também as respostas/intervenções de visitantes da página que interagiram com as publicações.

I
"Fiar com... museus na quarentena"

Os *posts* que foram tomando forma com o passar das semanas se apresentavam com uma provocação, convidando à fruição, à interação, à reflexão, ao deslocamento de sentidos. A proposta era apresentar uma diversidade de artistas, de diferentes épocas, técnicas, origens e temáticas, oferecendo informações também sobre o museu ou a galeria que abrigava as obras. Rodolfo Chambelland, Frida Khalo, Arthur Bispo do Rosário, Amadeo Modigliani, coletivo Opavivará, Mulambö, Manuel Cargaleiro, Fernando Rodrigues, Pablo Picasso, Frans Krajcberg e Cinthia Marcelle foram alguns dos artistas que passaram pela página do Fiar. O Museu Nacional de Belas Artes no Rio de Janeiro, o Museu de Arte Contemporânea de Niterói, o MoMA e o Museu Cargaleiro foram alguns dos museus citados.

Aos poucos, desenhos, fotografias e poesias foram tomando espaço nos comentários da publicação. A interação foi muito boa, possibilitando que questões pessoais, opiniões e mesmo a intimidade da própria casa fossem divididas em um clima de colaboração.

Uma das publicações foi composta com uma obra da artista visual Cinthia Marcelle,[2] intitulada "Educação pela pedra", de 2016, na qual temos o giz, ou pó de giz, material costumeiro/banal nas escolas, ressignificado como a estrela, o protagonista. A imagem da instalação, que nos provoca a pensar na relação corpo-escola-arte e formação docente, foi compartilhada com a questão: O que é óbvio na escola?

O tema instigou uma participação intensa, evidenciando a necessidade de dividir angústias e desassossegos entre nossos pares:

> O óbvio na escola? Vou lembrar das crianças na creche. Parece óbvio que elas estão lá. Mas muitos não as veem realmente. Poderia dizer das crianças e dos alunos em geral. É óbvio que escola tem crianças, adolescentes e jovens. Mas, quem os vê realmente? (G.D.)

> No primeiro dia em uma escola da rede municipal (...), eu fiquei profundamente impactado; naquela escola, naquele lugar nada era óbvio, o fato de ser branco era o suficiente para me tornar estrangeiro. Essa escola foi um desafio em muitos níveis. Acho que aprendi mais com eles do que ensinei. (A.L.)

---

2. Disponível na internet: <https://www.moma.org/calendar/exhibitions/3606>, acesso em 30/8/2020.

II
“Fiar com... educação e arte na quarentena”

Tecer fios entre educação e arte. Esse era o desejo para as publicações que aconteciam toda terça-feira, quando oferecíamos à reflexão texturas de nossos estudos – referências que sustentam e inspiram pesquisas, saberes e fazeres. Havia a dimensão da reflexão, e também o convite à experimentação, pois movia-nos a ideia de que a prática dialogada com as linguagens artísticas coloca “o sujeito em contato com seu desejo, possibilita que dê forma a esse desejo e, ao mesmo tempo, desloca-o de seu cotidiano, conduz à confrontação com outras realidades, com outros modos de pensar e sentir” (Albano 2012, p. 62).

Em uma dessas publicações, falamos dos momentos difíceis pelos quais estávamos passando. Dores, tristezas e até desesperanças que nos invadiam. E então, em diálogo com o arte-educador Elliot Eisner, perguntávamos: mas temos o céu, não é mesmo?

> O nosso destino é mudar a visão social daquilo que as escolas podem ser. Não vai ser uma caminhada fácil, mas, quando os mares parecem demasiado traiçoeiros para viajar e as estrelas demasiado distantes para tocar, devemos lembrar-nos da observação de Robert Browning “o alcance de um homem deve exceder a sua capacidade, ou para que serve um céu?”. (Eisner 2008, p. 12)

Nessa ocasião, convidamos seguidores e seguidoras a ir até a janela, olhar para o céu e fazer uma fotografia. Pedimos que compartilhassem o retrato do céu capturado pela janela. Convocávamos: vamos exceder nossa capacidade de enxergar, ver-sentir-prosseguir!

Mas ainda temos o céu! ("Fiar com... educação e arte"). Mosaico de fotografias compartilhadas na página do Facebook, em diálogo com a publicação. Fonte: https://www.facebook.com/fiar.pesquisa.

A paisagem-céu vista da janela também compõe a superfície existencial do nosso cotidiano. Que oportunidade para aguçarmos os sentidos! E, de certo modo, ampliar nossa formação estética! Educação estética não diz respeito apenas ao contato e/ou conhecimento da arte.

> Educação estética não é apenas aprender a ouvir uma música, a cantar uma cantiga, a observar uma pintura, a dançar, a fazer teatro, a ler literatura. (...) o estético é aquilo que cada um é em sua superfície existencial, porque o importante é o como são desafiadas e afiadas as cordas do tempo e da transformação inevitável. (Galeffi 2007, p. 104)

III
"Fiar com... literatura na quarentena"

"Literatura na quarentena" teve como proposta convidar à expansão do repertório literário de quem acessa a página do Fiar. Desencadeada a partir da ideia de fazer indicação de obras significativas para as integrantes do grupo, a proposta movimentou cabeças e corações: ao nos debruçarmos sobre cada livro, pensávamos coletivamente sobre sua escolha e apresentação. Para instigar leituras e ampliação de sentidos, forma e conteúdo deveriam estar associados. Nesse sentido, um questionamento nos acompanhava: como convocar à leitura? Fragmentos do livro, contexto da obra, biografia do autor, impressões do leitor fiandeiro e imagens relacionadas poderiam ser provocações para o gesto de abrir o livro indicado. Oferecemos o nosso repertório, acalentando o desejo de se estar junto, mesmo em meio ao isolamento social.

Estiveram pela página: *Pensamento chão* (Mosé 2007); *O paraíso na outra esquina* (Vargas Llosa 2006); *Insubmissas lágrimas de mulheres* (Evaristo 2016); *O peso do pássaro morto* (Bei 2017); *Meus desacontecimentos* (Brum 2017); *Ideias para adiar o fim do mundo* (Krenak 2019); *Vazio* (Llenas 2018).

Entre os livros compartilhados, destacamos um deles, que dialoga diretamente com o universo da memória, das histórias, das narrativas, das buscas de sentido pela enunciação da palavra própria, elementos que circundam nossas pesquisas: *Meus desacontecimentos* (Brum 2017). Talvez, silenciosamente, pairasse a pergunta: Realidade ou ficção? Acontecimentos e desacontecimentos se inscrevem no papel, formando a existência de um corpo com e por palavras e, com elas, a autora nos convida a percorrer os sentidos de histórias reais contadas pelos fios das suas lembranças. Aquele que lembra e conta, diz a narradora, costura um corpo de verdades que sustentam sua vida, que lhe dão a vida, na memória tecida em suas palavras. E, então, ao compartilhar esse livro, fez-se o convite: Como narraria a sua história?

> A mulher que não se conhecia bailarina e que por isso ouviu outros chamados transformando-se em sua mais possível versão amor através da vida seguida... (A.G.)
>
> Minha breve narrativa de ser: Menina risonha. Que ri e sonha. (L.V.)
>
> Pela percepção de uma professora andarilha na educação infantil. (P.L.)
> (Comentários de seguidoras, no *post*)

O que as visitantes comentam dá apenas sinais do que foi movimentado, mas os ventos literários que vão sendo semeados se espraiam além de qualquer limite. "Quando se escrevem memórias de palavras, os tempos se misturam. O passado não existe, assim como o futuro. O que há é um eu inventando um passado e um futuro no presente" (Brum 2017, p. 18). No caso do movimento "Fiar com... literatura na quarentena", as temporalidades e as geografias se mesclam, projetam possibilidades de formação na reclusão, de constituição de significados no coletivo, na virtualidade: podem redimensionar o sonho e a prática da leitura.

IV
"Fiar com... sons e canções na quarentena"

Sim, interessava-nos criar oportunidades de compartilhar olhares para o futuro incerto que assombrava o presente, abrir janelas para viver e sobreviver no hoje instaurado nos tempos da reclusão. Na calma, por meio das janelas virtuais, oferecer companhia para a solidão, de mãos dadas com a arte: desejo e necessidade.

"Fiar com... sons e canções" foi um convite ao envolvimento com a música, a deixar-se embalar por melodias que nos traduzem, acolhem ou inquietam. Desejávamos compartilhar semanalmente um repertório musical que atravessasse o cotidiano e batesse à porta da alma daqueles que se aproximassem para ouvi-lo. Os tempos *quarentener* pediam mais gentileza, calma, acolhimento. Que tempos difíceis estávamos atravessando!

Na partilha de músicas, havia o desejo de apoiar a pausa no cotidiano que, na reclusão pandêmica dos lares, foi avolumado pela articulação de obrigações profissionais e tarefas domésticas. É a pausa que convida à reflexão sobre o cansaço, sobre a profunda necessidade de reaprender a contemplação e o contato com a essencialidade que a cultura demanda para superar hábitos voltados ao desempenho (Han 2017). Encontrar músicas que pudessem dar espaço para uma pausa – para apreciar, sentir, rememorar, pensar, projetar outra cotidianidade – se fez por uma curadoria que se situa na contramão da sociedade do desempenho que nos conforma como sujeitos de produção (*ibid.*).

A cada canção-convite para que outros entrassem na nossa ciranda, com suas impressões, memórias, opiniões, também formulávamos questões-provocação: E, para você, do que vale ser grato? O que anima e apura o seu olhar sobre a vida? Questões tecidas com base em *Gracias a la vida* (1966), de Violeta Parra. Em diálogo, uma visitante indica a poesia de Cecília Meireles: "Mas a vida, a vida, a vida só é possível reinventada". E nos reporta à canção de Belchior: "Ano passado eu morri. Mas esse ano eu não morro" (L.V.). Outra observa que o que a anima é a "dádiva da vida, os amigos, os amores, a família, meu filho, flores, ervas, aromas, imagens de lugares do passado, do presente e do futuro" (X.F.). Mesmo com boas lembranças, com a gratidão pela vida que se tem, a percepção da nossa humanidade diante da vida aflora uma sensibilidade que até dói, como expressa a mesma visitante, que também lembra: "Essa música chega a doer!" (X.F.).

Se, como diz o filósofo, "hoje vivemos num mundo muito pobre de entremeios e tempos intermédios" (Han 2017, p. 53), criar brechas, frestas, nas franjas e nos avessos desses tempos que nos assaltam e passam aceleradamente, foi um desejo do Fiar com sons e canções. Nas ações propostas, selecionamos e compartilhamos ritmos e afetos, permitindo-nos e convidando outros a sentir outras qualidades de tempos, em entremeios e intermédios.

V
"Fiar com... propostas de educação antirracista"

Pesquisar, experimentar e utilizar outras linguagens para comunicar e afetar a percepção sobre o racismo, eis o desafio assumido nessa ação. As publicações foram organizadas com a intenção de trazer reflexões e narrativas que afirmassem identidades, direitos e questionassem a negação ao protagonismo de homens e mulheres negros/negras. De que maneira poderíamos ampliar as discussões sobre as diferenças que nos constituem, trazendo também elementos que fossem contributos à conscientização política e histórica daqueles que se colocassem como nossos interlocutores? A curadoria foi essencial e a arte se fez guia, inspirando pesquisas sobre conteúdos e formas de possíveis ações educativas de combate ao racismo e às discriminações. Nessa direção, as publicações que inspiraram propostas de educação antirracista foram protagonizadas por: Rosana Paulino,[3] Ingrid Silva,[4] Priscila Rezende,[5] No Martins,[6] Robinho Santana,[7] Lélia Gonzalez (1935-1994), Yhuri Cruz,[8] Carolina de Jesus (1914-1977), Grada Kilomba,[9] Dona Ivone Lara (1922-2018), suas obras e suas vidas.

Entre as propostas, trouxemos "Still I Rise" ("Ainda assim eu me levanto"), o mais famoso poema de Maya Angelou (1928-2014), figura extraordinária das letras norte-americanas, porta-voz dos anseios e da revolta dos negros no século XX. Publicado em 1978, é uma verdadeira declaração de princípios, que serve como hino da resistência à opressão. Aqui, reproduzimos um trecho:

> Você pode me riscar da História
> Com mentiras lançadas ao ar.
> Pode me jogar contra o chão de terra,
> Mas ainda assim, como a poeira, eu vou me levantar.
>
> Minha presença o incomoda?
> Por que meu brilho o intimida?
> Porque eu caminho como quem possui
> Riquezas dignas do grego Midas.

---

3. Sobre Rosana Paulino, ver <https://www.rosanapaulino.com.br/>, acesso em 30/8/2020.
4. Sobre Ingrid Silva, ver <http://www.ingridsilvaballet.com/>, acesso em 30/8/2020.
5. Sobre Priscila Rezende, ver <http://priscilarezendeart.com/>, acesso em 30/8/2020.
6. Sobre No Martins, ver <https://www.instagram.com/nomartins_/?hl=pt-br>, acesso em 30/8/2020.
7. Sobre Robinho Santana, ver <https://robinhosantana.tumblr.com/>, acesso em 30/8/2020.
8. Sobre Yhuri Cruz, ver <https://yhuricruz.com/bio/>, acesso em 30/8/2020.
9. Sobre Grada Kilomba, ver <https://gradakilomba.com/>, acesso em 30/8/2020.

> Como a lua e como o sol no céu,
> Com a certeza da onda no mar,
> Como a esperança emergindo na desgraça,
> Assim eu vou me levantar.[10]

Um sussurro poético a Maya, veio em resposta: "Te sinto como uma força bruta que insurge nas tempestades e muda o fluxo do (a)mar… Te escuto na ferocidade do teu ser nos ecos dos grilhões dos antepassados em tudo aquilo que podemos ser..." (C.C.).

Propostas de educação antirracista podem se inspirar nas técnicas e, também, na história de artistas mulheres negras. Por isso, trouxemos a artista Sônia Gomes,[11] com sua obra "Mãos de ouro" (2008). Essa artista cria sua obra por meio de costura, torções, confluências e união de arame, rendas, tecidos, papel, linhas, papelão, bordados. Com a beleza e a força de sua obra foi que convidamos à reflexão: Considerando sua ancestralidade, quais fragmentos de família você guarda? Uma resposta:

> Fiquei matutando na questão... E me lembrei de um livro de receitas que minha mãe tinha. Feito com colagens, escritas a mão. Diversas letras, pois as amigas trocavam receitas. Ele era todo colorido, com várias figuras... Uma arte própria. Era comum ouvir os vizinhos perguntando: "Laura, o que está cozinhando? O cheiro está maravilhoso". Eu estou entendendo a importância da cozinha, do aroma da casa e das memórias que as receitas nos proporcionam agora na quarentena. Obrigada, Fiar, por incentivar essa linda lembrança. (H.N.)

Durante as publicações, houve uma crescente participação/interação, e os comentários reafirmavam o caminho: conhecer a arte e a cultura produzidas por artistas negros é parte importante da formação para as

---

10. Poema disponível na íntegra em <https://www.geledes.org.br/maya-angelou-ainda-assim-eu-me-levanto/>, acesso em 30/8/2020.
11. Sobre Sônia Gomes, ver <https://mendeswooddm.com/pt/artist/sonia-gomes>, acesso em 30/8/2020.

relações étnico-raciais. Proporciona a ampliação das referências estéticas dos professores, podendo contribuir para um maior respeito às crianças negras e à construção da identidade e de seus sentidos de pertencimento.

O conjunto de publicações que integrou a ação "Fiar com o Fiar na quarentena" aconteceu de maio a novembro de 2020. O acesso às publicações se deu majoritariamente por professoras de educação infantil que interagiam na página se deixando provocar nos modos de olhar e revelavam esses movimentos nas narrativas compartilhadas. O percurso experimentado indicou não só a pertinência, como também a urgência de se fazer formação reinventando tempos e espaços, acolhendo desafios e incertezas.

Para finalizar: Fiando e confiando

Os projetos que socializamos neste capítulo retratam nosso caminhar pelos meandros da pesquisa autobiográfica, da arte, da formação estética. Falam de propostas de extensão, que também são pesquisa e ensino e articulam educação infantil, infância e formação docente. Trilhar esse caminho requer o cultivo de um estado que se configura "como um alcançar uma nova capacidade afirmativa e uma disponibilidade renovada para o jogo e para a invenção" (Larrosa 2003, p. 46). A abertura e a disponibilidade para exercícios de reinvenção da vida, da educação e da profissionalidade docente são essenciais para a realização de um trabalho coletivo, dialógico, inscrito no campo da sensibilidade: formação estética.

Como sabemos, o termo "estética" tem raiz grega, *aisthesis*, "que significa sensação, sensibilidade, percepção pelos sentidos ou conhecimento sensível-sensorial" (Hermann 2005, p. 25). Então, quando falamos de formação estética, estamos falando de processos e experiências que envolvem e desencadeiam percepção, imaginação, interpretação, contribuindo para alargar a sensibilidade (Perissé 2009) cultivada na interação do homem com a arte, a cultura e a natureza; processos que, por consequência, podem provocar deslocamentos, engendrando outros modos de atuar no mundo, de viver e dar sentido à vida.

Os encontros, presenciais e virtuais, guiados pelos fios da ética, da política e da estética, idealizados por um círculo de estudo e pesquisa na universidade, convertem-se em espaços para nos aproximarmos e tecermos relações de empatia e compromisso com a escola pública. Contribuem para pensarmos e fazermos formação docente, focalizando a inteireza de ser. Os encontros em diferentes espaços, incluindo as janelas virtuais, fertilizados no tempo *quarentener*, mostraram-se como oportunidades singulares de transformação de si pela experiência da narrativa, do fazer artesanal e das propostas esteticamente projetadas.

E assim vamos seguindo, na resistência e na insistência, (con)fiando caminhos, dando importância às margens, ao ínfimo, à poesia, à beleza, ao coletivo, ao diálogo, à escola pública, aos professores e às professoras, à educação infantil.

Referências bibliográficas

ALBANO, A.A. (2012). "Arte, cultura e seus demônios". *Revista Observatório Itaú Cultural*. São Paulo, n. 13, pp. 55-62.

AMARAL, M. (2015). *A garrafa e a rolha*. Rio de Janeiro: Lacre.

BARROS, M. (2016). *Meu quintal é maior que o mundo. Antologia*. Rio de Janeiro: Objetiva.

_______ (2017). *Menino do mato*. Rio de Janeiro: Objetiva.

BEI, A. (2017). *O peso do pássaro morto*. São Paulo: Nós e Edith.

BENJAMIN, W. (1987). *Magia e técnica, arte e política: Ensaios sobre literatura e história da cultura*. São Paulo: Brasiliense.

BIBIAN, S. (2017). "Crianças e professoras no museu: Narrativas no encontro com a arte brasileira do século XIX". Dissertação de mestrado em Educação. Niterói: Programa de Pós-graduação em Educação/Universidade Federal Fluminense.

BRUM, E. (2017). *Meus desacontecimentos*. Porto Alegre: Arquipélago.

CALLAI, C. (2019). "Habitar o mundo na poesia". *II Congresso de Estudos da Infância: Politizações e estesias*. Rio de Janeiro: Uerj.

EISNER, E. (2008). "O que pode a educação aprender das artes sobre a prática da educação?". *Currículo sem Fronteiras*, v. 8, n. 2, jul.-dez., pp. 5-17.

EVARISTO, C. (2016). *Insubmissas lágrimas de mulheres*. Rio de Janeiro: Malê.

GALEFFI, D.A. (2007). "Educação estética como atitude sensível transdisciplinar: O aprender a ser o que se é propriamente". *Em Aberto*. Brasília, v. 21, n. 77, jun., pp. 97-111.

"GRACIAS A LA VIDA" (1966). Intérprete: Violeta Parra. Compositora: Violeta Parra. *In*: *Las últimas composiciones*. Intérprete: Violeta Parra. S.l.: Arci Music, RCA Records. 1 Disco.

HAN, B.C. (2017). *Sociedade do cansaço*. Petrópolis: Vozes.

HERMANN, N. (2005). *Ética e estética: A relação quase esquecida*. Porto Alegre: EDIPUCRS.

KRENAK, A. (2019). *Ideias para adiar o fim do mundo*. São Paulo: Companhia das Letras.

LARROSA, J. (2003). *Pedagogia profana: Danças, piruetas e mascaradas*. 4ª ed. Belo Horizonte: Autêntica.

LLENAS, A. (2018). *Vazio*. Rio de Janeiro: Salamandra.

MAIA, M. (2016). "Isso é o que eu não sei responder: O currículo na palavra das crianças". Trabalho apresentado no seminário Vozes da Educação. São Gonçalo: Uerj.

_______ (2017). "Datas comemorativas: Uma construção ideológica que persiste na educação infantil". Trabalho apresentado na 38ª Reunião Nacional da Anped – GT07. São Luís: UFMA.

MOSÉ, V. (2007). *Pensamento chão*. Rio de Janeiro: Record.

OSTETTO, L.E. (2010). "Para encantar, é preciso encantar-se: Danças circulares na formação de professores". *Cad. Cedes*. Campinas, v. 30, n. 80, jan.-abr., pp. 40-55.

_______ (2019). "Com o pensamento do coração, entrelaçando docência e formação estética". *Atos de Pesquisa em Educação*. Blumenau, v. 14, n. 1, jan.-abr., pp. 57-76.

OSTETTO, L.E.; MAIA, M. e CALLAI, C. (2019). "Fiar com... A formação tecida no encontro". *Anais do VII Seminário Vozes da Educação: Resistências políticas e poéticas na vida e na educação – Regina Leite Garcia, presente!*, v. 1. São Gonçalo: Uerj-FFP, pp. 342-353.

PERISSÉ, G. (2009). *Estética e educação*. Belo Horizonte: Autêntica.

RONCA, S. (2016). *Tenho um amigo*. Niterói: S.R.

SILVA, M.C. (2008). *Olhos de violino*. São Paulo: FTD.

TAUBMAN, A.V. (2016). *O menino que tinha medo de errar*. Rio de Janeiro: ZIT.

VARGAS LLOSA, M. (2006). *O paraíso na outra esquina*. Rio de Janeiro: Saraiva.

11
NA MEMÓRIA DE UM ENCONTRO, HISTÓRIAS DE UM FAZER COLETIVO

Adriana Soares

Iniciar, entre desejo e medo

Iniciar algo me provoca inquietação, um pouco de medo e preocupação. Sinto-me perdida, não sei por onde começar: "Será que conseguirei realizar o que pretendo?". Com este capítulo, não foi diferente. Contudo, uma nuance tornou a vontade de compartilhar maior que os medos e as ansiedades. Conecto-me a memórias de encontros, consulto registros e sínteses, revisito imagens, acolho as boas sensações que me chegam quando me lembro do fazer artesanal, processual, criativo vivido com o grupo de pesquisa Fiar – Círculo de Estudo e Pesquisa Formação de Professores, Infância e Arte, da Universidade Federal Fluminense (UFF). Aqui, então, sou capturada e a vontade de escrever só cresce, a disposição aumenta e os receios, momentaneamente, são dissipados. Digito a primeira palavra, outra e mais outra e, aos poucos, na tela vou compondo uma narrativa que dá forma a lembranças de experiências dos encontros de formação organizados pelo Fiar. Peguei o fio da meada, por aí vou seguir! Superada a ansiedade inicial, tudo parece se tornar possível e presente, e percebo que falar da minha relação com o grupo seria um bom começo.

Sou professora, pedagoga, mestre em Educação e Trabalho no Colégio de Aplicação da Universidade Federal do Rio de Janeiro (CAP/UFRJ), no Setor de Orientação Educacional. Tenho interesse pela docência, no que se refere ao fazer docente, às formas de realizar formação docente e aos sentidos que se constroem ao serem concretizadas essas práticas. Em diversas experiências profissionais das quais participei e nas quais pude criar um olhar/escuta sensível em consonância com uma estética da vida, belas e significativas experiências de formação foram geradas. Interesses e necessidade de ampliar esses olhares, escutas e fazeres me conduziram a buscas e, no caminho, encontrei o Fiar. Muitas afinidades, desejo grande de fazer parte. Seria possível? Foi. Tornei-me fiandeira desde o início do grupo, nos finais de 2016. Como pesquisadora voluntária, venho participando de sua história, tecendo junto saberes e fazeres que contribuem para minha vida pessoal e profissional.

O fazer artesanal é assumido pelo Fiar como um modo de ser grupo de pesquisa e de fazer pesquisa, provocando a criação, alimentando a imaginação e acolhendo potencialidades que estão em cada uma que compõe o grupo. A formação de professores é um dos seus focos, que se articula com os campos da arte e da cultura, alicerçado em princípios estéticos, políticos e éticos. Então, ao juntarmos o fazer artesanal com a criação de espaços de formação e a discussão sobre arte e infância, temos um retrato geral do Fiar.

As lembranças são como *flashes*. Ao acioná-las, são evocadas sensações, reflexões, memórias que aparentemente pareciam não existir. E, quando encontramos os registros, as anotações ganham corpo, forma e consistência para dizer o vivido. A escrita deste capítulo foi feita com fragmentos de memórias, algumas que vinham no ato de organização da própria escrita, que acionava minhas lembranças, outras que estavam nas anotações esparsas, em meu caderno de registro.

Memórias de um encontro: Do projeto à realização

Escolhi compartilhar uma narrativa sobre o encontro "Fiar com... arte e formação de professores: Perspectivas autobiográficas", com histórias do antes, do durante e do depois, para dar a ver os processos e as formas de tecer propostas de formação no coletivo. Dar atenção aos detalhes, desde a ideia inicial que gera muitas outras ideias, movimenta cabeças e corações para a produção de um evento, até a sua realização.

O preparo para tal evento se inicia em uma tarde de outubro de 2017 na UFF, *campus* do Gragoatá, na sala que se fez local dos encontros do grupo. Encontros que têm ritos, construídos na caminhada de aprender a fazer pesquisa, formação de professores, arte com as crianças e os adultos.

> Os encontros fiandeiros têm ritos que instauram um modo de ser e nos ancoram em nossas inquietações e buscas; que nos auxiliam na criação, na construção da memória e da identidade coletiva. Temos um caderno de registro e, assim, o encontro começou com a leitura da síntese do encontro anterior. Faz parte do rito também o café com guloseimas, que, enquanto vai sendo degustado, ao redor da mesa, nos aproxima, aquece a alma e contribui para o fazer/estudo fluir com gosto. Na leitura do registro, relembramos as notícias: Carla, fiandeira, irá defender sua dissertação. Rosvita virá para a banca. Faremos uma roda de conversa com ela. Não podemos perder essa oportunidade. As nossas conversas ficam mais animadas e o burburinho ecoa em cada canto de nossa sala de estudos. E então a magia acontece. Uma balbúrdia de ideias e propostas vai povoando a nossa mesa, entre um cafezinho e uma anotação, uma partilha, uma análise de possibilidade de forma e conteúdo para o evento. E muitas delas vão ganhando corpo, pensadas com alma. Estarmos sentadas em torno de uma távola, que nos aproxima e coloca em sintonia para a criação, faz diferença. (Anotações pessoais)

Ao me deparar com as anotações daquele encontro em que tudo começou, o modo lembrar foi definitivamente acionado e daí surgiu uma diversidade de elementos: conversas, trocas de mensagens, divisão de tarefas, preocupações de como fazer, um turbilhão de lembranças que vêm e vão sem controle. No ato de lembrar, vem a minha mente o livro *Guilherme Augusto Araújo Fernandes* (Fox 1995), no qual um menino tenta ajudar dona Antônia, que morava em um asilo ao lado de sua casa, a reencontrar as memórias que havia perdido. Colecionando objetos, reunindo-os numa caixa e mostrando com delicadeza à senhora sua vizinha, o menino tenta dar materialidade às memórias, tecer fios para essas memórias. Tento aqui, de alguma forma, buscar imagens que possam materializar as memórias do vivido; imagens que estão não sei bem onde em mim, mas são intensas e me desafiam a encontrar palavras para revelá-las aqui.

Assim como na pesquisa que o grupo desenvolve, os encontros seguem uma *metodologia errante*, circular, integradora, dialógica: a proposta de ampliação de repertórios sensíveis, os diálogos com campos de conhecimento que criem possibilidades de se fazer formação de professores, a experimentação de caminhos ainda não percorridos nos convoca à criação, à elocubração, aos estudos, à arte de fazer a mão. Nossas criações e nossas invenções são fecundadas ali, naquele espaço, com as histórias e os modos de ser de cada uma, com as lembranças e as memórias de experiências que, de forma simultânea, estão em cada uma e no coletivo que se vai inventando.

Compor espaços de formação de professores com singularidade requer cuidados na preparação, que, por sua vez, requer fazer listas com tarefas e afazeres, afinal, a criação exige produção, figurino e cenário. E, com as preciosidades trazidas da experiência de cada fiandeira, descobrimos cada item que comporia a criação do espaço que estava sendo proposto, que estava ainda nos pensamentos de cada uma nós.

> Ideias: criar uma instalação com espelhos na entrada (convites a olhar para si, caminhar para si). Fazer borboletas (símbolo da transformação). Providenciar: fio de *nylon* para pendurar os espelhos. Toalhas. Almofadas. *Kit* para o computador. Caixas de lápis de cor, lápis cera e hidrocor. Fazer e divulgar cartaz no Facebook. Café de acolhida. Comidinhas. Pasta de soja. Facas descartáveis. (Anotações pessoais)

Entre fragmentos de registros e de reflexões, compreendo um pouco mais os processos e os fundamentos que nos guiam: ao pesquisarmos a formação e desenvolvermos propostas de formação docente, consideramos as pessoas, as pessoas-docentes, com todas as suas experiências, histórias e identidades. Portanto, nos nossos movimentos de criação de espaços-tempos formativos, desejamos acolher e alcançar a inteireza do professor, não apenas a dimensão profissional que o constitui, pois concordamos que o "professor é a pessoa; e uma parte importante da pessoa é o professor" (Nias *apud* Nóvoa 2007, p. 15). Dessa perspectiva, o diálogo, a escuta e o encontro são pressupostos e, assim, torna-se imprescindível criar espaços em que caiba a pessoa do professor; um espaço gentil, empático, participativo, que chama, convida e acolhe.

> Projetando o encontro, os burburinhos, como tempestades de ideias, continuam. E lá, da fiandeira-poeta Cristiana, ecoa a frase de Eliane Brum: "Esta é a minha memória. Dela eu sou a que nasce, mas também sou a parteira", que está no livro *Meus desacontecimentos* (Brum 2017, p. 7). A evocação provoca, leva-nos a uma escuta atenta, um silêncio sublime acontece na sala. E, depois, exclamações: É isso! As provocações que nos arrebataram também poderiam suscitar reflexões aos que viessem nos encontrar. A ideia se corporifica: a frase, escrita em um painel de pano, ganha seu espaço na entrada da sala que abrigará o encontro. O movimento que a frase nos causa também dá elementos para a criação da instalação, que, para mim, ficou marcada como "o olhar sobre si e as metamorfoses que são constituídas": um túnel de tecido com espelhos, em que cada participante passaria para entrar no encontro. Conversamos que instalações nos convidam a interagir, evocam sensações e inquietações. São experiências que a arte nos leva a viver. (Anotações pessoais)

Projeto arquitetado, listas de providências preparadas, tarefas partilhadas, o evento vai para a rua. Para a divulgação, com a cuidadosa produção de um cartaz, que quer ser um convite. Impresso e espalhado pelo *campus* da UFF ou compartilhado pelas redes sociais. O encontro estava marcado, a chamada estava feita.

Cartaz de divulgação. Fonte: Arquivos do Fiar.

Assim, no dia 1/11/2017, a Sala Paulo Freire, da Faculdade de Educação da UFF, recebeu um público interessado em dialogar com a arte, a formação docente e as perspectivas autobiográficas, temas abordados pela nossa convidada, a professora Rosvita Kolb Bernardes, da Escola de Belas Artes da UFMG. O dia estava lindo, e o ambiente, conforme planejado, foi preparado com carinho e cuidado. Para recepcionar os participantes, o belo pano com a frase de Eliane Brum (referida anteriormente) já dava o tom da conversa que estava por ser tecida na roda. No ar, aroma de capim-limão, e paredes enfeitadas com panos bordados, versos e poemas.

> Chega o dia do encontro. A produção acontece. O túnel dos olhares para si e das metamorfoses agora será do público que ao chegar se depara com um clima acolhedor e convidativo para participar. Ouço aqui e ali comentários. Percebo, através dos olhares e expressões dos participantes, que aceitaram a aventura para a qual foram convidados. Para alguns estranhamento, para outros diversão. Mas todos vão. Sorriem. Cada um que chega passa pela entrada e procura um lugar no círculo de cadeiras à disposição. E a roda se abre com Luciana

> [coordenadora do Fiar] dando as boas-vindas. Apresenta a professora Rosvita, que passa a tecer sua palavra: compartilha conosco suas experiências em espaços de formação com o olhar da arte, o olhar sensível sobre os grupos de estudantes e os processos de ensinar e aprender caminhando para si. (Anotações pessoais)

O medo que nos toma antes de começar um evento some quando o cenário se abre, afinal, fomos nós que criamos, realizamos e ainda acompanhamos os acontecimentos no decorrer do encontro, mantendo o diálogo, que cria novos espaços de reflexão e conversas. A professora Rosvita partilhou produções artísticas de seus alunos, constituídas de elementos biográficos que articulavam esteticamente forma e conteúdo, mobilizou toda a gente. Muitas pessoas se identificaram com os conteúdos e as imagens projetadas e verbalizaram fragmentos de seus próprios percursos, refletindo sobre a condição biográfica. Outras professoras confidenciaram sobre o desafio de descolonizar a arte na escola, para fazer emergir a pessoa, sua identidade, suas histórias.

Ao escrever sobre esse debate, sou conduzida a outras articulações, revisito um artigo que fala sobre a importância de professores e pesquisadores refletirem sobre seus percursos, para, então, (re)projetar rotas a seguir.

> Ao comporem narrativas sobre a vida vivida, colocam-se em posição de escuta, olham para múltiplas direções, dentro e fora de si, reportando-se ao que foram, ao que são, ao que desejam ser; ao que fizeram, ao que fazem, ao que projetam fazer. Caminhos a percorrer podem ser evidenciados no processo. Pelo trabalho da reflexão, no tramado de relações percebidas, a construção de significados em torno de novas rotas que se anunciam é potencializada. (Ostetto e Bernardes 2015, p. 164)

Cada encontro – no mundo, com o mundo, com outras pessoas, com o conhecimento – é abertura para uma descoberta, oportunidade para um reordenar de caminhos na busca de compreender as tessituras que nos compõem. Localizo, em meu caderno, um registro que marca a inteireza do (meu) ser, são palavras que desvelam a sintonia nas identidades que me compõem.

Cozinhar Criançar Casa
Relações Identidades Mulher
Magias Vida Saúde Plantas
Estudos/Saberes Leitura
Registros Cadernos Fotos. (Anotações pessoais)

As palavras representam as múltiplas identidades que nos constituem. O processo de refletir sobre a dimensão autobiográfica me fez reconhecer que havia levado todo o meu ser para ser professora-formadora-pesquisadora, a fim de atuar no meu espaço profissional. Marie-Christine Josso (2007) diz que as questões explicitadas no individual para o coletivo permitem que se percebam pertencendo ao grupo, não estão sozinhos, e desenvolvam novos recursos, estratégias em seus cotidianos. Então, o que está ali explicitado no conjunto de palavras é como um mapa que pode me guiar para tantos portos quantos eu desejar. Mas, antes da partida, foi preciso tomar consciência dos percursos já trilhados.

Assim como para muitos participantes, aquele encontro sobre arte, formação e perspectivas autobiográficas remexeu meus pensamentos e meus sentimentos. Nas anotações que fiz, dias depois, há um trecho de um texto da professora Rosvita que referenda esse processo. Trago-o para este diálogo:

> Incluir a memória como um ponto deflagrador de um processo artístico/afetivo/estético reafirma, também, a necessidade de fazermos com que as experiências afetivas – dores, amores, perdas, faltas, desejos – integrem as reflexões e produções de arte na escola. (Bernardes 2010, p. 82)

Ressonâncias de um encontro

Da escuta, as perguntas continuam a atravessar o caminho: Onde guardamos as memórias do vivido? Se há um local em que guardamos lembranças em nós, como podemos acessá-lo? Conseguimos controlar as lembranças? Que direções tomam quando acessadas? Essas divagações me alçaram a imaginar uma *casa das memórias/lembranças*. Reconheci que há, em cada um de nós, um espaço cheio de registros de experiências, alegres e tristes, boas e ruins, exitosas e fracassadas. Carregamos a *casa das memórias* para onde vamos, as lembranças guardadas nos acompanham e, simultaneamente, podem ser matéria de (re)criação a cada vez que somos atravessados por essas marcas/lembranças.

Considero que há espaços-memórias que, ao serem acionados, revelam a nós sobre nós mesmos. Sob o efeito das ressonâncias de discussões, leituras e encontros, dou-me conta: sou filha de artesã, mas, até hoje, pouco me atrevi em tal ofício e artesanias. Sou tomada pelas lembranças de uma mãe que sempre fez à mão roupas, bolsas, bonecas e o que mais inventássemos. Conduzida pela lembrança, em um ato que chamo de atrevimento sensorial, peguei panos, linhas e fitas. E, ainda sem saber que direção tomar, entrego-me à aventura, deixo o fazer acontecer. Na tessitura do fazer à mão: criação da casa.

A casa da memória (Adriana Soares, 2021). Fonte: Foto-ensaio a partir de bordado da autora.

Tudo está lá, protegido, guardado na casa-memória. Há fios que ficam soltos, histórias que ainda estão por lembrar. Quando compartilhamos narrativas de nossas experiências, também acionamos as casas-memórias de quem as lê. Tal movimento acontecerá na inteireza e na sensibilidade de quem as lerá, pois há sempre um convite ao encontro com nossas histórias, e esse é um caminho vigoroso para a formação.

Abrir espaço para rememorar, tecer reflexões, articular pensamentos e sentimentos e compor narrativas sobre a vida vivida e sobre os fazeres educativos que estão no interior da escola, sobre a necessidade de olhar para a diversidade do currículo, para as dificuldades e as possibilidades do processo de ensinar e de aprender, é uma perspectiva renovada para a formação continuada de professores. Quando essa direção é assumida no diálogo com a arte, considerando os princípios estéticos, certamente a criação é potencializada.

Para finalizar, as borboletas que alçaram voo no final do encontro

Em uma das paredes da sala em que nos encontramos naquele novembro para o "Fiar com... arte e formação de professores: Perspectivas autobiográficas", havia trechos da poesia de Manoel de Barros. Um dos versos dizia: "Escrever é feito de casca e pérola". Para encerrar o encontro, um convite final: transpor as cascas, revelar a palavra-pérola que, porventura, tivesse sido cultivada naquela manhã pelos participantes.

Assim, circulou pela roda um cesto com recortes de borboletas em papéis coloridos e canetinhas também coloridas, para que os participantes compartilhassem sentimentos, pensamentos, sensações, intuições provocadas pelo/no encontro. Como resultado, tivemos ressonâncias em palavras de esperança, percepção de aprendizagens, propósitos projetados. Metamorfoses anunciadas.

Aquelas borboletas saíram do encontro em uma revoada, carregando em suas asas a palavra fertilizada:

> "Nossa escrita precisa revelar nossos desejos";
> "O que vivi também é formação; me deixem falar de mim!";

“Cuide-se!”;
“Conhecer a si para dialogar com o outro”;
“Qual a minha forma de dizer?”;
“Entrelaçar sentidos e pensamentos”;
“Que sejamos livres pra contar, ouvir, cantar, amar... Que nossas histórias definam nossas histórias!”;
“Narrar-se!”;
“Olhar sustentável, potencializando processos de criação”;
“Como me disponho corporalmente?”;“Identidade”; “Celebro o encontro com o outro e comigo”;
“Escutar é preciso”;
“Aprender a ouvir”;
“A escuta é de suma importância para entender o outro e a si”;
“Saio reabastecida e com muitas ideias”;
“As coisas que escrevemos, que fazemos, têm que fazer sentido. Não posso esquecer disso. Obrigada, Fiar. Preciso resgatar o meu sentido”.

Foi mesmo uma revoada de narrativas e, no fluxo da memória, ligando o passado e o presente, uma fiandeira produziu uma peça que compartilho a seguir, para finalizar minha jornada de memórias e histórias, afirmando a importância da coragem e da ousadia de dizer o vivido na escrita da palavra. E com todas as linguagens. Criação.

Revoada de narrativa (Graziela Mello, 2021). Fonte: Graziela Mello.

Referências bibliográficas

BERNARDES, R.K. (2010). "Segredos do coração: A escola como espaço para o olhar sensível". *Cadernos Cedes*. Campinas, v. 30, n. 80, jan.-abr., pp. 72-83.

BRUM, E. (2017). *Meus desacontecimentos: A história da minha vida com as palavras*. Porto Alegre: Arquipélago.

FOX, M. (1995). *Guilherme Augusto Araújo Fernandes*. Ilustr. Julie Vivas. São Paulo: Brinque Book.

JOSSO, M.C. (2007). "A transformação de si a partir da narração de histórias de vida". *Revista Educação*. Porto Alegre, ano XXX, n. 3(63), set.-dez., pp. 413-438.

NÓVOA, A. (2007). "Os professores e as histórias da sua vida". *In*: NÓVOA, A. (org.). *Vidas de professores*. 2ª ed. Porto: Porto, pp. 11-30.

OSTETTO, L.E. e BERNARDES, R.K. (2015). "Modos de falar de si: A dimensão estética nas narrativas autobiográficas". *Pro-Posições*. Campinas, v. 26, pp. 161-178.

12
POÉTICA DE DOCENTES DANÇANTES: PASSOS RUMO À INTEIREZA

Cristiana Seixas

A expectativa era grande. O espaço era convidativo para alargar os sentidos: Museu de Arte Contemporânea, o MAC, em Niterói, Rio de Janeiro. O céu estava azul e o sol a aquecer o entusiasmo diante da atividade ao ar livre, da proximidade da arte, da oportunidade de aprender de forma lúdica, dialogar e expandir o olhar.

Trinta e quatro professoras de educação infantil se inscreveram e participaram da experiência "Danças circulares no MAC", que aconteceu no dia 26/9/2017, das 13h30 às 17h. A atividade fez parte da programação do Seminário de Educação Infantil Infâncias, Artes e Imaginação, promovido pela Secretaria Municipal de Educação, Ciência e Tecnologia de Niterói e pela Fundação Municipal de Educação, por meio da Diretoria de Educação Infantil. O objetivo do evento era provocar reflexões sobre a construção do currículo da educação infantil, ressaltando que as vivências infantis no cotidiano da escola, quando entrelaçadas pelas múltiplas linguagens, podem produzir experiências que contemplem os sujeitos (adultos e crianças) em sua inteireza.

Para acolher as partícipes, usei as "Cartas dos Anjos", jogo composto de mensagens de inspiração e meditação, frequentemente utilizado em abertura de rodas de danças circulares. São pequenas cartas, criadas por Kathy Tyler e Joy Drake, que contêm palavras que representam "anjos", para auxiliar a conquista da sabedoria interior (Tyler e Drake 2001). Alguns exemplos das 72 palavras: abertura, alegria, apoio, aventura, celebração, clareza, confiança, contentamento, deleite, coragem, despertar, fé, graça, harmonia, liberdade, presença, transformação. A proposta era cada professora retirar uma carta e partilhar o anjo recebido na roda. Mas, na atividade proposta, havia um desafio: a voz não poderia ser utilizada. Cada docente deveria usar expressões não verbais para comunicar a palavra recebida. Para algumas foi mais fácil, para outras, muito difícil, mas todas se divertiram.

Ao final do exercício, convidei à reflexão de que elas tinham acabado de experimentar o que sentem as crianças que desejam expressar algo quando ainda não possuem a linguagem oral nem o acesso aos códigos da comunicação. Assim, para satisfazer a necessidade de se fazer entender, precisam buscar outras estratégias. E quando não encontram disponibilidade para a escuta? O silêncio do grupo falou alto.

Para capturar as mensagens, é preciso que o outro esteja atento e inteiro, ou seja, presente. Lembrei que, naquela atividade específica, todas estávamos disponíveis e desejando decifrar os códigos. Mas, no cotidiano, como nos colocamos diante das crianças, dos outros, de nós mesmas? Em presença e inteireza ou de forma fragmentada, com o pensamento muito distante do corpo e da situação? O ritmo acelerado imposto pelo excesso de informações, pelo desenvolvimento da tecnologia não permite as pausas, a desaceleração, o silêncio, a escuta.

Professoras na roda: Danças circulares no MAC.
Imagem capturada pela professora Sirlane Vieira Ferreira Alves em 2017.

A atividade proposta no seminário era vivenciar a força da roda de dança circular e sua relevância na formação docente. Para o precursor do movimento, Bernhard Wosien, a dança é linguagem muito antiga, anterior às palavras: "Mal nos manifestamos na dança, nós, bailarinos, falamos numa linguagem que, sem dúvida, é muda, mas é certamente uma linguagem sensivelmente mais antiga do que aquela que usa a língua" (Wosien 2000, p. 27). É linguagem universal, que favorece o entusiasmo: "O ser humano se torna um dançarino quando se deixa emocionar pelo que escutou" (Wosien 2002, p. 59). É atividade que se aprende fazendo, dançando. Não é um discurso, é uma atitude de se aventurar na experiência, de se entregar, como ressalta Luciana Ostetto (2014, p. 70):

> Nada vai substituir a vivência direta. É preciso entrar na dança para compreender o seu significado mais profundo e, quem sabe, ser capturado pela sua força e beleza. Na dança circular sagrada, não é a técnica o principal. É a entrega.

O título do livro de Ostetto (2014) é a síntese do processo: *Danças circulares na formação de professores: A inteireza de ser na roda*. A dança circular é considerada meditação em movimento, independentemente se meditativa ou agitada, pois, se o pensamento foge, erramos o passo. É exigida a suspensão das preocupações cotidianas, para dar atenção a cada passo. Dentre inúmeros outros benefícios, o que se deseja enfatizar aqui é a vocação da dança circular para o exercício da presença. É o convite para o tempo-espaço da criança de todas as idades: viver com plenitude o agora e preenchê-lo de alegria.

Há campo profundo e plural do inconsciente coletivo alcançado apenas por alguns seres, como poetas, crianças, artistas, visionários, dentre outros raros. Nesse espaço, o que ocorre é a inversão: o visitante não captura, é capturado, é tocado por dimensões outras. Nesse campo, são vivificadas memórias ancestrais, valores essenciais para sustentação dos elos sagrados. Encontro na literatura ressonâncias do fenômeno. Sophia de Mello Breyner Andresen (2018, p. 520), por exemplo, escreve:

> Escuto
>
> Escuto mas não sei
> Se o que oiço é silêncio
> Ou deus
>
> Escuto sem saber se estou ouvindo
> O ressoar das planícies do vazio
> Ou a consciência atenta
> Que nos confins do universo
> Me decifra e fita
>
> Apenas sei que caminho como quem
> É olhado amado e conhecido
> E por isso em cada gesto ponho
> Solenidade e risco

É a consciência que a observa nos confins do universo. Ela sabe que precisa estar atenta e disponível para suspeitar as forças que a rodeiam. A escritora intui a condição de acesso: "Sei que o nascer do poema só é possível a partir daquela forma de ser, estar e viver que me torna sensível – como uma película ou um filme – ao ser e ao aparecer das coisas" (*ibid.*, p. 901).

Outro exemplo é o do artista plástico Vidi Descaves, autor de *Tastequiet* (2013), livro com 366 ilustrações, criadas diariamente durante um ano. No decorrer do trabalho, ele sentiu necessidade de ficar mais atento ao entorno para produzir narrativas imagéticas. Ao falar de seu processo criativo, ele relata que constatou ser um pequeno fragmento de um todo. Percebeu que todos precisamos ser humildes e escutar mais, pois as ideias de uma pessoa não são originais, mas circulam no coletivo. É preciso criar espaço receptivo, como mostra o haicai de Wanderlino Teixeira Leite Netto (2009, p. 103): "O vento é coreógrafo. / As folhas, as bailarinas. / Meus olhos, plateia". A carência de conexão com o momento presente, com a inteireza, não afeta apenas o favorecimento da escuta como também a capacidade de pensar, discernir, despertar outras lógicas e sensibilidades. É como afirma Bartolomeu Campos de Queirós (1991, n.p.):

> Há que se afinar o corpo até o último sempre. Exercer-se como instrumento capaz de receber a poesia do mundo. Poesia suspensa em rotação e translação. Movimentos moderados alinhavando dias e luares, estações e colheitas, minutos e milênios, provisoriamente.

Na atividade "Danças circulares no MAC", foi feita uma mandala de livros no centro da roda, para intercalar as danças com poesias e literatura infantil e juvenil para todas as idades, em entrelaçamento de linguagens sensíveis.

O educador Rubem Alves reflete que são duas as tarefas da educação: olhar para fora (para as coisas do tempo, efêmeras) e para dentro (para as coisas da alma, eternas). E apresenta as chaves de acesso para as duas dimensões: a ciência e a poesia.

> Duas são as tarefas da educação. A primeira delas tem a ver com o primeiro olho: ensinar o mundo que é, a um tempo, nosso corpo e

nossa casa. A segunda tem a ver com o segundo olho: despertar a alma para que o mundo não seja apenas um objeto de conhecimento, mas, acima de tudo, um objeto de deleite. Essa capacidade de degustar o mundo é aquilo a que damos o nome de sabedoria. Sabedoria é usar o conhecimento de forma que o mundo se torne um lugar de felicidade. A chave para o primeiro mundo é a linguagem da ciência. A chave para o segundo mundo é a linguagem da poesia. (...) A ciência não nos torna sábios. Daí a necessidade de abrir o segundo olho. O segundo olho leva à alma dos seres humanos onde estão adormecidos os sonhos de beleza e bondade. (Alves 2003, pp. 12-13)

Maria Bethânia, grande artista brasileira, agradece a seu professor ginasial, Nestor de Oliveira, pelos devaneios poéticos proporcionados durante as aulas de português:

> Em suas aulas, além de didática, aprendia-se a ouvir, ler e dizer poesia. (...) Isso acontecia numa escola pública do Recôncavo Baiano. (...) Eu fui aluna de escola pública, eu Maricotinha, e recebi a comenda "Ordem do Desassossego" em reconhecimento pela divulgação da obra de Fernando Pessoa. Obrigada, professor Nestor! Bravo! (Bethânia 2015, p. 97)

Teria sido essa a semente para fecundar todo seu percurso profissional, que encanta a tantos? Seria possível incentivar e garantir espaço na educação para o sensível? Como oferecer olhares poéticos se esse campo não for arado e semeado na formação docente? Wosien (2000, p. 66) reforça essa ideia:

> (...) deveria ser aspiração de uma sociedade o estímulo de fatores constitutivos da personalidade, assim como a educação de pessoas criativamente participativas. A dança é uma oferta desta ordem. Onde pessoas dançam umas com as outras, elas se educam e se formam a si mesmas.

Arar o campo da sensibilidade docente: Narrativas de uma pesquisa

As narrativas sobre a roda de dança que focalizei no MAC/Niterói como parte do Seminário de Educação Infantil Infâncias, Artes e Imaginação podem ser entrelaçadas a outras narrativas, que contam experiências dançantes no contexto de uma pesquisa desenvolvida no Programa de Pós-graduação em Educação da UFF e que deu origem à dissertação "Vagar sem pressa no esconderijo da vida alada: Em busca de alma na educação" (Seixas 2018).

O material de pesquisa foi gerado por meio do trabalho de campo que chamei de "Estúdio do sensível", o qual, direcionado para docentes de educação infantil, foi desenvolvido em dez encontros com duas horas de duração cada, com oferecimento de recursos da dança circular, biblioterapia, arteterapia e escrita criativa. Consistiu na criação de um espaço-tempo para a vivência de entrega às artes, ao corpo dançante, às linguagens sensíveis e expressivas. Participaram da pesquisa oito professoras de instituições de educação infantil públicas, federais e municipais, que responderam ao convite divulgado pelas redes sociais e por cartazes no espaço público da UFF, *campus* de Gragoatá, em Niterói. Para este capítulo, selecionei recortes das vivências do primeiro, do segundo, do quarto e do quinto encontro, relacionados às danças circulares e aos impactos e desdobramentos observados junto com as docentes.

Na estrutura geral, a cada encontro, as danças estavam presentes na abertura e no fechamento. A cada dia, havia uma proposta expressiva com diferentes materiais. Ao final, colocávamos os trabalhos no centro da roda e dançávamos em torno deles, permitindo-nos contemplar e capturar as ressonâncias dos símbolos evocados em silêncio. Esse era o momento reservado para capturar as narrativas no caderno de registro que cada docente foi produzindo.

Já desde o primeiro encontro, realizado em 13/9/2017, a dança circular esteve presente para acolhimento das participantes. Antes mesmo de saber nome, origem e atuação, demos as mãos na roda, respiramos e iniciamos uma ciranda. E seguimos com danças de outras culturas, como, por exemplo, a judaica "Erev Shel Shoshanim", uma canção de amor que significa "Noite das rosas". O entusiasmo estava presente nos sorrisos e nos corpos receptivos às propostas, apesar dos desafios de coordenação motora, lateralidade, ritmo e aprendizado da coreografia.

As danças circulares marcavam o início e o fim de cada encontro, para contribuir com a transição para o mundo sensível e simbólico. Os recursos da música e da dança se mostraram facilitadores da atmosfera desejada. Nos discursos das docentes, percebia-se um acúmulo de responsabilidades e demandas árduas, além da dificuldade em abrir espaço para o cuidado de si e a vivência de momentos lúdicos.

No segundo encontro, coloquei uma vela no centro da roda e iniciamos as danças com as luzes da sala apagadas, o que contribuiu para um respiro mais profundo e entrega ao devaneio. A cada dia, experimentávamos novos sentidos. Com o horário de verão, a partir do dia 20/9/2017, o término dos encontros coincidia com o pôr de sol. O trabalho foi realizado na creche da UFF, no *campus* de Gragoatá, onde há um gramado em frente da recepção. Nesse dia, tiramos os sapatos, deixamos os pés em contato com a grama e dançamos "A dança do sol", com coreografia do precursor Bernhard Wosien, além de outras danças que reverenciavam a terra e os demais elementos. A despedida de mãos dadas, na dádiva de contemplar a beleza do crepúsculo, reforçava o sentimento de comunhão e inteireza.

No quarto encontro, realizado em 3/10/2017, tivemos uma surpresa. Havia a oportunidade de participar de uma atividade do Festival de Interculturalidades, o carimbó, ofertada no próprio *campus* onde estávamos. Era uma chance ímpar de vivificar uma cultura através de sua dança, em consonância com a proposta da pesquisa. Terminamos a atividade na sala com meia hora de antecedência, a fim de abrir espaço para essa experiência. Nossa alegria já estava presente na travessia de uma grande quadra de futebol ao ar livre, caminho para a quadra coberta onde acontecia a atividade. Em roda, havia mulheres com saias muito rodadas, ensinando passos tradicionais da cultura popular do Pará, rodopiando babados coloridos e sorrisos. A música era ao vivo e, num determinado momento, o vocalista contou que, no carimbó, todos fazem tudo: cantam, dançam, tocam os instrumentos. Lembrou que as pessoas são seres completos, que podem muitas coisas, mas acabam sendo fragmentadas, acreditando que não são capazes de experimentar outras habilidades. Reforçou que errar faz parte do caminho do aprendizado e convidou os interessados a vivenciar diferentes atuações na roda. Foi o incentivo para que os presentes se aventurassem, com energia de criança exploradora, com o tambor de percussão, o triângulo, o canto, o giro. A sensação gerada foi a de pertencimento a uma grande família, de vivência de uma alegria transbordante. Uma das professoras, no final do dia, enviou uma mensagem ao grupo: "Obrigada, gente! Que experiência maravilhosa tivemos hoje!".

Já durante o quinto encontro, uma das participantes verbalizou sua sensação de levar um tempo para chegar, o que gerou a reflexão de todas no grupo sobre a dificuldade na inteireza, neste mundo tão fragmentado, corrido e atropelado. E conversamos sobre o quanto a dança circular contribui no desafio de habitar o momento presente, como uma meditação em movimento. É requerida atenção em cada passo, do contrário, há o descompasso, o erro.

Durante o sétimo encontro, foi proporcionado um passeio nos sentidos: saímos pelo *campus* sem pressa, com antenas de poeta, para capturar surpresas no caminho. E foram muitas descobertas nesse dia (1/11/2017). Dançamos ao ar livre, próximo ao mar da Baía de Guanabara.

No oitavo encontro, trabalhamos com *biscuit* colorido e a produção se destacou pela beleza prática das obras, o que gerou um especial encantamento nas participantes. Nesse dia, foram também evocadas as memórias de infância, ao perguntar dos cheiros, dos sabores, das texturas e dos quintais brincantes, o que contribuiu para uma grande alegria ao dançar "Eu morava na areia", eleita como a preferida do grupo.

No nono encontro, uma das professoras participantes, Schirley Pinheiro, manifestou sua admiração pela diversidade de emoções e belezas acessadas através das danças circulares que reverenciam a cultura dos povos. Ela, representante da cultura popular brasileira, com muitos anos atuando no grupo "Carroça de mamulengos", integrante de uma família de artistas plurais, sentiu-se alimentada pelas vivências de linguagens sensíveis, tão escassas no currículo da formação acadêmica como pedagoga.

O fechamento do trabalho de campo foi vivenciado no dia 11/11/2018, nos jardins do Solar do Jambeiro, um espaço cultural em Niterói que tem um grande quintal verde. Todas as produções foram devolvidas às participantes, que puderam observar o conjunto e as predominâncias de cores, temas e estilos, diante da diversidade de materiais e propostas atravessadas. Uma das professoras, a Renata, aproveitou para registrar o quanto a vivência do carimbó a fez acessar a memória de suas raízes, a se reconectar com sua terra, o Pará, e a força e a alegria que vieram em consequência da experiência. O grupo reforçou o impacto do cuidado expresso nos detalhes, na escolha do repertório das danças, na estética dos objetos que compunham cada centro da roda, que dialogavam com a proposta de cada encontro. A atenção aos detalhes e, principalmente, ao exercício de escuta do outro haviam inspirado sua atuação como docente. Outra professora, Isabela, revelou que as danças haviam contribuído para a conquista do silêncio, que, para ela, era um grande desafio, pelo alto nível de ansiedade e agitação internas. Sílvia destacou o dia em que nos sentamos próximas ao mar para escrever e depois dançar, pela rara oportunidade de parar de correr e poder respirar, vislumbrar a natureza, o horizonte. Ressaltou também a dádiva de ouvir e ser ouvida em roda. Celebramos o encerramento dançando as preferidas do grupo: "Eu morava na areia", "Agradecer e abraçar", "Al Achat" e "Te ofereço paz".

Se o ponto de partida do processo da pesquisa foi a criação de um tempo-espaço para o encontro, a entrega, o ritual de partilha de experiências, em local com privacidade e silêncio, a dança circular foi veículo privilegiado para criar a atmosfera de respiro, entrega e desfrute de linguagens sensíveis, para marcar o início e o fim dos encontros da proposta do "Estúdio do sensível".

Como focalizadora das danças, cada vez que apresento alguma coreografia que ainda não tenha sido vivenciada inúmeras vezes, sinto que ela ainda não criou raízes no meu corpo, ainda não foi apreendida por ele. Tal fato mostra a demanda de entrega de "corpo e alma" ao processo. E é impressionante a constatação de quantas vezes racionalmente não lembrava os passos, mas, ao colocar a música, o corpo sabia o que fazer, o que evidenciou uma pedagogia diferenciada, centrada no dinamismo corporal. O focalizador é quem cuida do fluxo da energia na roda, responsabilidade que requer habilidades de fazer leituras do grupo, perceber vibrações de harmonia e desarmonia, acolher e superar dificuldades, sem estabelecer relação hierarquizada: "Para organizar a roda e impulsionar o trabalho, há uma figura essencial: o 'focalizador'. Ele não é um professor, não é um líder. Partícipe da roda, lado a lado com todos formando os círculos, ele é a pessoa que dá apoio e segura o foco da dança" (Ostetto 2014, p. 69).

Trata-se de uma educação que contempla simultaneamente o sensível, o corpo, a beleza, a alegria, a introspecção, a conexão, o que nos faz refletir sobre o necessário aprendizado de um modo de pensar e agir circularmente:

> Pensar circularmente significaria não pensar em linha reta, na afirmação de uma única voz e verdade. Significaria abrir-se ao diálogo, ao acolhimento da dúvida e da diversidade, à construção de múltiplos enredos afirmados no encontro das singularidades de crianças e adultos, de alunos e professores. Não uma técnica, procedimento metodológico, mas um modo de agir, de ser, de acolher. (*Ibid.*, p. 98)

Em roda, são acolhidas as sugestões, a diversidade dos saberes, os símbolos evocados, as habilidades, as limitações, a poética de cada um. A escuta é favorecida pela circularidade. Lado a lado, irmanados, ligados pelo coração, entregamo-nos, individual e coletivamente, à experiência de integração e transcendência.

Ofereço um poema de Manuel Bandeira (1982, pp. 317-318) para reverberar como despedida, assim como acontece após as danças circulares: a melodia do acalanto permanece circulando internamente...

Quadrilha

Roda, ciranda,
Por aí fora,
Chegou a hora
De cirandar!
Na tarde clara
Vinde ligeiras,
Ó companheiras,
Rir e dançar!

Moças que dançam
Nas horas breves
Dos sonhos leves,
Na doce idade
Das ilusões,
Guardam lembrança,
Boa lembrança
Da mocidade
Nos corações.

Roda, ciranda,
Como essas belas,
Gratas estrelas
Dos nossos céus!
Vamos, em rondas
Precipitadas,
Como levadas
Na asa dos véus!

Moças que dançam
Nas horas leves
Dos sonhos breves,
Na doce idade
Das ilusões,
Guardam lembrança,
Boa lembrança,
Da mocidade
Nos corações.

Referências bibliográficas

ALVES, R. (2003). *Lições de feitiçaria: Meditações sobre a poesia*. São Paulo: Loyola.

ANDRESEN, S. de M.B. (2018). *Obra poética*. Rio de Janeiro: Tinta-da-China Brasil.

BANDEIRA, M. (1982). *Estrela da vida inteira*. 9ª ed. Rio de Janeiro: José Olympio.

BETHÂNIA, M. (2015). *Caderno de poesias*. Belo Horizonte: UFMG.

DESCAVES, V. (2013). *Tastequiet*. Rio de Janeiro: Tastequiet.

LEITE NETTO, W.T. (2009). *Asas na pedra: Haicais*. Rio de Janeiro: Editoração.

OSTETTO, L.E. (2014). *Danças circulares na formação de professores: A inteireza de ser na roda*. Florianópolis: Letras Contemporâneas.

QUEIRÓS, B.C. (1991). *Minerações*. Ilustr. Paulo Bernardo Vaz. Belo Horizonte: RHJ.

SEIXAS, C. (2018). "Vagar sem pressa no esconderijo da vida alada: Em busca de alma na educação". Dissertação de mestrado em Educação. Niterói: Faculdade de Educação/Universidade Federal Fluminense.

TYLER, K. e DRAKE, J. (2001). *O livro das cartas dos anjos*. São Paulo: Taygeta.

WOSIEN, B. (2000). *Dança: Um caminho para a totalidade*. Trad. Maria Leonor Rodenbach e Raphael de Haro Júnior. São Paulo: Triom.

WOSIEN, M.G. (2002). *Dança sagrada: Deuses, mitos e ciclos*. Trad. Maria Leonor Rodenbach e Raphael de Haro Júnior. São Paulo: Triom.

13
HABITAR O MUSEU, REDESCOBRIR A NATUREZA, FAZER À MÃO: FORMAÇÃO DOCENTE ALÉM DOS ESPAÇOS ESCOLARES E UNIVERSITÁRIOS

Luciana Ostetto

Ponto de partida: A dimensão poética da infância e da prática docente

> O mundo está cheio de pessoas que, quando crianças, ganharam inúmeros prêmios de canto, desenho, dança etc. e que, uma vez adultos, acabam como certos burocratas, de sensibilidade viciada, que não pressentem a existência de valores artísticos e que nem sequer têm olhos para, da janela de sua repartição, descobrirem a paisagem. (Rodrigues 2019, p. 42)

> Por que motivo as crianças, de modo geral são poetas e, com o tempo, deixam de sê-lo? (Andrade 1976, p. 593)

> [a criança] é sujeito histórico e de direitos que, nas interações, relações e práticas cotidianas que vivencia, constrói sua identidade pessoal e coletiva, brinca, imagina, fantasia, deseja, aprende, observa, experimenta, narra, questiona e constrói sentidos sobre a natureza e a sociedade, produzindo cultura. (Brasil 2009, art. 4º)

> Recuperar o ser poético que é a criança só é possível quando os professores se percebem como pessoas ainda capazes de viver o estranhamento, que é o ser da poesia, quando o professor descobre nele mesmo o prazer da criação. (Albano 2002, p. 127)

Na atualidade, a imagem da criança produtora de cultura, criativa, sujeito de direitos traz implicações para a formação docente voltada à educação das infâncias, de *per si* uma profissão complexa. Acolher crianças-poetas, contribuir para o desenvolvimento de suas múltiplas linguagens, potencializar a dimensão inventiva de seus fazeres e de seus modos de ser exigem um adulto-professor-educador também criativo e imaginativo. Concordamos com a pedagoga italiana Carla Rinaldi (2012, p. 193): "(...) não haverá criatividade na criança se não houver criatividade no adulto. Teremos uma criança competente e criativa se houver um adulto competente e criativo".

Em termos legais, os princípios estéticos, articulados aos eixos brincadeira e interações, aparecem como diretrizes para as propostas pedagógicas da educação infantil (Brasil 2009) e repercutem na formação docente, haja vista que, para efetuar o que preconiza a legislação, será importante um professor que cultive sua própria imaginação; que alimente fazeres e saberes criativos, lúdicos, que exercite linguagens poéticas, as quais são pontes estendidas para as relações com meninos e meninas, esses sujeitos de pouca idade que trazem a poesia em seus modos de experimentar e de expressar o mundo em que vivem (Ostetto 2020).

Acontece que, entre professores, a dimensão poética da infância, aquele sopro brincante que impulsiona à experimentação e à criação, que nos chama a compor histórias com diferentes linguagens, como seres da cultura, está soterrada por camadas e camadas de adultez e racionalidade. Ao longo do percurso de tornarmo-nos adultos, a brincadeira vai sendo esquecida, o desenho vai sendo abandonado, o movimento vai sendo contido e as cantigas vão sendo silenciadas (Ostetto 2006). Nota-se aquele triste processo denunciado pelo artista-educador Augusto Rodrigues (1913-1993), idealizador da Escolinha de Arte do Brasil: a criança-brincante de sensibilidade aguçada vai se transformando em adulto-burocrata que desconsidera valores artísticos, portanto, uma sensibilidade viciada, que não vê nada além do trabalho formatado, que não vê as belezas ao seu redor, nem mesmo a paisagem da janela (Rodrigues 2019). Sim, o adulto, e professor, vai aprisionando seus sentidos, deixa de cultivar a imaginação, vai perdendo suas singulares formas de expressão e o prazer da criação.

Ao falar da perda do desenho pelo adulto, Ana Angélica Albano (2002) defende que a educação do educador deve passar por oportunidades de reencontro com suas linguagens, sua ludicidade e imaginação, buscando caminhos de redescoberta do prazer de experimentar e criar. Só dessa maneira, diz a pesquisadora, poderá o professor contribuir para o desenvolvimento sensível, poético, das crianças. Em suas palavras, apontadas na epígrafe e aqui ampliadas:

> Recuperar o ser poético que é a criança só é possível quando os professores se percebem como pessoas ainda capazes de viver o estranhamento, que é o ser da poesia, quando o professor descobre nele mesmo o prazer da criação. (...) Desenhando com as cores, com a música ou com a palavra, a criança dentro do adulto se reencontra com o seu espaço lúdico. Adulto e criança podem, então, expressar seus desejos e conflitos, e assim, reconquistarem no seu traço a sua palavra. (*Ibid.*, p. 127)

Dessa perspectiva, concordamos que é fundamental oferecer aos professores em formação oportunidades e condições para o reencontro com as dimensões expressivas que foram sendo reprimidas e emudecidas ao longo dos anos, o que pode ser garantido por propostas que disponibilizem espaço-tempo para movimentos de corpo inteiro, atravessados pelo artesanal, pela experimentação de diferentes materialidades, pelo "feito à mão", pelo contato com a arte, com as manifestações e os espaços culturais, por exemplo. É preciso encorajar a busca, provocar a experimentação de novos caminhos, apoiar a travessia pelo desconhecido, tecer pontes de sensibilidade para a (re)descoberta em si daquele "ser da poesia" referido por Albano.

E esse caminho proposto para a formação docente nada mais é que assumir a dimensão estética preconizada na legislação que regulamenta os cursos de formação de professores (Brasil 2006 e 2015). Essa dimensão, ao se tratar do curso de pedagogia, então responsável pela formação de professores para a educação infantil, não vem sendo contemplada, conforme demonstram as pesquisas de Martins e Lombardi (2015). O claro distanciamento entre a legislação pertinente e o efetivamente realizado nos projetos curriculares nos impõe o desafio de tecer projetos que garantam a dimensão estética como princípio formativo. Estreitar diálogos com a arte e as instituições artístico-culturais é uma possibilidade de contribuir para a formação estética docente e diminuir aquele distanciamento. Nosso grupo de pesquisa, o Círculo de Estudo e Pesquisa Formação de Professores, Infância e Arte – Fiar (http://www.fiar.sites.uff.br), vem se dedicando a pensar essas questões, pesquisando com os professores, ouvindo suas histórias e experiências, localizando faltas e pautas, aprofundando aspectos teóricos e experimentando práticas, articulando ensino, pesquisa e extensão.

Nesse contexto, respondendo a demandas docentes de formação continuada, desenvolvemos o projeto de pesquisa-formação "Por uma formação docente brincante: Outros espaços, outras experiências", encaminhado por meio de uma ação extensionista.

Projetar encontros, provocar experiências: Princípios e metodologia

No ano de 2018, 100 professoras da educação infantil da rede pública do município de Niterói participaram do projeto "Por uma formação docente brincante: Outros espaços, outras experiências" (Fiar 2018), desenvolvido com o objetivo geral de promover experiências e reflexões com/sobre arte na educação infantil e na formação docente, privilegiando a dimensão criadora de professoras e professores na articulação de saberes e fazeres relacionados à arte e às linguagens expressivas. As propostas que deram forma ao projeto buscaram contribuir para a ampliação do repertório estético-cultural docente. Articulado com a Secretaria Municipal de Educação de Niterói, o projeto recebeu apoio do Museu Janete Costa de Arte Popular (MJCap), um equipamento da Secretaria Municipal de Cultura e Turismo de Niterói.

Quatro movimentos compuseram sua organização e sustentaram sua realização: movimento inicial – ativação de memórias de infância, por meio de imagens da arte; segundo movimento – danças e brincadeiras como convite à reconexão com a criança presente/escondida em cada participante; terceiro movimento – chamado para o encontro com obras e artistas, por meio de uma visita à exposição do museu, coordenada pelo curador da exposição; movimento de síntese – registro de experiências consideradas significativas e compartilhamento de sentidos despertados ao longo dos encontros. Para esses movimentos, um pequeno caderno foi oferecido a cada participante no primeiro encontro, com o intuito de que se constituísse em um espaço de memória, um lugar que convidasse à experimentação e à criação de modos de dizer o vivido: diário poético de memórias e miudezas (Fiar 2018).

Operacionalmente, cada movimento correspondeu a um encontro com duração de quatro horas, uma vez por semana. As professoras foram agrupadas em quatro turmas de 25 participantes. Cada turma acompanhou o conjunto de quatro encontros/movimentos, todos realizados no Museu Janete Costa de Arte Popular. Um panorama do processo, no conteúdo e na forma dos movimentos que o sustentaram, pode ser apresentado nos dados a seguir.

Acolhimento

Cada encontro tinha início com o acolhimento, geralmente embalado por uma cantiga, um verso ou palavras poéticas. Sentados em círculo, no centro do qual havia uma mesa arrumada com uma toalha, brinquedos/peças que remetiam às infâncias, sementes e matérias naturais, livros de literatura, materiais de criação artística, entre outros materiais (que seriam utilizados no decorrer do encontro), cantávamos e fazíamos os combinados do dia.

Conversas inspiradas por materiais poético-artísticos

Após a acolhida e os combinados, entrávamos nas proposições de conversas, a partir de mediações diversificadas e específicas para cada encontro:

1) Na imagem de uma obra de arte – Como estou? Quem sou? Cada participante retira de uma caixinha um cartão postal no qual aparece a imagem de uma obra de arte. Os artistas eram diferentes e, a partir da imagem, cada participante fazia sua apresentação, com o desafio-provocação de falar sobre si, como estava se sentindo naquele dia, como havia ido para o encontro com base naquela imagem do postal, como se fosse a sua imagem/retrato;
2) Leitura de materiais literários, como a crônica "Vista cansada" (Resende 1992), o livro *O pote vazio* (Demi 2007), poesias de Manoel de Barros (2010 e 2011) e Bartolomeu Campos de Queirós (2003 e 2010), por exemplo; exposição, em *PowerPoint*, de imagens de obras de arte pesquisadas pelas participantes ou imagens de artistas que inspiravam experimentações;
3) Leitura de narrativas docentes sobre percursos formativos.

Experimentações: Fazer à mão

A cada encontro, havia um tempo que chamamos de experimentações, um convite a acessar vestígios de memórias e ressonâncias narrativas:

1) A poética das miudezas – proposta com o convite de dar à luz os seres apagados, criar um tempo-espaço para o olhar caçador de insignificâncias e construir um mosaico com texturas da natureza. Uma vivência do sensível, da arte, da literatura, da natureza, do espaço e da formação estética. Deslocamentos,

caminhar pelos arredores do museu, colher materiais para, depois, compor mandalas com elementos naturais.

2) Oficina de gravura (no caso, "isogravura", realizada com isopor/base de bandejas de alimentos).
3) Bordado em folhas secas, inspirado na poética obra de Clarice Borian (@clariceborian).
4) Linhas dançantes – com base no livro *Picasso em uma só linha* (Picasso 1998) e na observação das linhas e das formas da natureza ao redor, o grupo, organizado em duplas ou trios, em movimentos corporais amplos, trabalhava para deixar traços, linhas e texturas, utilizando carvão vegetal, em folhas de papel *kraft* pregadas nas paredes externas do museu. Um traço de uma convidava a outro traço e, assim, dançavam em linhas de todos os tipos e direções.
5) Mapa de experiências – a primeira experiência forte com a arte, quando cada participante elaborou um mapa das experiências que consideravam significativas, colocando palavras, recortando, colando, pintando.
6) Danças circulares e brinquedos cantados.
7) Visita à exposição – especificamente no terceiro encontro, havia também a visita à exposição do museu, contando com a condução e a mediação de seu curador da exposição. Depois da visita, o grupo podia vivenciar o espaço e as propostas organizadas pelo setor educativo do MJCap, com oportunidades de ampliar a interação com as obras e os artistas em exposição.

Diário poético de memórias e miudezas

Próximo ao final, havia um tempo para o registro do vivido: uma parada para cada uma marcar no caderninho que recebeu palavras, acontecimentos, pensamentos, sentimentos, situações vivenciadas no encontro. A ideia era refletir sobre: O que quero deixar marcado sobre o encontro de hoje? A palavra de ordem era utilizar materiais que não costumava usar, ousar, experimentar, criar com múltiplas linguagens. Nesse momento, eram utilizadas as diferentes materialidades disponibilizadas nos arranjos sobre a mesa: papéis coloridos, cola, tesoura, recortes de palavras e imagens retiradas de revistas, tecidos, fitas, lápis de cor, canetinhas etc.

Conversas sobre arte, formação e docência

Entre os conteúdos que permearam os encontros e as conversas estabelecidas com o grupo, cito: os modos de ver, destacando que escutar/olhar/observar é essencial para a prática pedagógica na educação infantil; os gostos e as preferências, as histórias e os sentidos provocados por imagens de obras e artistas, enfatizando o que vemos, o que podemos ver, o que imaginamos, os sentidos que a imagem/obra provocam; as linguagens das crianças, as linguagens de professores, questionando onde se encontram.

Avaliação do percurso

No último encontro com cada grupo, houve tempo também para a avaliação, que, além de comentários pronunciados na roda, contou com o preenchimento de um formulário com questões sobre os encontros.

A formação estética, compreendida como processo de percepção, de imaginação, de interpretação que contribui para alargar a nossa sensibilidade, "[como sujeitos] do pensamento e do sentimento e, por outra parte, como alguém chamado a ver, na realidade externa: a beleza, o enigma, a sugestão, o símbolo, a sutileza, o risível, a ambiguidade, o sublime, o trágico" (Perissé 2009, p. 53), tem conexões com as caraterísticas dos espaços habitados. Dizemos que os espaços também são oportunidades de formação estética, porque agem sobre todos os sentidos de seus usuários: cheiros, formas, cores, texturas, sons, tamanho, composição de um ambiente atuam na percepção, na imaginação, no pensamento daqueles (Rinaldi 2013).

Por isso, é importante destacar que a escolha do museu para abrigar o projeto foi propositada e referendou, em seus pressupostos teórico-metodológicos, a compreensão de que o ambiente onde os processos são vivenciados é um artefato formativo, é um elemento educador decisivo para a qualidade da experiência. Os espaços falam, dizem coisas, comunicam valores e, dessa maneira, são campos semânticos, são linguagem e, como disse Rinaldi (*ibid.*, p. 124), "o espaço físico é um elemento constituinte na formação do pensamento". As características físicas de um espaço, além de portarem mensagens simbólicas, revelando intenções e valores das pessoas que o organizam, podem influenciar o comportamento das pessoas que o frequentam e/ou habitam, promovendo ou interrompendo certas atividades, facilitando ou impedindo movimentos (Carvalho e Rubiano 1994; Gandini 1999; Rinaldi 2013).

O subtítulo do projeto destaca o espaço como um aspecto central – "outros espaços, outras experiências". Não há como entrar no Museu Janete Costa de Arte Popular e não ser, de imediato, afetado por sua arquitetura.

> Situado em dois sobrados do século XIX, com fachadas tipicamente neoclássicas, o Museu é localizado na cidade de Niterói – no bairro do Ingá; e abriga o nome de uma das maiores pesquisadoras e especialistas em arte popular brasileira, Janete Costa, que viveu parte de sua vida na cidade. (...) Sem fazer distinção das diferentes classificações dentro do mundo das artes, Janete Costa admirava a arte em si e afirmava que "para entender a arte é preciso aprender a olhá-la". E foi com esta crença que a própria Janete sugeriu a ideia da construção de um museu de arte popular. Mas, antes de ver sua ideia realizada, a renomada arquiteta de interiores faleceu, deixando um legado de muitas artes, em sua coleção, e histórias populares. (Niterói 2020)

Também o espaço externo que o circunda, ainda que não seja amplo, é território de alargar sentidos. No contato com a natureza, a céu aberto e sobre o chão coberto de miudezas e surpresas, o olhar é convidado a espreitar em outras direções, além da área cimentada, entre plantas, folhas secas, pedrinhas, terra. Como fazem as crianças, o corpo é provocado a sair em aventura para a descoberta de tesouros, a se entregar à exploração, à brincadeira, à imaginação, à composição de enredos e histórias cheias de vida.

Como um projeto de pesquisa-formação, seu desenvolvimento foi acompanhado e documentado pelas fiandeiras – graduandas de pedagogia, mestrandas e doutorandas em educação que compõem o grupo de pesquisa Fiar – em registros fotográficos, notas de pesquisa e pequenos vídeos. Alguns dados também foram recolhidos por meio de questões compartilhadas com os grupos como avaliação final, de caráter narrativo.

As professoras participantes assinaram o Termo de Consentimento Livre e Esclarecido, permitindo a utilização de imagens, produções e avaliações/narrativas no contexto do projeto e solicitaram que fosse preservado seu anonimato. Portanto, neste capítulo, quando apresentadas as narrativas das professoras, utilizamos nomes fictícios para indicar a autoria.

Sentidos espreitados em registros da experiência

Ao propor vivências corporais (com cantigas e danças de roda), produções plástico-pictóricas (com diferentes materialidades, artísticas ou da natureza, para experimentação e criação) e narrativas de memórias como caminhos de formação, a pesquisa-formação desenvolvida confirmou que o trabalho com diferentes linguagens e recursos expressivos potencializa as múltiplas interfaces do conhecimento, provocando diálogos intensos entre o pensar e fazer artístico-cultural, intensificando a reflexão e as experiências estéticas docentes.

Como defende Rugira (2008, p. 73), "a relação com o corpo constitui-se um pilar incontestável dos processos de formação e de criação coletiva (...). A relação com o corpo (...) restitui nossas capacidades de aprender, de nos adaptar e de reagir". As cantigas permearam todos os encontros, fosse como ritual de acolhida, fosse como ritual de despedida. Em um dos encontros, elas estiveram no centro da ação de rememorar, e as participantes trouxeram cantigas que ouviam ou cantavam na infância e que estavam marcadas em seus repertórios afetivo-culturais.

Nesse mesmo dia, vivenciamos danças circulares e cantamos cantigas no espaço expositivo do museu, ao redor de uma instalação que ocupava o chão, as paredes e o teto com elementos da cultura popular do Nordeste brasileiro. As participantes foram convidadas a olhar com mais vagar para as bandeirolas que pendiam de sombrinhas do frevo pernambucano penduradas no teto. As pequenas bandeirolas, coloridas, traziam impressos trechos de cantigas, versos e poemas da cultura popular e, na interação com a instalação, o grupo ficou muito mobilizado. Eram perceptíveis a diversão e também o prazer que sentiam quando identificavam versos de poemas ou canções conhecidas. Algumas professoras compartilhavam com o grupo sua alegria: liam em voz alta o conteúdo encontrado, com largos sorrisos.

Em uma das bandeirolas, havia o poema/canção de Antônio Nóbrega, conhecido brincante de tantas histórias, amante da cultura popular e responsável por sua divulgação e sua celebração, que chamava a atenção pela força de síntese que expressava. Pela sua significância, trago esse poema traçado na bandeirola do museu, "Sambada dos mestres":

> As sete chaves das artes
> Eu trago todas comigo
> Com elas na minha mão
> Enfrento qualquer perigo
> As tenho como presentes
> Dos mestres, grandes amigos
> Vivo e brinco com meu povo
> Sou um cavaleiro andante
> Nesse nosso mundaréu
> Minha sina é ser brincante. (Nóbrega *apud* Ostetto, Silva e Santos 2019, p. 731)

O projeto convidava ao reencontro do ser brincante que se esconde no adulto, ao diálogo com a arte, a cultura, os saberes e fazeres artesanais. Os versos do pernambucano pareciam reafirmar (eu diria, até, abençoar, tal qual uma graça) o movimento que vínhamos experimentando ao longo dos encontros. Pois, sim, no caminho trilhado, pretendíamos acionar conhecimentos sensíveis e inteligíveis, articular e amplificar saberes da/na experiência.

> A experiência estética coloca a cognição em permanente desconstrução e reconstrução, pela vulnerabilidade aos acontecimentos, estados de espírito, relações com a cultura, saberes múltiplos vindos do corpo e de abstrações, além do que a mente elabora a partir de paisagens do corpo, do ambiente, da memória e da ficção. (Meira *apud* Ostetto, Silva e Santos 2019, p. 733)

Nessa mesma direção, os estudos de Rugira (2008) lançam luzes sobre o efeito/a afetação dos corpos no/com o espaço, que se converte em uma dimensão da experiência biográfica, pois, como afirmou a referida autora, considerar a sensorialidade e os procedimentos experienciais contribui não apenas para o "conhecimento de si", ao acionar a reflexividade biográfica, como também para a "prática de si" (*ibid.*, p. 86), pois é ação corporal que aciona a percepção e a atenção sobre si. Pensar e sentir passam pelo corpo. A experiência estética é inteireza. Ao propor tais vivências corporais em um projeto de formação continuada, iluminamos aspectos deixados à sombra do processo de formação de professores, conforme identificado em pesquisas já relacionadas. Esboçamos indícios para fertilizar a reflexão sobre formação estética docente e delinear caminhos para realizá-la.

As análises dos registros escritos e fotográficos dos processos realizados ao longo dos encontros, assim como a catalogação e a apreciação das produções dos professores, permitem afirmar que a rememoração, que dá luz a narrativas autobiográficas, é um canal potente para acessar o ser brincante docente e que a proposição de tempos para experiências sensíveis de manipulação, composição e criação é central para a formação cultural de professores (Ostetto e Bernardes 2015).

No novelo da memória, as lembranças de infância puxam fios de experiências, prazeres e desprazeres, vida vivida com a intensidade e o sabor de um tempo outro, inaugurando um movimento que possibilita identificar elementos essenciais do ser criança e, pelo conteúdo acessado, reavaliar a própria prática docente. Ao longo dos encontros, as manifestações desse rememorar e dessa articulação vida vivida-prática docente puderam ser evidenciadas. Exemplos, que retiramos da documentação produzida no processo:

> Certo dia, uma professora comentou, em tom de confissão: "Eu não dava importância. Mas como era bom pra mim, como é importante quando se é pequena... Não quero jogar mais fora as pedrinhas e as folhas que as crianças normalmente guardam". (Registro do quarto encontro, grupo 1, 2018)

Pela brincadeira, vem a lembrança das brincadeiras e dos encontros da infância: o café quentinho com bolo da avó, a brincadeira de elástico, a corrida pelo quintal, a subida nas árvores... A partilha de histórias, por meio de narrativas emocionadas, entre seriedade e diversão (e um tanto de receio pela exposição), costurava os fios de dores e delícias vividas pelas professoras em suas infâncias. Fios que só puderam ser tecidos pelo exercício de rememorar, apoiado pelos canais da produção artística – poemas, contos, imagens de arte, histórias de artistas, obras do museu –, que contribuíram para acessar significados que estavam por trás desse remexer de histórias e produção de narrativas.

O ser brincante ganhava vida nas lembranças, nas histórias, nos sentidos tecidos pela alegria de voltar ao tempo em que brincavam, pela emoção da infância revisitada. Muitas narrativas foram contadas nesse tom emotivo, por vezes com a voz embargada, os olhos molhados, o corpo visivelmente sensibilizado. Na entrega, as professoras diziam sobre suas experiências, muitas histórias embaladas pela saudade.

> "Correr solto, brincar de comidinha, brincadeiras de roda";
> "Lembranças da idade de oito anos, vários amigos na mesma rua. Andar de bicicleta com a galera. De sozinha, eu virei vinte (vinte amigos)";
> "Infância feliz com brincadeiras, só voltava em casa para comer";
> "Amigos da mesma rua, personagens japoneses e as bananeiras eram monstros a enfeitar";

> "Banho de cachoeira. Bate saudades e dá vontade de brincar";
> "Brincar de elástico. Dentro do elástico, fora da brincadeira. Cadeira segurou o elástico e todo mundo caía na brincadeira";
> "Tardes eram mágicas! Máquina de costura para costurar na calçada bonecas de pano. Bonecas que davam errado, cabeças grandes, em São Pedro da Aldeia";
> "De volta aos passeios à ilha de Paquetá. Liberdade que eu tinha quando era criança". (Registros de narrativas orais de professoras, Fiar 2018)

É inegável a importância da rememoração e da narrativa das histórias de vida na formação de professores para o desenvolvimento pessoal e profissional do sujeito que escolheu ser professor de crianças pequenas. Para o pesquisador, é forte e intenso colocar-se à escuta. No projeto de extensão, como pesquisa-formação, as aprendizagens foram de todos os envolvidos: narrar e ouvir narrativas de memórias de infância nos conectou às nossas crianças e, na conexão, criamos e recriamos possibilidades.

Por sua vez, habitar o museu, mais do que uma mera visita pontual, mostra-se como oportunidade singular para ativar formas renovadas de ver e fazer o mundo, a educação, a vida. Mas, para isso, é preciso tempo. E, no caso do projeto, estruturado em quatro encontros, cada grupo de docentes pôde entrar, estar e percorrer o conjunto arquitetônico e o acervo artístico do MJCap por quatro vezes.

A importância do encontro com a arte, a possibilidade de contemplar o acervo de arte popular do Museu Janete Costa e de serem acolhidas pela bela arquitetura do museu foram apontados pelas participantes como aspectos importantes e significativos do projeto, que se refletiram em sua formação e seus modos de ver.

> Foi uma oportunidade de ter contato com a arte popular e o Museu Janete Costa, que eu não conhecia. Conhecer a exposição, ver as obras, me inspirou. (Professora Joana)

> Foi importante ver a valorização da cultura popular. Dançar, cantar, poesias, foi muito bom. Tudo isso no Museu Janete Costa, foi especial! (Professora Anita)

> Foi um grande aprendizado a reflexão acerca das formas de se pensar e trabalhar a arte em sua pluralidade, e ficar atenta aos seus processos: sem pressa, sem trabalhos prontos, possibilitando experiências e não técnicas. Estar nessa formação no museu e nas atividades criativas fez minha alma ficar mais sensível. (Professora Silmara)

> Gostei muito de conhecer a história do museu, da mulher que dá nome ao Museu Janete Costa. Foi um momento para relembrar a infância e experimentar a arte. Depois dos encontros, eu brinquei mais com as crianças, dança, músicas. (Professora Mariana)

> Conhecer o museu e suas obras foi uma novidade, eu não conhecia. Isso mudou meu modo de ver a arte. (Professora Maria Cecília)

> Conhecer esse lindo museu que valoriza a arte popular, ter a oportunidade de experimentar diversas formas de expressão artística foram as coisas mais importantes que essa formação me proporcionou. Com certeza, aperfeiçoamos nossa interação com as crianças através do pensar a arte e do convite ao brincar. (Professora Marinês)

As narrativas nos permitem entrever atitudes renovadas com a experiência, na prática perspectivada com as crianças e na vida de modo geral: dar atenção aos detalhes, reparar nas miudezas e nas coisas simples do cotidiano, sentir a sensibilidade na alma, inspirar-se, brincar e cantar mais com as crianças, aperfeiçoar a interação com elas, ficar mais atenta aos processos e se preocupar menos com o trabalho pronto, possibilitar experiências. O convite a fruir e ressignificar a arte na vida abriu uma vereda de possibilidades para a continuidade da reflexão sobre o trabalho com a arte na educação infantil.

> Todos os encontros foram um convite a reviver memórias e expandir o olhar para a arte. As propostas feitas, o contato com o museu, fui percebendo que as miudezas da vida, na verdade, são suas grandezas. (Professora Natielly)

Pude valorizar ainda mais os momentos de brincadeiras como vivências importantes para a vida, além de construir saberes sobre a arte e ampliar meu universo cultural no museu. (Professora Vitória)

Quando estávamos visitando a exposição, no terceiro encontro, guiadas pelo curador do museu, uma das professoras comentou que olhar aqueles trabalhos feitos com o barro pelas artesãs do Jequitinhonha a fez voltar à infância. Lembrou-se de tantos bolinhos de lama que fazia, do barro que manuseava e da sua mãe, que permitia a ela brincar e se sujar. Parece que aquela visita provocou memórias e o encontro com a sua criança interior. (Registros do terceiro encontro, grupo 1, Fiar 2018)

Convidar a arriscar outros traços, a desformar a linha já traçada e marcada no hábito, no costume de fazer o que já se conhece, chamar para experimentar outras possibilidades com o corpo, a cultura, a arte, o museu são indicações profícuas para mexer com a dimensão brincante-inventiva que vai um tanto aprisionada nos adultos-professores, encorajando-os ao (re)encontro com o seu ser da poesia. Perceber a importância da dimensão brincante do professor foi destacada como aprendizado.

Compreendi que é preciso primeiro sentir e fazer comigo, para, depois, quem sabe, fazer com as crianças. Nós, professores, temos que passar pela experiência. (Professora Anita)

Ser professora na educação infantil é desafiador. Participar dessa formação foi importante, para poder vivenciar momentos brincantes. Brincar no museu foi livre e leve. Concluo que a necessidade de inserir os brincantes, a arte, a literatura na prática docente é urgente! (Professora Lucinda)

No reencontro com sua brincadeira e inventividade, ampliando olhares e sentidos, reside uma aposta para o encontro renovado com as crianças na educação infantil, fertilizando ou reforçando práticas que respeitem suas culturas e seus modos de expressão, fazendo valer os princípios éticos, políticos e estéticos preconizados (Brasil 2009).

As professoras dizem que a experiência no museu reavivou sentidos e desejos, contribuiu para visões da arte sob outros ângulos, de outros jeitos, também como fruição e fazer para si.

> Foi um jeito novo de ver a arte, como parte de nossa vida, que é para nosso crescimento, eu interior, e não para fazer atividades com as crianças. Reavivou memórias, afetos, sabores, sentidos e desejos de reencontrar-me. (Professora Samara)

> Refletir sobre meu primeiro contato com a arte foi impactante. Quero ter mais tempo para visitação ao museu. Também me chamou atenção a vivência de experimentar várias vezes a mesma atividade (xilogravura): me fez perceber a importância de proporcionar tempo para as crianças também experimentarem várias vezes. (Professora Elen)

> A proposta de trabalhar conteúdos para que o professor vivenciasse, sem a preocupação de ter que aprender pra repassar para os alunos, foi um ponto forte do projeto. Vivenciar a arte, sentir a arte, primeiro experimentar, depois, talvez, repassar de outras formas. (Professora Eloá)

Como apontou Livramento (2005), em seu artigo-testemunho "Ampliando meu repertório vivencial, viajando e entrando no museu", para alargar experiências e conhecimentos estético-culturais, é preciso sair do território conhecido, arriscar-se, viajar, entrar em contato com a arte e suas obras, muitas vezes desconhecidas, impactantes, desconcertantes. Ela escreve, a partir de uma viagem que realizou, saindo do interior de Santa Catarina e seguindo para São Paulo, a fim de participar de eventos de arte e visitar espaços museais, como a Pinacoteca do Estado de São Paulo e o Museu de Arte Contemporânea da USP:

> Quando ocupamos espaços diferentes e temos a oportunidade de experimentar coisas diferentes, ou, ainda, de explorar situações diversas, estamos abrindo novas possibilidades, indo além do que já temos e/ou conhecemos. Podemos, então, estabelecer novas relações com o mundo, construindo e reconstruindo saberes diferentes dos que temos, dando outro sentido e outro significado para as coisas – do mundo, da educação... (*Ibid.*, p. 156)

Desenhar outros tempos e espaços com as crianças, dia a dia, garantindo oportunidades para experimentações e invenções, só é possível quando os professores são apoiados e acolhidos em suas potências, quando podem partilhar e cultivar sonhos no coletivo, com seus pares. Quando têm oportunidades para expandir seus repertórios artístico-culturais, banhando-se na experiência encarnada, que afeta e é afetada por todos os sentidos, professores e professoras são impulsionados a tingir suas práticas docentes com as cores do afeto e da beleza, afirmando a poesia com as crianças.

Museu, educação, formação docente: Firmar e continuar o diálogo brincante

> As propostas feitas, o contato com o museu (...). Poderíamos ter mais encontros assim! (Professora Natielly)

> Quais foram meus aprendizados? O despertar para apreciar o belo, que seja em uma poesia, ou num objeto, por mais simples. (Professora Eloá)

É importante destacar o papel da universidade na articulação do necessário e urgente diálogo entre a escola pública, a arte e os equipamentos culturais da perspectiva da formação estética docente e discente. A pesquisa-formação desenvolvida, atendendo a demandas da formação continuada de professores de uma rede pública, foi sem dúvida um ensaio de resposta, que pode ser replicado, reinventado, ressignificado coletivamente com outros grupos de professores e estudantes-professores. Nesse caminho, há que se destacar a acolhida do Museu Janete Costa: a abertura e o compromisso da direção do museu, de seus funcionários e do curador das exposições foram imprescindíveis para o cultivo da proposta e para a colheita dos frutos do trabalho, que reverberam em ações de resistência cultural e na reafirmação da arte como direito de todos e essencialidade da vida.

Assim, desde a garantia de espaços para experiências docentes brincantes no museu, miramos a possibilidade de inventar outros espaços para a infância na educação infantil: de gentilezas e afetos, de encontros e partilhas, explorações e criações, que ampliem as experiências de meninos e meninas para além de suas salas de referências, com seus professores e suas professoras, saltando o muro para viver a arte e a cultura, pois

> (...) o que conhecemos não é único nem verdadeiro. Estamos descontruindo e reconstruindo nossos conceitos sempre que temos a oportunidade de vivenciar, ver e ouvir experiências diferentes das que vivemos cotidianamente, podendo, assim, ampliar nosso olhar para o mundo que nos cerca. [Como professores] não podemos imaginar outras formas de trocar conhecimentos se não vivenciamos outras formas de aprender, se, cotidianamente, não acrescentamos nada em nosso repertório vivencial. Ninguém dá o que não tem! (Livramento 2005, pp. 155-156)

Referências bibliográficas

ALBANO, A.A. (2002). *O espaço do desenho: A educação do educador*. São Paulo: Loyola.

ANDRADE, C.D. de (1976). "A educação do ser poético". *Revista Brasileira de Estudos Pedagógicos*. Rio de Janeiro, v. 61, n. 140, out., pp. 593-594.

BARROS, M. (2010). *Poesia completa*. São Paulo: Leya.

_______ (2011). *Escritos em verbal de ave*. São Paulo: Leya.

BRASIL (2006). Resolução n. 1, de 15 de maio de 2006. Institui Diretrizes Curriculares Nacionais para o Curso de Graduação em Pedagogia, licenciatura. *Diário Oficial República Federativa do Brasil*, Poder Executivo, Brasília, 16/5/2006, Seção 1, n. 92, pp. 1.112.

_______ (2009). Resolução n. 5, de 17 de dezembro de 2009. Fixa as Diretrizes Curriculares Nacionais para a Educação Infantil. *Diário Oficial República Federativa do Brasil*, Poder Executivo, Brasília, 18/12/2009, Seção 1, n. 242, pp. 18-19.

_______ (2015). Resolução CNE/CP, n. 2, de 1 de julho de 2015. Define as Diretrizes Curriculares Nacionais para a formação inicial em nível superior (cursos de licenciatura, cursos de formação pedagógica para graduados e cursos de segunda licenciatura) e para a formação continuada. *Diário Oficial*

República Federativa do Brasil, Poder Executivo, Brasília, 2/7/2015, Seção 1, n. 124, pp. 8-12.

CARVALHO, M.I.C. e RUBIANO, M.R.B. (1994). "Organização do espaço em instituições pré-escolares". *In*: OLIVEIRA, Z. (org.). *Educação infantil: Muitos olhares*. São Paulo: Cortez, pp. 107-130.

DEMI (2007). *O pote vazio*. São Paulo: Martins Fontes.

FIAR (2018). "Por uma formação docente brincante: Outros espaços, outras experiências". Niterói: Feuff/Proex. (Projeto de extensão cadastrado no SigProj, inédito)

GANDINI, L. (1999). "Espaços educacionais e de envolvimento pessoal". *In*: EDWARDS, C. *et al*. *As cem linguagens da criança*. Porto Alegre: Artmed, pp. 145-158.

LIVRAMENTO, M.U. do (2005). "Ampliando meu repertório vivencial, viajando e entrando no museu". *In*: LEITE, M.I. e OSTETTO, L.E. (orgs.). *Museu, educação e cultura: Encontros de crianças e professores com a arte*. Campinas: Papirus, pp. 153-156.

MARTINS, M.C. e LOMBARDI, L.M. (2015). "A arte na pedagogia e a formação do professor para educação infantil e anos iniciais: Inquietações e esperanças". *Trama Interdisciplinar*, 6(2), pp. 23-36.

NITERÓI. SECRETARIA DE CULTURA (2020). *Site* oficial do Museu Janete Costa de Arte Popular. [Disponível na internet: <http://culturaniteroi.com.br/blog/?id=2191&equ=janete>, acesso em 1/2/2020.]

OSTETTO, L.E. (2006). "A arte no itinerário da formação de professores: Acender coisas por dentro". *Reflexão e Ação*, 14(1), pp. 29-43.

_______ (2020). "Espreitar outros campos de formação: Professoras, museu, experiências estéticas". *In*: CRUZ, G.B. da *et al*. (orgs.). *Didática(s) entre diálogos, insurgências e políticas: Tensões e perspectivas na relação com a formação docente*. Rio de Janeiro: Faperj/CNPq/Capes/Endipe/DPeA, pp. 2.371-2.379. [Disponível na internet: <http://xxendiperio2020.com.br/anais-virtual>.]

OSTETTO, L.E. e BERNARDES, R.K. (2015). "Modos de falar de si: A dimensão estética nas narrativas autobiográficas". *Pro-Posições*, 26, pp. 161-178.

OSTETTO; L.E.; SILVA, B.A. da e SANTOS, A.R.F.M. dos (2019). "Por uma formação docente brincante: Outros espaços, outras experiências". *Livro de Atas do IV Seminário Luso-Brasileiro de Educação de Infância & I Congresso Luso-Afro-Brasileiro Infâncias e Educação*. Aveiro: Universidade de Aveiro, pp. 725-735. [Disponível na internet: <https://f64bbda3-71cc-48c5-a34e-8605d96c0ef3.filesusr.com/ugd/c875f7_b3dacf0cdd264bacaa0ac26509a981bf.pdf>.]

PERISSÉ, G. (2009). *Estética e educação*. Belo Horizonte: Autêntica.

PICASSO, P. (1998). *Picasso em uma só linha*. Rio de Janeiro: Ediouro.

QUEIRÓS, B.C. de (2003). *Diário de classe*. São Paulo: Moderna.

_______ (2010). *A árvore*. São Paulo: Paulinas.

RESENDE, O.L. (1992). "Vista cansada". *Folha de S.Paulo*, 23/2/1992.

RINALDI, C. (2012). *Diálogos com Reggio Emilia: Escutar, investigar e aprender*. Trad. Vania Cury. São Paulo: Paz e Terra.

_______ (2013). "O ambiente da infância". *In*: CEPPI, G. e ZINI, M. (orgs.). *Crianças, espaços, relações: Como projetar ambientes para a educação infantil*. Porto Alegre: Penso, pp. 122-128.

RODRIGUES, A. (2019). *Augusto Rodrigues educador*. Recife: Cepe.

RUGIRA, J.M. (2008). "A relação com o corpo e a sensorialidade na história de vida: Por uma abordagem somatopedagógica do acompanhamento". *In*: PASSEGGI, M. da C. (org.). *Tendências da pesquisa (auto)biográfica*. Natal: EDUFRN; São Paulo: Paulus, pp. 78-89.

14
DESABITUAR O OLHAR PARA AMPLIAR SENTIDOS: NOTAS SOBRE UM PROJETO DE FORMAÇÃO CONTINUADA

Vilma Silva

Uma tarde, um espaço, professoras e provocações estéticas

Uma tarde de abril de 2018. Museu Janete Costa de Arte Popular, em Niterói, no Rio de Janeiro. Mesas preparadas com folhas, sementes, galhos, linhas, agulhas, lãs, tecidos e muitos outros materiais que compõem um cenário para recepcionar as professoras que chegam para mais um dia de participação nos encontros do projeto de extensão "Por uma formação docente brincante: Outros espaços, outras experiências", promovido e realizado pelo grupo Fiar – Círculo de Estudo e Pesquisa Formação de Professores, Infância e Arte da Universidade Federal Fluminense.

O convite estético era visível já na entrada do espaço do museu, que desde março acolhia o projeto. Se aquele lugar era um território da arte, marcado pela presença de obras e artistas em exposição, o cenário organizado com todas as materialidades descritas tinha o propósito de aguçar outros sentidos e significados, de transformá-lo em contexto de experimentações, de afetação, de provocação, de fazeres. De certo modo, contrariando a natureza de um ambiente museal, no qual a oportunidade de interatividade, de estabelecer contato com as obras de corpo inteiro, é reduzida, os encontros de formação convidavam à entrega, ao contato direto com as materialidades.

As professoras vão chegando, olham, conversam, sorriem, sentam-se nas cadeiras dispostas no espaço preparado. Naquela tarde, a proposta inicial era cada uma falar de si, utilizando como apoio uma imagem de arte, fixada em um postal, que retiraram de uma caixinha. Era um momento para compartilhar histórias e percepções e também ampliar o repertório. Será que todas as professoras conheciam as obras que estavam no postal que retiraram da caixinha? Que relações estabeleceriam com suas vidas, seus gostos, seus afetos? Mesmo que a proposta não fosse contar sobre memórias de suas infâncias, a maioria relacionou a imagem de arte do postal a lembranças de seu tempo de criança: a paisagem natural por onde podiam correr, o gosto da fruta no sítio, a avó que contava histórias, o brinquedo que ganharam, a imaginação que fazia parte de uma vida sem muitas condições materiais, o livro que era objeto de desejo, que lembrava o gosto por aprender a ler.

Aos poucos, a conversa vai revelando a importância do exercício da memória e de olhar as miudezas, de ter atenção ao ínfimo, àquilo que aparentemente não tem nada, que não é nada, que parece ser insignificante. Poetas e artistas são, então, apresentados, e com eles o diálogo com essa ideia se amplia. Como diz o poeta:

> (...) Arte não tem pensa:
> O olho vê, a lembrança revê, e a imaginação transvê.
> É preciso transver o mundo.
> É preciso desformar o mundo.
> Tirar da natureza as naturalidades. (Barros 2004, p. 75)

O poeta nos chama à imaginação, à ousadia da criação. Na conversa com as professoras, inquietações e provocações vinham à tona: repensar tempos, espaços e relações é necessário, mas como conseguir enxergar as miudezas se estou conectada com outras demandas do cotidiano? Quem alimenta o meu olhar? Em diálogo, a atelierista da abordagem educativa de Reggio Emilia, Vea Vecchi (2017, p. 32), faz a seguinte provocação: "(...) por que a dimensão estética está, em geral, tão distante do mundo das escolas, tão estranha à formação dos futuros professores e pedagogos?". Essas e outras perguntas, sem respostas, foram fios condutores das atividades que se seguiram.

Reencontro com o desenho: Das linhas da natureza às linhas com carvão vegetal

Para a continuidade da conversa, foi apresentado o livro *Picasso em uma só linha* (Picasso 1998), que reúne uma série de desenhos do artista catalão Pablo Picasso, produzidos de modo contínuo, em uma linha única. Essas linhas-desenhos-contínuos do artista, com traços que deslizam sobre o suporte, transmitem a sensação de movimentos soltos, livres, fluidos. No seu despojamento, lembram uma brincadeira infantil. Olhar aqueles desenhos de uma linha só soava, então, como um convite a soltar o traço e a imaginação em uma divertida aventura.

Inspirada no livro, foi encaminhada uma proposta de saída da sala para olhar a natureza, assim formulada: andar ao redor do museu, observar, apreciar a paisagem; em especial, olhar para as linhas presentes da natureza; por fim, coletar miudezas.

Após a saída – exercício de observação e coleta de miudezas do chão –, a proposta seguiu para a produção de um desenho coletivo, tendo como suporte folhas de papel *kraft* pregadas na parede externa do museu e, como marcador, carvão vegetal. O convite foi para que, em pequenos grupos, de quatro a cinco participantes, iniciassem o desenho com um traço sem forma definida, tendo em mente as imagens de linhas captadas pelo olhar sobre a natureza. Compor o desenho aos poucos, entre pausas, observação, interferências, até que o desenho coletivo estivesse satisfatório para todas.

Miudezas do chão I. Fonte: Vilma Silva (2018).

Miudezas do chão II. Fonte: Vilma Silva (2018).

A inspiração no livro de Picasso, a materialidade não convencional do *kraft* na parede e dos diferentes tipos de carvão vegetal, o convite para olhar as linhas da natureza ao redor, para explorar a textura dos materiais, a própria consigna da atividade que trazia um conceito aberto de desenho e exploração não foram suficientes para descontruir os primeiros traços deixados pelas professoras no papel. O que pudemos observar, logo de início, foram desenhos estereotipados, iguais àqueles que as crianças reproduzem nas escolas de educação infantil, com árvore, flor, folha, sol, nuvem, estrelas.

O começo: Os desenhos fixados na memória. Fonte: Vilma Silva (2018).

Algumas professoras se afastavam do painel, observavam, pensavam, quase que conseguíamos ver seus pensamentos inquietantes: Como deixar outras marcas que não aquelas que estão em meu corpo? Por onde posso começar a descontruir essas marcas que ficaram no papel, que falam de mim e da minha prática. Quem alimenta o meu olhar?

Por onde começar a descontruir o modelo? Fonte: Vilma Silva (2018).

Provocações e incentivos da dinamizadora para arriscarem, experimentarem, como um jogo, sem pretender a forma acabada, mas o gesto livre, foram encorajando a experiência das participantes, ajudando cada uma a desconstruir, aos poucos, esse período inicial de registros estereotipados. O papel ganhava traços mais descontraídos, sem propósitos, vindo agora de dentro para fora, com ousadia, diversão, entrega.

A professora que havia desenhado uma árvore parecia estar incomodada com seu desenho. (Ar)riscou e deu um jeito nesse desconforto, cobrindo com traços fortes, apagando uma imagem que fora por muitos anos carimbada no seu imaginário.

(Ar)riscar outras possibilidades, novos traços. Fonte: Vilma Silva (2018).

Novos traços foram surgindo, novas interferências, diferentes propostas, sem preocupação com forma, espaço, tempo, assim como o convite de Picasso, Manoel de Barros e a dinamizadora sugeriram. Os desenhos foram adquirindo um caráter coletivo e ao mesmo tempo de identidade dos grupos.

Um desenho desacostumado: Criação coletiva. Fonte: Vilma Silva (2018).

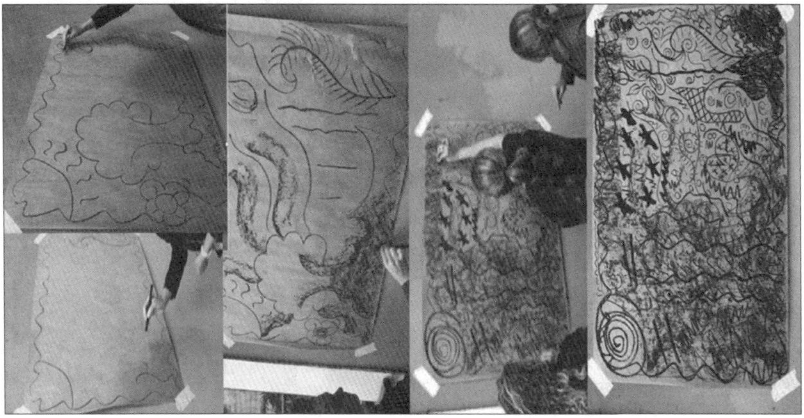

As transformações de um desenho. Fonte: Vilma Silva (2018).

Outro grupo pareceu bailar com os traços: desde o início, linhas sinuosas habitaram o papel. Na continuidade, uma composição solta, brincante, ganhava visibilidade, enquanto as próprias professoras revelavam, em suas expressões corporais, a entrega e a alegria do processo.

Outros processos: Linhas que bailam. Fonte: Vilma Silva (2018).

Linhas que bailam em composição coletiva. Fonte: Vilma Silva (2018).

Para mim, observadora, com foco na pesquisa e nos processos que surgiriam das propostas com as professoras, foi um presente poder presenciar esse momento mágico em que o sujeito se coloca em relação com outras formas de construir conhecimento, de estar presente nas experiências, de abrir janelas de oportunidades para ver além. Quantos momentos preciosos como esse um professor atento pode captar dos processos das crianças? Para que isso ocorra, é preciso passar pela experiência, é necessário exercitar o olhar nos processos.

No fluxo da desconstrução: Outras linhas com a natureza

Depois da experiência com as linhas no desenho, a proposta foi bordar em diálogo com o trabalho da artista Clarice Borian (@clariceborian), que usa folhas secas e técnicas de bordado para espalhar mensagens positivas. Ao observar árvores morrendo durante a crise hídrica de 2014, a artista paulista resolveu bordar nas folhas caídas a palavra "gratidão" e pendurá-las de volta nos galhos com a ajuda de arame. Ela fez o mesmo durante uma exposição de artistas têxteis em Belo Horizonte, mas, dessa vez, dava as folhas bordadas de presente para as pessoas que passavam pelo evento. Foi então que, sem pretensão, seu trabalho começou a ficar conhecido, e hoje se desdobra em outras possibilidades.

Em nosso grupo de estudos Fiar, a metáfora dos fios, das tramas, das linhas, do feito à mão nos inspira, está sempre presente. No trabalho de Clarice Borian, encontramos ressonâncias da poética do sensível para nossos próprios processos fiandeiros criativos e também para trabalhar com formação de professores.

Conhecer a artista, inspirar-se em seus processos. Fonte: Vilma Silva (2018).

A estética do trabalho da artista, na beleza e na delicadeza de cores, formas e texturas de suas composições, inspira-nos a tecer poesia. Ao apresentar um pouco de sua história, obra e processo de criação para o grupo em formação, foi possível ver o olhar de curiosidade e de encantamento. Como pode alguém ter uma ideia tão singela e tão potente ao mesmo tempo? Naquele dia, preparamos o ambiente com linhas e agulhas de cores e tamanhos variados. Muitas hipóteses e experiências surgiram entre linhas, agulha e folhas. Será que a artista conseguiu esse resultado nas primeiras tentativas? Quantos testes foram necessários para que ela se apropriasse da técnica que estava desenvolvendo? E por meio dessas perguntas, sem respostas, o convite era olhar para o processo e experimentar, a partir do que cada professora coletou, a seu gosto, nas imediações do museu, naquele exercício de encontrar miudezas na natureza.

Com a natureza, bordar, criar. Fonte: Vilma Silva (2018)

E as propostas seguiram o fluxo da desconstrução, da experimentação, da criação com agulhas, linhas e folhas. Todas as professoras quiseram bordar pensamentos, palavras e sonhos. O diálogo com o artista é sempre um espaço para pensar sobre escolhas e processos, mas principalmente para conectar-se com sua própria poética.

Na relação com os materiais, processos de criação. Fonte: Vilma Silva (2018).

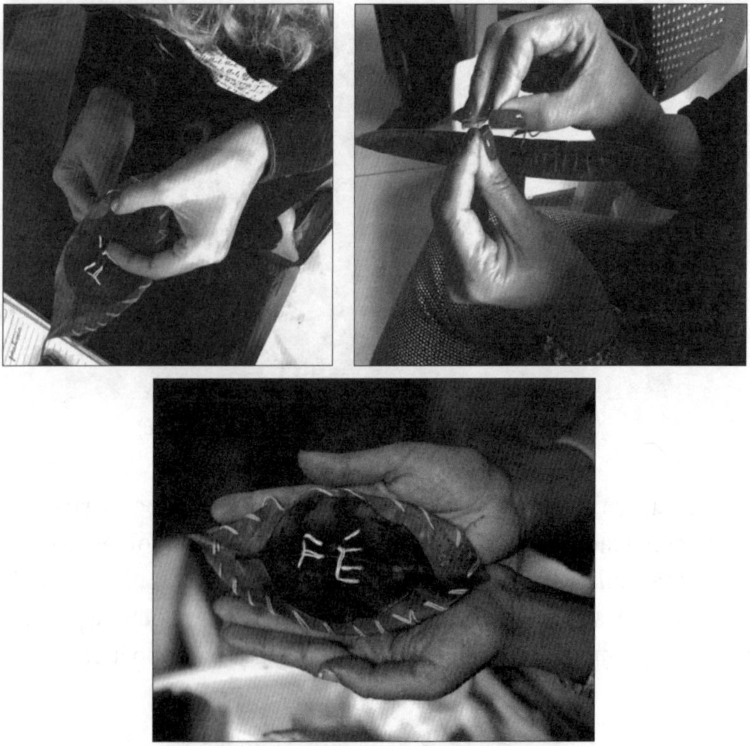

Com as mãos, criação. Fonte: Vilma Silva (2018).

Pelas mãos que tecem folhas, o encontro com a potência da matéria. “A matéria pesa. É preciso corpo para lidar com o material” (Veiga 2015, p. 8). Algumas questões surgiam e ampliavam a reflexão. Todas as folhas podem ser bordadas? Qual a melhor combinação entre folhas, linhas e agulhas? Quais critérios utilizo nas escolhas desse encontro? Na poética/estética da experiência, as professoras foram estabelecendo conexões com a importância do processo.

Dar forma... formar-se. Fonte: Vilma Silva (2018).

Reflexões sobre o processo: Formação de professores, arte e fazer à mão

Quando o Fiar pensou no planejamento da formação dos professores da educação infantil da rede pública do município de Niterói, traçamos como objetivo promover experiências e reflexões em torno da arte na educação infantil e na formação docente, privilegiando a dimensão criadora de professoras e professores na articulação de saberes e fazeres relacionados à arte e às linguagens expressivas, assim contribuindo para a ampliação do repertório estético-cultural docente em diálogo com o Museu Janete Costa de Arte Popular (Ostetto, Silva e Santos 2019).

E por que uma formação organizada dentro do espaço do museu? Se compreendemos que o espaço é educador, que é possível projetar espaços de maneiras diferentes e que há uma certa relação entre arquitetura, *design* e didática, então, as escolhas dos formadores, no que diz respeito ao ambiente que acolherá a proposta formativa, devem ser intencionais. O projeto seguiu esta premissa:

> O espaço é parte da formação estética dos professores, pois o ambiente onde o processo e as experiências ocorrem também compõe

> um currículo de formação. Justo por isso, o subtítulo do projeto: outros espaços, outras experiências. Além do espaço expositivo interno e do acervo, a própria arquitetura do museu, que é belíssima, provoca os sentidos. O espaço externo, ainda que não muito amplo, também convidava a olhar para baixo, a perscrutar as miudezas do chão, como fazem as crianças. (Ostetto, Silva e Santos 2019, p. 731)

Como ressaltou Carla Rinaldi (2012, p. 153): "A linguagem do espaço é muito forte e constitui um fato condicionante. Embora seu código nem sempre seja explícito e reconhecível, nós o percebemos e o interpretamos desde muito jovens". Acrescenta a autora italiana que a leitura do espaço é multissensorial e envolve todos os receptores, remotos e imediatos.

Em diálogo com a pedagogia, a arquiteta escolar Mayumi Watanabe de Souza Lima (1989) destaca que um espaço não é apenas físico, ele é também ambiente de possibilidades ou de impossibilidades. Em suas palavras:

> (...) o espaço físico isolado do ambiente só existe na cabeça dos adultos, para medi-lo, para vendê-lo, para guardá-lo. Para a criança, existe o espaço-alegria, o espaço-medo, o espaço-proteção, o espaço-mistério, o espaço-descoberta, enfim, os espaços da liberdade ou da opressão. (Lima 1989, p. 30)

Por isso, quando organizamos propostas de formação, em especial de formação estética e/ou artístico-cultural, é fundamental compreendermos a imensidão de processos envolvidos: de percepção, de imaginação, de interpretação, de subjetividade e de sensibilidade. Nesse projeto de pesquisa-formação, percebemos o quanto foi enriquecedor oportunizar aos professores espaços ampliados, configurados como ambientes de convívio, exploração e criação. Quando os professores podem viver experiências na primeira pessoa, abre-se um campo de oportunidades para também pensar em espaços educadores para as crianças. Afinal,

> Os espaços não são simples arranjos físicos, mas também conceituais, constituem-se em campos semânticos nos quais e com os quais aqueles que o habitam estabelecem determinados tipos de relações, emoções, atitudes. Como qualquer outra linguagem, o espaço é um elemento constitutivo do pensamento e, portanto, converte-se em ação pedagógica indireta a qual requer atenção. (Ostetto 2010, pp. 33-34)

Reconhecer a potência do espaço do museu para um projeto de formação docente em diálogo com arte foi um processo de aprendizagem para todos os envolvidos. Os encontros, estruturados com momentos de ativação de memórias de infância por meio de imagens de arte, danças e brincadeiras, de ampliação do olhar pela visita às exposições do museu e, por fim, no "Movimento de síntese – registro dos sentidos que foram acordados ao longo dos encontros e o compartilhamento de experiências, com a elaboração de um caderno-diário poético de memórias e miudezas" (Ostetto, Silva e Santos 2019, p. 729).

No diário, memórias. Fonte: Vilma Silva (2018).

Ainda sobre o processo, é importante destacar que todas as fiandeiras, membros do nosso grupo de pesquisa, além de participarem da organização e oferecerem suporte às atividades, enfrentaram o desafio sensível de acompanhar e documentar os encontros com as professoras: por meio de registros fotográficos, narrativas gráficas, textuais, gestuais, pequenos vídeos, análise de relatos. Todo o material coletado foi importante para que pudéssemos, ao longo do percurso, visualizar as escolhas e ajustar rotas, conforme a necessidade. Num ato de coletar, catalogar, reler, revisitar e reconstruir a experiência faz-se pesquisa e formação, formamos e somos formadas. Nesse exercício de documentar,

> (...) aquilo que ocorreu é reconstruído, interpretado e reinterpretado por meio dos documentos que testemunham as etapas destacadas de um processo pré-definidas pelo educador: a trajetória que tornou possível o alcance dos objetivos da experiência. (...) a busca pelo significado. (Rinaldi 2012, p. 121)

Tais registros nos orientaram a pensar e organizar os próximos encontros, pois buscávamos sempre um fio condutor do olhar. Lembro-me de Madalena Freire, falando que "quem tudo olha nada vê". Com uma escuta sensível e atenta, na busca por olhar o ordinário com olhos extraordinários, queríamos captar falas e gestos "descomprometidos" que pudessem nos dizer muito.

Não são somente os professores em formação, individualmente, que aprendem; o grupo de pesquisa vai se tornando cada vez mais consciente dos dispositivos capazes de contribuir para a formação estética do grupo. E, nessa troca mútua, é possível criar um espaço para sujeitos narradores, para narrativas de si, colocando-nos em posição de escuta que, como definida por Rinaldi (2012, pp. 124-125), é sensibilidade aos padrões que nos conectam, é uma metáfora para o processo de abertura ao outro, para ouvir e ser ouvido. Escuta que é ativa, que envolve interpretação, ação que está na base de qualquer relação de aprendizagem.

O desafio, como pesquisadora, assim como proposto no curso, era o de buscar as miudezas, as pérolas, as insignificâncias que aparecessem ao longo do percurso. E delas fazer nosso objeto de pesquisa e estudo. E foram muitas as preciosidades encontradas e cultivadas. Por isso, agradeço ao grupo de docentes que aceitou a aventura e a todas as fiandeiras que seguiram juntas.

Referências bibliográficas

BARROS, M. de (2004). *Livro sobre nada*. Rio de Janeiro: Record.

LIMA, M.S. (1989). *A cidade e a criança*. São Paulo: Nobel. (Coleção Cidade Aberta)

OSTETTO, L.E. (2010). "Educação infantil e arte: Sentidos e práticas possíveis". São Paulo: Cultura Acadêmica, pp. 27-39. (Cadernos de Formação da Univesp) [Disponível na internet: <http://www.acervodigital.unesp.br/bitstream/123456789/320/1/01d14t01.pdf>.]

OSTETTO, L.E.; SILVA, B.A. da e SANTOS, A.R.F.M. dos (2019). "Por uma formação docente brincante: Outros espaços, outras experiências". *Livro de Atas do IV Seminário Luso-Brasileiro de Educação de Infância & I Congresso Luso-Afro-Brasileiro Infâncias e Educação*. Aveiro: Universidade de Aveiro, pp. 725-735. [Disponível na internet: <https://f64bbda3-71cc-48c5-a34e-8605d96c0ef3.filesusr.com/ugd/c875f7_b3dacf0cdd264bacaa0ac26509a981bf.pdf>.]

PICASSO, P. (1998). *Picasso em uma só linha*. Rio de Janeiro: Ediouro.

RINALDI, C. (2012). *Diálogos com Reggio Emilia: Escutar, investigar e aprender*. Trad. Vania Cury. São Paulo: Paz e Terra, pp. 121, 124 e 125.

_______ (2013). "O ambiente da infância". *In*: CEPPI, G. e ZINI, M. (orgs.). *Crianças, espaços, relações: Como projetar ambientes para a educação infantil*. Porto Alegre: Penso, p. 153.

VECCHI, V. (2017). *Arte e criatividade em Reggio Emilia*. São Paulo: Phorte, p. 32.

VEIGA, A.L.V.S. da (2015). "Fiar a escrita: Políticas de narratividade – Exercícios e experimentações entre arte manual e escrita acadêmica. Um modo de existir em educações inspirado numa antroposofia da imanência". Tese de doutorado. Juiz de Fora: Universidade de Lisboa/Universidade Federal de Juiz de Fora.

15

REVERBERAR EXISTÊNCIAS COM EDUCAÇÃO E ARTE: FIOS ENTRELAÇADOS NA EXPERIÊNCIA DE DUAS PROFESSORAS DA REDE PÚBLICA DE SÃO PAULO

Laís Vilela Gomes
Maria Helena Dantas Neves

A vida é um fio,
a memória é o seu novelo.
Enrolo – no novelo da memória –
o vivido e o sonhado.
Se desenrolo o novelo da memória,
não sei se tudo foi real
ou não passou de fantasia.
Bartolomeu Campos de Queirós

Introdução: Desenrolar o novelo da memória

As histórias e os caminhos sobre a formação docente de muitas professoras da educação infantil se entrelaçam em uma trama diversa e também complexa, na qual os (re)encontros consigo e com outros proporcionam experiências múltiplas e transformadoras. Sonhos, desejos, *querências* e ausências mobilizam a busca incansável por momentos formativos que convidem à reflexão, à partilha e à conexão, e que ecoem não somente em nossas práticas educativas, mas também em nossas existências nessa jornada.

Por vezes, esses (re)encontros e essas conexões que estabelecemos estão além dos espaços educacionais em que atuamos, pois nem sempre é possível encontrar, nesses espaços, parcerias que comunguem das concepções de infâncias, da defesa dos direitos de bebês e crianças e de uma educação infantil de qualidade. Mas é possível compor uma rede colaborativa e formativa com educadores no território e para além dele, com profissionais que seguem em busca de um processo de formação contínua, uma rede na qual o afeto permeia encontros e relações e reverbera nas práticas docentes.

"Ensinar exige consciência do inacabamento humano" (Freire 1996, p. 55), e essa consciência, acompanhada da inquietude e do desejo que move a roda da vida, pode oportunizar a alegria dos bons encontros com diferentes educadores, profissionais e pesquisadoras que estão espalhados pelo Brasil, estudando as infâncias, a formação de professores, a arte em diálogo com a educação infantil. Foi em busca dessa formação, desses (re)encontros, que chegamos ao seminário "Rodas do Fiar educação e arte: Reverberar existências", realizado em 28 e 29 de novembro de 2019, no admirável Museu de Arte Contemporânea de Niterói.

A narrativa que compartilhamos conta a aventura de duas amigas, professoras de educação infantil da escola pública na periferia de São Paulo, que se (re)conheceram e se conectaram pelo desejo e pelo interesse em processos formativos, pois ambas atuavam na coordenação pedagógica de escolas municipais de educação infantil (Emeis) em bairros vizinhos e acreditaram ser possível favorecer a integração entre as professoras das unidades. Uma aventura movida a sonhos, acolhida, descobertas e boas risadas – os sons da rodoviária do Tietê, os cheiros de maresia ao chegar, pela primeira vez, em terras de Arariboia,[1] a sensação

1. A cidade de Niterói foi fundada sobre a aldeia do cacique Arariboia. Fonte: https://cidades.ibge.gov.br/brasil/rj/niteroi/historico, acesso em 20/1/2021.

do vento forte sacudindo nossos cabelos, as cores do céu nublado – *dizem por aí que paulistas chegando em terras fluminenses levam consigo a chuva típica da terra da garoa* – contrastando com o colorido de nossas roupas e nossos sorrisos, a textura e o calor dos abraços que nos receberam, tantas experiências vividas que hoje fazem parte de nossas histórias e nos constituem educadoras das infâncias.

A experiência de deslocamento de São Paulo a Niterói, para participar do seminário "Rodas do Fiar", certamente afetou nossos modos de (re)existir e segue reverberando em nós e naqueles que conosco caminham. Contar um pouco do vivido e do experimentado por nós naqueles dias tão especiais – de encontros, circularidade e encantamento – é entrelaçar fios a nossa composição de educadoras, ampliando a trama feita de muitos novelos desenrolados e pontos alinhavados, com os quais, dia após dia, seguimos costurando saberes e fazeres sensíveis, com educação e arte.

O entrelaçar dos fios: Tecer no coletivo para reafirmar a beleza de ser e estar com o outro

Em meados de outubro de 2019, participando de um congresso em São Paulo sobre práticas e pesquisas na educação da infância, recebemos o convite da professora Luciana Ostetto para participarmos do primeiro seminário organizado pelo grupo de pesquisa vinculado à Universidade Federal Fluminense e por ela coordenado, o Fiar – Círculo de Estudo e Pesquisa Formação de Professores, Infância e Arte. O seminário aconteceria no Museu de Arte Contemporânea de Niterói, ou MAC, como é conhecido. Museu de arquitetura deslumbrante, um grande círculo que se destaca e se mistura ao cenário natural da praia de Boa Viagem, possibilitando contemplar o panorama da baía de Guanabara. Sua entrada nos remeteu a um grande portal e, ao adentrarmos, percebemos o cuidado na organização de cada detalhe do seminário, pois todos os espaços foram intencionalmente e sensivelmente planejados para acolher os que chegavam, trazendo alma àquele ambiente, pulsando vida, educação e arte.

Os princípios estéticos se revelavam a nós na multiplicidade das texturas de materiais como cestos e balaios, nos diversos tons das cores dos novelos de linhas, lãs e estampas das chitas, nas colagens das cadernetas e dos crachás a nós entregues, nos bordados que explicitavam o carinho em se estar junto, tudo minuciosamente preparado, artesanias feitas a muitas mãos.

Os caminhos da arte foram ecoando na abertura do seminário, ao som do violino tocado por uma mestranda do Programa de Pós-graduação em Educação da UFF, e suas notas se faziam ouvir de maneira singela, porém intensa; uma poesia que nos envolvia em suas melodias, encantando nossa existência, provocando reverberações.

Na continuidade, a manhã seguiu com a conversa conduzida pela professora Martha D'Angelo (UFF), que, baseada na proposta "Existências à vista: Histórias de arte na educação", levou-nos a um passeio histórico sobre a Escolinha de Arte do Brasil (EAB). No diálogo com as histórias, que remontam aos anos 1940, ouvimos outros pontos de vista sobre a importância da arte na educação infantil e nas escolas públicas e o fundamental entrelaçamento entre a educação e a arte.

Ouvir sobre o movimento das escolinhas de arte no Brasil, os contextos históricos e os princípios que lhes deram origem, saber de alguns precursores, tais como o artista pernambucano Augusto

Rodrigues e a artista gaúcha Lúcia Alencastro Valentim, nos permitiu que conhecêssemos e nos aproximássemos das propostas que, para além de inovar como prática pedagógica, convidavam a outros modos de pensar, produzir e viver a arte.

Foi também um convite para retomar nossa história com a educação e com a arte, para revisitar nossas memórias de infância nas escolas, onde vivemos a presença, ou inexistência, da arte. Fomos percebendo que, por vezes, a arte está a serviço de algo ou alguém, seja para o controle dos corpos, seja como meio de ensinar conteúdos, esvaziando a experiência com a arte e as tessituras de sentidos.

Percorrer a trajetória da arte com a educação reacendeu inúmeras memórias de nossa constituição, dos caminhos que percorremos, das pessoas que encontramos e com as quais aprendemos a olhar o mundo de diferentes pontos de vista, às vezes convergentes, às vezes divergentes, mas que sempre proporcionam aprendizados nesse exercício de vida coletiva. É nesse contato que vamos construindo nossas referências, constituindo repertórios e, assim, formando-nos esteticamente, como aponta a pesquisadora:

> Atravessados pelas referências dos grupos sociais aos quais pertencemos, em tempos e espaços históricos, vamos nos apropriando de modos de ser, pensar e sentir, formas particulares de significar o mundo; por meio de experiências, hábitos e valores compartilhados com eles, vamos nos formando esteticamente, constituindo repertórios vivenciais e socioculturais que abrem ou fecham as possibilidade de inventarmos formas, cores, sons, gestos, histórias, de imaginarmos e de reinventarmos a própria existência. (Ostetto 2018, p. 3)

Somos professoras e formadoras na periferia de São Paulo, lugar em que nascemos, construímos nossa trajetória de vida e profissão. O extremo leste de São Paulo, ou fundão da ZL (zona leste), como costumamos dizer, é um território que, desde sua constituição, não foi pensado ou planejado pelo poder público. Isso fica evidente na falta da garantia de direitos essenciais, como educação, saúde, moradia e transporte. Bairros como Itaquera, Guaianases, Cidade Tiradentes, Lajeado, Itaim Paulista, São Mateus e São Miguel Paulista são alguns dos que compõem esse extremo leste de São Paulo, no nosso entender, marginalizado pelo poder público.

Faz-se necessário considerar a distância geográfica que há entre o extremo leste e a região central de São Paulo, o que dificulta e limita o acesso a equipamentos culturais e artísticos, como museus. Muitas vezes, a primeira, ou quem sabe até a única oportunidade, que as crianças ou mesmo os educadores terão de conhecer esses lugares será por intermédio da escola. Porém, vale ressaltar que, apesar de não haver por parte do poder público maior investimento que garanta o acesso à cultura na periferia, a arte está presente nesse cotidiano, como experiência de ser, de conviver, ou seja, a própria experiência da vida.

A arte se apresenta no grafite ou na pichação a caminho da escola, no percurso ao trabalho, nas estações de trem e metrô, nos portões das casas e dos prédios de comércios. Ela pulsa nos coletivos organizados pela própria comunidade para realização de saraus, batalhas de *slams*, rodas de capoeira, jongo, maracatu, em que a cultura popular é ensinada pela sabedoria ancestral compartilhada, que passa de geração em geração.

Olhando de perto, são inúmeras as forças de expressão artístico-cultural que se mostram em maneiras de (re)existir no cotidiano, com poesia, dança, música, pinturas, bordados; (re)existir pela/com a arte, constituindo uma relação íntima com todos os sentidos, nas interações, nas partilhas de saberes, na experiência do ser e estar com o outro. E é assim que muitas crianças se aproximam da arte na periferia, para além dos grandes equipamentos culturais, como museus e galerias, por exemplo.

No caminho trilhado no seminário no MAC, em meio a tantas provocações e sensações, além de memórias, o nosso olhar se ampliou para o cotidiano vivido, hoje, nas escolas das infâncias e algumas questões ressoavam: A arte está presente na educação infantil e na escola em que atuamos? Onde estão a dança, a música, a poesia, a expressão livre corporal, não somente das crianças, mas de todos que ali habitam?

Como as professoras se relacionam com a arte em seu cotidiano? Como a formação de professores pode favorecer esse encontro com as linguagens expressivas, sem fragmentá-las em caixinhas?

A experiência do seminário suscitou, em sua totalidade, um processo formativo sensível, colaborativo, permeado pelo afeto e circular como a própria vida; um movimento constante, tal como nas cirandas e nas danças circulares, de fora para dentro, de dentro para fora. Um processo no qual, e pelo qual, pudemos constatar que a educação estética

> (...) passa pela formação artístico-cultural, é imprescindível para que professores e professoras construam práticas que respeitem os modos peculiares de ser e de se expressar das crianças, que acolham e potencializem suas múltiplas linguagens, na diversidade cultural e singularidades. (Correa e Ostetto 2018, p. 2)

Da periferia: Urdiduras de sonhos, desafios e desejos para a formação de professores com arte

Compreendemos a formação de professores não somente como o momento dedicado aos estudos *in loco* ou em cursos, mas uma formação que se dá continuamente ao longo da vida e todos os seus atravessamentos, valorizando o que temos e somos e não somente olhando para o que nos falta, afinal, não há uma escola ideal. Precisamos olhar para as potencialidades de cada uma, não fixando o olhar nas carências (Bardanca e Bardanca 2018). Como dito pela professora Martha D'Angelo no primeiro dia do "Rodas do Fiar", "é necessário fazer das fraquezas a nossa força, pensar o simples e viver o simples inteiramente todos os dias no chão da escola".

Dessa maneira, se a escola se refere ao espaço físico, "quem lhe dá vida são as pessoas que a habitam" (Bardanca e Bardanca 2018, p. 28). Portanto, os espaços educacionais são também lugares de exercício da democracia, em que a escola é o espaço público de garantia de direitos, no caso das escolas de educação infantil, de direitos dos bebês, das crianças, de suas famílias e de todos dessa comunidade educativa. É na escola que bebês e crianças terão acesso a diferentes linguagens e poderão experienciar a arte como forma de existência.

Existência diversa, plural, singular, que nos leva a refletir nosso lugar no mundo, nossas escolhas, nossos ideais, sonhos e lutas. Re(existência). Existência como ato político, mas também poético, permeado pela arte. Arte que nos move, como educadoras das infâncias da periferia paulistana que puderam entrelaçar seus fios de saberes e fazeres docentes, que vinham sendo tecidos com o desejo de trilhar caminhos da estética, aos fios da sensibilidade, da luta, dos detalhes, da educação e da arte desenrolados durante o seminário "Rodas do Fiar".

Vivemos tempos de muitas fragilidades sociais, de crise ética, de ataques à educação, à arte, à cultura, bem como ataques aos direitos à existência, às singularidades humanas, à diversidade cultural e, principalmente, de intolerância às diferenças. Diante desses contextos, desejamos que cada vez mais nossos fazeres e saberes com os bebês e as crianças na educação infantil sejam permeados por autoria, criatividade e vivências entremeadas pela arte com base em olhares sensíveis que evidenciem a intencionalidade pedagógica nos modos de ser professora das infâncias.

Se "quando pensamos nas possibilidades da Arte na Educação, reconhecemos que a Arte pode oferecer outros modos de pensar a formação do pedagogo no movimento de aprender a olhar, com novos pontos de vista, a escola, a Arte e a infância" (Momoli *apud* Correa e Ostetto 2018, p. 26), reconhecemos que, por vezes, o repertório limitado, a insegurança, as incertezas e a uniformidade nos fazeres, com modelos e receitas que ditam maneiras de ser professora das infâncias baseadas em estereótipos rasos, limitam nossas possibilidades de criação e experimentação, levando-nos apenas a reproduzir e afastando-nos cada vez mais de nossa própria autoria.

Para nós, educadoras atuantes na formação docente, é imprescindível que a arte esteja cada vez mais presente na educação, no cotidiano de bebês, crianças e todas as pessoas que na escola habitem. Portanto, a formação das educadoras necessita cada vez mais estar voltada ao sensível, à estética, à valorização de si e do outro, ressoando à diversidade humana e cultural, exercitando a escuta e o estar em roda em que não há começo nem fim, mas uma circularidade que une.

Concordamos com Leite e Ostetto (*apud* Ostetto 2012, p. 91), quando apontam a necessidade de se

> (...) trazer uma outra dimensão para a formação de professores: uma abordagem que vise ampliar olhares, escutas e movimentos sensíveis, despertar linguagens adormecidas, acionar esferas diferenciadas de conhecimento, mexer com corpo e alma, diluindo falsas dicotomias entre corpo e mente, ciência e arte, afetividade e cognição, realidade e fantasia.

O desafio que a nós se revela: reencontrarmos outras e tantas formas de ser professoras na educação infantil, desconstruir e reinventar a docência junto a bebês e crianças que todos os dias nos convidam a sermos mais "arteiros". Dessa maneira, "é preciso acreditar, enfim, que é possível (e urgente) fazer educação com alegria, cores, sons e movimentos" (Ostetto 2012, p. 92).

A crença nesse caminho estético para a formação docente foi vivenciada no seminário "Rodas do Fiar", também em uma oficina – "Diálogos com Anna Marie Holm" –, que realizamos no período da tarde. Essa oficina aconteceu ao redor do MAC, mais precisamente na praia de Boa Viagem, lugar onde o vento quer brincar e interagir conosco. O cheiro da maresia, a textura da areia, a vibração das ondas chegando à praia. Todos os nossos sentidos sendo ativados também na relação com a natureza. Fomos tomadas pelo desejo de ficarmos ali contemplando aquelas belezas, ouvindo os sons do mar e dos nossos próprios silêncios. Ali, compreendemos que a educação estética passava pelo contato com a arte, mas também pelo contato com a natureza, ativando olhares e sentidos para ver e sentir além.

A arte e a natureza nos chamavam a perceber, sentir, para muito além de produtos e produções, a valorizar os processos. Reencontramo-nos com as inúmeras linguagens que deslocam, desafiam, provocam, tiram-nos do eixo, fazendo sorrir, chorar e suscitando novos enredos, abrindo caminhos. Pudemos experimentar esse olhar de artista. Olhos livres, disponíveis ao inédito para perceber o mundo com entrega, com ousadia e coragem. Pudemos sentir o entusiasmo, a alegria, a admiração e atenção às miudezas, como as crianças nos inspiram a sentir.

> Os pequenos nos convidam a experimentar.
> Eles têm a arte dentro de si.
> Eles criam arte.
> Eles nos dizem algo.
> Algo que perdemos.
> Algo atraente e sedutor
> Algo que reconhecemos.
> E que não podemos explicar.
> Tudo é maior.
> Para as crianças pequenas existe uma conexão entre vida e obra.
> Essas são coisas inseparáveis (...). (Holm 2007, p. 3)

Essa arte que nos entrelaça com o simples, com o poético, o singelo, o natural, o efêmero. Essa experiência que nos leva a compreender que "não é possível sustentar que todas as vezes as atividades artísticas com as crianças terminem com uma obra física, que em seguida deve ser exposta" (Holm 2015, p. 118); entender que a arte vai muito além de atividades limitadas ao papel e ao lápis, tampouco pode ser considerada como um ornamento ou um pano de fundo para as outras linguagens. Pelo contrário, ela é a possibilidade de nos libertarmos de práticas enrijecidas, baseadas em certezas pedagógicas, assumidas pelo "medo do desconhecido, do que não podemos controlar, do campo do afeto, da fantasia e da sensibilidade, por exemplo" (Ostetto 2011, p. 4).

Para vivermos verdadeiramente a arte com as crianças, precisamos estar abertas, dispostas para a interação com o outro, com o mundo, com o natural e com nós mesmas. Não é uma tarefa fácil, pois precisamos olhar além das retinas fatigadas que, por vezes, nos levam aos mesmos lugares e às mesmas ações, mas "as mudanças precisam de vento e vela para apanhar. Sem eles não há movimento" (Eisner 2008, p. 16).

Embora tenhamos a sensação de estarmos remando contra a maré todos os dias, em um sistema educacional engessado, que não investe na qualificação e valorização docente, que não oportuniza experiências mais próximas e relacionais com a arte, sabemos que as crianças precisam de um ambiente educativo que compartilhe com elas experiências e aprendizagens desafiadoras, sensoriais, interativas, naturais e, acima de tudo, que nos mantenha com as orelhas verdinhas, como naquela narrativa conhecida, do homem que tinha uma orelha de menino: "De um menininho tenho a orelha ainda. É uma orelha-criança, que me ajuda a compreender o que os grandes não querem mais entender. Ouço a voz de pedras e passarinhos. Nuvens passando, cascatas e riachinhos" (Rodari 1997, n.p.).

Para finalizar, recordar: Essa ciranda não é nossa só

Para fechar esta narrativa da aventura que vivenciamos, vamos contar o final do seminário, quando nos reunimos em uma linda e grande roda na galeria central do MAC e, de mãos dadas, cantamos e dançamos a cantiga de Lia de Itamaracá: "Essa ciranda não é minha só, ela é de todos nós...". Ali, abraçadas, unidas por um desejo de reverberar arte e educação, (re)assumimos o compromisso coletivo com a educação, com as infâncias e principalmente com as escolas públicas periféricas.

"O rio vai fluindo, fluindo e indo. O rio vai fluindo para o mar", também cantamos. O gesto da roda, do abraço coletivo, as cantigas entoadas, parecem ter selado o compromisso: seguiremos na luta, aprendendo e buscando apoio com todos aqueles que, como nós, também anseiam por dias melhores para, assim, aquecer e fortalecer nossos coletivos. Tal como na filosofia africana ubuntu, que nos ensina a "ser porque somos", despertando a consciência de que as mudanças ocorrem somente no encontro com o outro e consigo mesmo, pois "ninguém está só no mundo. Cada um de nós é um ser no mundo, com o mundo e com os outros" (Freire 1989, p. 15).

Sigamos, então, reverberando afetos, sonhos e o desejo de seguir alinhavando, fiando, cirandando de mãos dadas com quem inspira, encanta, abraça, acolhe, provoca, desacomoda e fortalece.

Referências bibliográficas

BARDANCA, A.A. e BARDANCA, I.A. (2018). *Os fios da infância*. Trad. Taís Romero. São Paulo: Phorte.

CORREA, C.A. e OSTETTO, L.E. (2018). "Sobre formação estética e docência: As professoras de educação infantil desejam mais arte". *Laplage em Revista*, Sorocaba, v. 4, n. esp., set.-dez., pp. 23-37.

EISNER, E. (2008). "O que pode a educação aprender das artes sobre a prática da educação?". *Currículo sem Fronteiras*, v. 8, jul.-dez., pp. 5-17.

FREIRE, P. (1989). *A importância do ato de ler: Em três artigos que se completam*. São Paulo: Cortez.

_______(1996). *Pedagogia da autonomia. Saberes necessários à prática educativa*. São Paulo: Paz e Terra.

HOLM, A.M. (2007). *Baby-art: Os primeiros passos para a arte*. São Paulo: Museu de Arte Moderna de São Paulo.

_______ (2015). *Eco-art com crianças*. São Paulo: Ateliê Carambola.

OSTETTO, L.E. (2011). *Educação infantil e arte: Sentidos e práticas possíveis*. São Paulo: Cultura Acadêmica. (Cadernos de Formação da Univesp)

_______ (org.) (2012). *Educação infantil: Saberes e fazeres da formação de professores*. Campinas: Papirus.

_______ (2018). "No novelo da memória, atravessamentos do sensível: Tornar-se". *Revista Digital do LAV*. Santa Maria, v. 11, n. 2, maio-ago., pp. 166-191.

RODARI, G. (1997). "O homem de orelhas verdes". *In*: TONUCCI, F. *Com olhos de criança*. Porto Alegre: Artes Médicas.

16
DAR AS MÃOS, EXISTIR JUNTOS EM CANÇÃO E RODA[1]

Stéfany Bicalho Fernandes

Era primavera. Novembro de 2019.

Um seminário: Rodas do Fiar

Um chamado: *Educação e arte: Reverberar existências.*

Um lugar: Museu de Arte Contemporânea de Niterói – MAC.

Encontros

Palavras

Imagens

Experiências

Vejo: no *slide* da palestrante, há um pássaro em uma gaiola.

---

1. Notas poéticas sobre o Seminário "Rodas do Fiar – Educação e arte: Reverberar existências", organizado pelo Círculo de Estudo e Pesquisa Formação de Professores, Infância e Arte (Fiar) e realizado nos dias 28 e 29/11/2019, no Museu de Arte Contemporânea de Niterói. Todos os desenhos são de minha autoria.

Escuto:

Todas as gaiolas são sempre imaginárias.

É preciso procurar as brechas para a liberdade.

Liberdade para criar, para ser, para existir.

Penso:

Essas brechas a gente encontra só?

O lugar da docência é solitário...

Professora em formação... pesa tanta responsabilidade.

Lembro do ditado popular:

Uma andorinha só não faz verão.

Naquela primavera, naquele lugar, naquele seminário, naquele final de dia:

Teve ciranda, teve cantiga.

Antes de entrar na roda, espanto, aperto no peito:

E se eu pisar no pé, se tropeçar, se desafinar nas notas?

Confio:

Entro na roda.

Danço e canto.

No meio da roda, na ciranda, me dou conta:

Quando se entra na roda de coração, de mãos dadas, se busca um ritmo só, um tom só.

E não importam os pequenos erros. Estamos juntos, apoiando e sendo apoiados pelo outro.

No meio da roda, na ciranda, uma resposta sobre a liberdade:

Entender os tempos dos outros, entender nossos tempos.

Ver em nós a capacidade de ser ombro e de poder contar com o outro.

A ciranda, com trocas de sentidos, se torna um fio, uma trama firme, resistente.

Em tempos tão difíceis, a educação precisa resistir.

Em tempos tão difíceis, a arte proporciona o olhar para si e olhar para o outro.

Em tempos tão difíceis, educação e arte fazem a mediação entre sujeitos diferentes, mas que compartilham vidas e experiências.

Lição fundamental: é preciso estar junto para o fazer docente!

Outra lição: a arte pode ser uma guia.

17
CARRETEL

Lilian Garcia

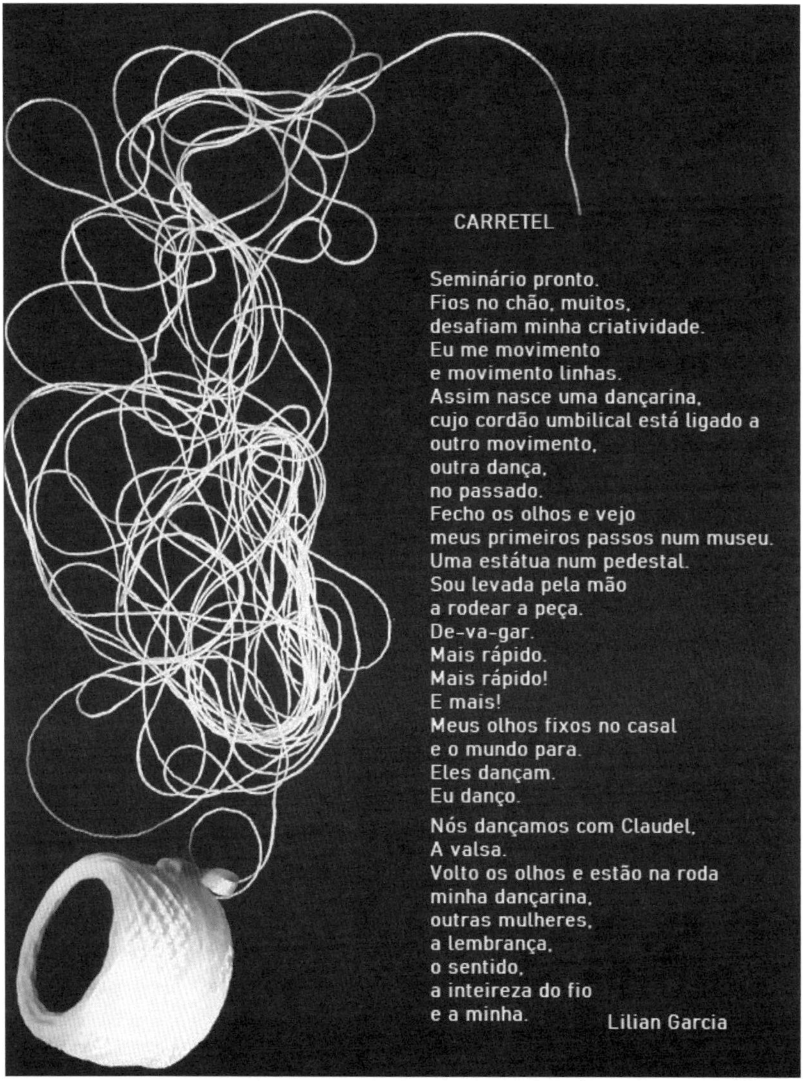

18
SOPRO

Barbara Harduim

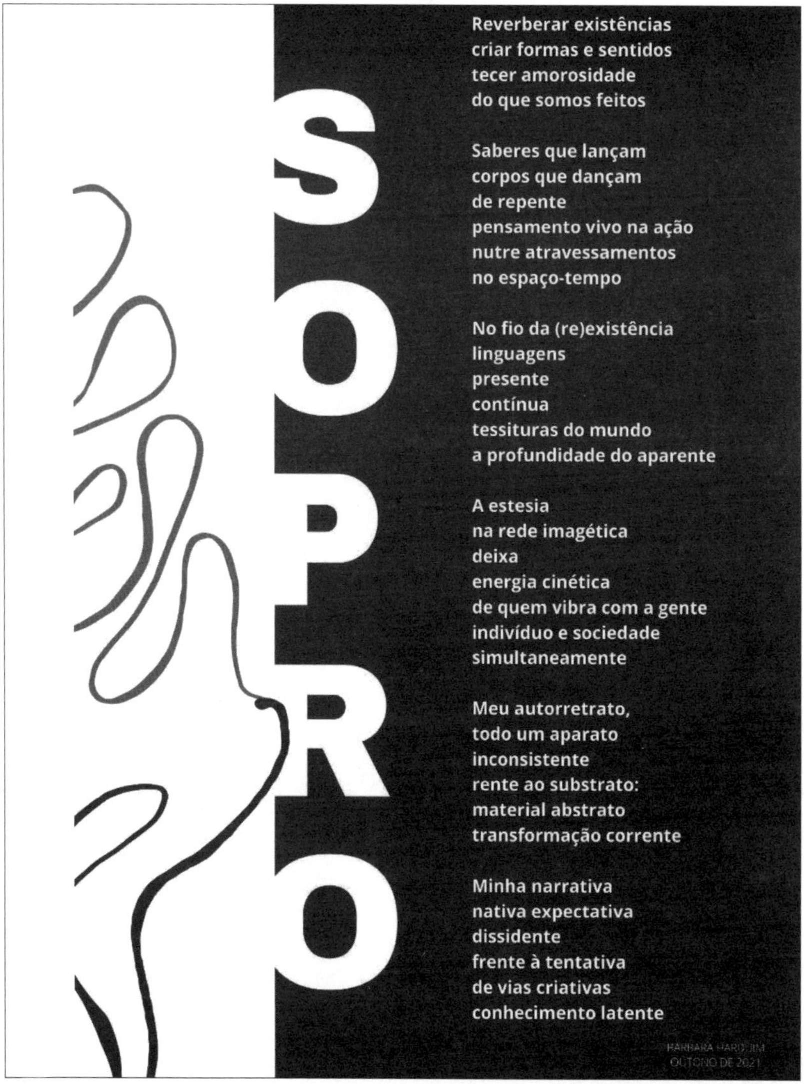

19
FRAGMENTOS DE MEMÓRIA, IMAGENS E ESCRITURAS DO EU

Rosvita Kolb Bernardes

Carrego comigo uma mala. Herança de família.
Dentro da mala, tempos, lugares, pessoas, objetos.
Fragmentos de vividos.
Histórias do Eu-Nós.

Fragmento I – A mala segue viagem

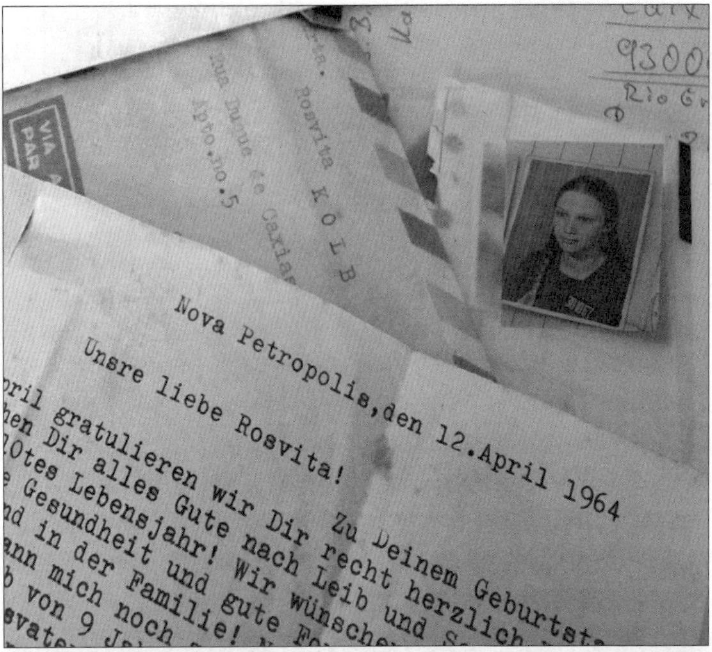

Fragmento II – Vivo o presente carregado de um passado

Olho Re-olho Me vejo

Fragmento III – Vasculho. Tateio. Encontro. Faço outras combinações.

Objetos

Imagens

Presentificam lembranças

Vivi e revivo aqui e lá

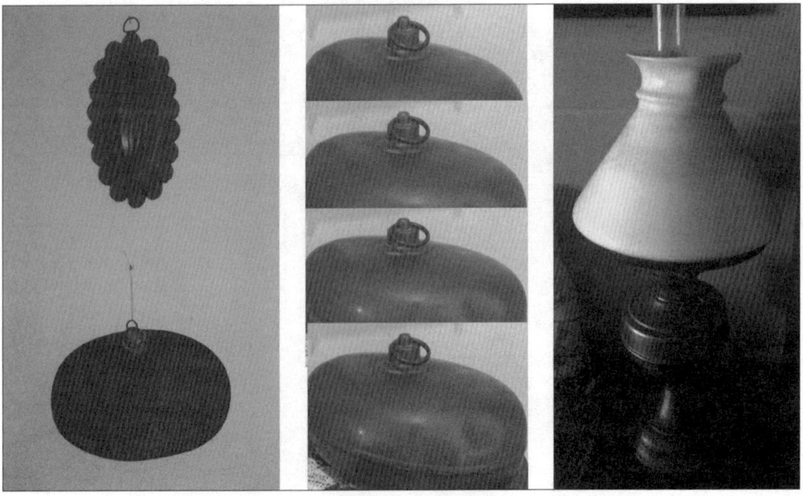

Fragmento IV – Continuo olhando os detalhes. Jorram lembranças.

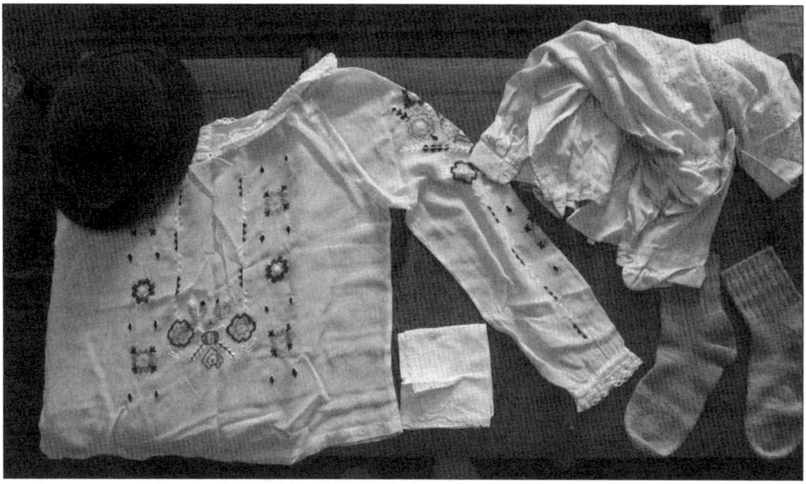

As lembranças seguem o fluxo das imagens.
Flutuam, boiam, dormem e se escondem.
E eu com elas. Ainda não cheguei lá.

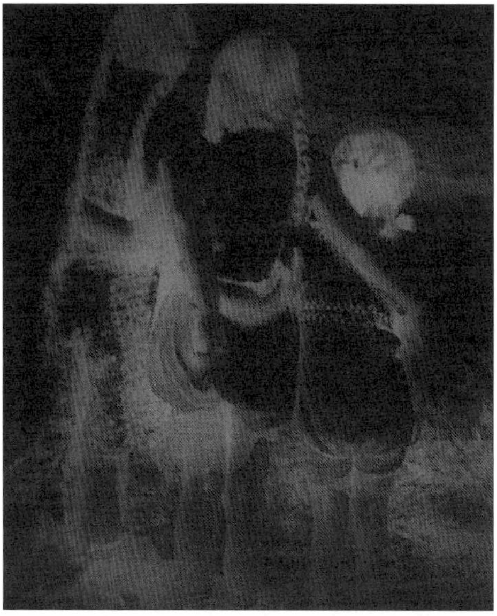

A mala segue comigo. Continua guardando cheiros, sons, tempos, lugares, pessoas, objetos que carregam histórias, que acendem memórias. Abrir a mala, olhar, vasculhar, tatear, mexer e remexer seu conteúdo é quase como voltar para casa depois de uma longa viagem. Nas imagens, presentes e presentificadas, descubro rastros que me tocam, que me dão sentido: histórias que me constituem.

Ao produzir o presente ensaio, tensionei o fio da memória, ancorada no círculo, no coletivo, que fia espaços e tempos para a narrativa em primeira pessoa, para tessituras de outras histórias, com arte, infância e formação docente. Fazer parte do Círculo de Estudo e Pesquisa Formação de Professores, Infância e Arte (Fiar) também me constitui.

Olhar para esses fragmentos, do lugar habitado por mim como professora, artista, pesquisadora, permitiu-me chegar perto e adivinhar significados. A perspectiva aberta pelas abordagens autobiográficas possibilita a enunciação da palavra própria que, articulada com imagens-agentes, tece caminhos que conduzem às histórias de vida, afirmadas como caminhos de pesquisa-formação.